KB202070

남산.
더 비하인드 스토리

남산. 더 비하인드 스토리

2011년 6월 25일 초판 1쇄 인쇄
2011년 6월 30일 초판 1쇄 발행

지은이 이기동
편집장 김민정
마케팅 김형석
펴낸곳 시사문화사
펴낸이 김성민
등록번호 2-124
전화 716-5465
팩스 714-5194
주소 서울시특별시 마포구 토정로 222(신수동)
E-mail sisamin@empal.com

Copyright ⓒ 2011 이기동

이 책의 저작권은 저자에게 있고, 내용과 관련된 민·형사상의 모든 책임은 저자에게 있습니다.
서명에 의한 저자와 출판사의 허락 없이 전재, 무단 복제를 금합니다.

ISBN 978-89-7323-348-9 03300

이 책의 내용은 시사문화사의 편집 방향과 일치하지 않을 수 있습니다.
잘못 만들어진 책은 구입처에서 교환해드립니다.
값은 표지 뒷면에 표기되어 있습니다.

대한민국 대공수사 총본산 (前)

남산

The Behind Story

더 비하인드 스토리

이기동 지음

시사문화사

프롤로그

  우리 사회는 아직도 '이데올로기의 양극화'라는 혼돈의 시대를 벗어나지 못하고 있다. 이러한 시대에 과거를 반추하고 반성하며 과연 미래에 우리가 나아갈 길이 무엇인가 생각하는 데 도움이 되고자 펜을 들었다.

  필자가 재직하던 1970년대는 중앙정보부(1961년 창설. 1980년 확대·개편하여 국가안전기획부로 발전하였다가 1999년 국가정보원으로 바뀌었다)에 많은 변화를 가져온 시기였다. 4년제 대학을 졸업한 공개채용 출신들이 조직의 과장(공무원의 별정직 부이사관에 해당)과 계장(서기관에 해당)으로 승진·재직하며 대공사건의 실무 책임자로 활동했다. 이때를 '피의자에게 육체적 고통을 주어 자백을 강요하는 고문'이 사실상 사라졌던 시기로 규정짓는다면 당시 중앙정보부의 남산 지하 심문실 상황 설명에 도움이 될까?

  남산에서 일한다는 것이 여느 직장생활과는 달리 가족과 개인생활이 포기되는 일이 많았으나 당시 대공소속 직원 대부분은 주어진 임무에 조금도 불평하지 않았다. 당시 대공수사국에 꼭 대공업무만 하달·명령되는 것은 아니었다. 예민한 정치적 사안으로 검찰이나 경찰에서 다루기 어려운 사건들이 특명으로 하달되는 경우도 많았다.

특히 남산의 대공분야조직은 군대조직보다 더 결속된 조직으로 상·하가 뚜렷한 상호신뢰 하의 단체이면서 과업에 대한 수사관 개인의 책임이 수반됨은 물론 독자적인 개인 의견 또한 존중되는 특이 조직이기도 했다.

밤·낮의 구별이 없는 대공업무는 때론 가정을 파괴하기도 하고 개인의 건강을 해치는 경우가 많았으나, 각 수사관에게 주어진 막강한 남산의 힘은 모든 사생활의 불이익을 감수케 하는 원동력이기도 했다.

당시 밖에서의 악랄한 소문과 비판에도 '**우리는 음지에서 일하고 양지를 지향한다**'는 부훈 아래 불굴의 긍지를 갖고 북한의 대남 적화공작과 때론 국내의 불순 좌익세력에 맞섰다.

필자가 지금부터 이야기하고자 하는 내용은 필자 자신이 1970년대 중·하반기에 직접 다뤘던 사건으로 책의 제목대로 사건의 숨은 뒷이야기들과 그 애환을 다루고자 한다.

독자들의 넓은 가슴으로 졸필이 엮어낸 일화들을 읽어 주셨으면 감사하겠다.

2011년 6월
이 기 동

차 례

제1장_

부마사태와
김재규 부장

부마사태 조정관으로 파견되다

1979년 10월 초 남산 대공수사국 국장실.

국장을 모시고 대공 과장(본인이 속한 1과) 그리고 부산·마산 사태(이하 부마사태)에 파견될 수사 조종관 4명이 함께 앉아 있었다. 국장은 "자, 부산지부와 모든 협의가 끝났으니 여러분은 지금 즉시 항공편으로 부산으로 떠나시오. 현지에 가서 부마사태를 정확히 파악하고 경찰력을 동원·조종하여 조속한 시일 내에 사태가 진정되도록 최선을 다하기 바랍니다." 하시며 조종관들을 독려했다.

같은 날 오후 나를 포함한 4명의 조종관들은 간단한 출장준비를 마치고 부산행 KAL기에 몸을 실었다. '얼마나 걸리려나….' 집에 연락도 못하고 떠나는 것이 마음에 걸렸으나 항상 있는 일이었으므로, 아내가 이해할 것이라 생각하며 좌석에 있는 신문을 펼쳐 들었다.

당시는 이 땅에 정치·사회적으로 갈등을 빚던 박정희 전 대통령의 유신체제 시절이었다.

부마사태는 1979년 9월 8일 김영삼(당시 신민당 총재)에 대한 총재직 정지 가처분 결정과 10월 4일 의원직 박탈이 결정적 계기가 되어 부산대학교를 중심으로 시작한 반정부 시위사태이다.

여기는 정보부 부산지부 지부장실.

지부장은 "여러분, 잘 오셨습니다. 우리 다 함께 고생해서 사태를 빨리 수습하도록 합시다. 우선 박 조종관은 마산에 연고가 있으니 그곳으로 곧 떠나세요. 그리고 다른 세 분 조종관은 부산 주요 지역을 나누어 해결하도록 합시다."라며 지역을 배정했다.

나는 당시 가장 데모가 극심했던 북부지역(부산대학교 지역)을 맡아 북부경찰서로 향했다. 북부경찰서에 도착한 나는 서장을 비롯한 핵심 과장들과 인사를 나누고 조종관실을 별도로 마련하는 작업을 경찰관들에게 지시했다.

조종관실을 만드는 동안 서장과 협의한 후 데모 주동자를 연행하여 그 경중을 가려 A · B · C 3등급으로 분류하여 A: 구속, B: 구류, C: 훈방 등으로 처리하기로 하고 다음날부터 연행자의 분류 · 조종에 들어갔다.

그러나 데모는 더욱 극심해졌고 연행되는 학생과 시민의 수가 처음에는 하루 약 25명 정도이던 것이 날이 갈수록 늘어나면서 사태가 심각해졌다. 당시 데모 현장을 시찰하러 나갔다가 데모대의 공격을 받은 북부경찰서 경비과장은 지프차 유리창이 박살나고 온 몸에 찰과상을 입는 사건을 겪기도 했다.

나는 서장과 간부들의 만류로 현장답사는 포기한 채 경찰들이 보고하는 대로 즉시 연행자를 A·B·C로 분류했다. 가능한 한 구속자 수를 최소화하기 위해 파출소에 불을 지르거나 경찰을 직접 공격하는 주동자들만 A급으로 분류·구속하고 나머지는 훈방 조치하도록 조종했다.

그러나 4~5일이 지났음에도 불구하고 데모는 더욱 격화될 뿐 더는 경찰력으로 진압이 불가능한 상태가 되어 갔다.

그 해 10월 18일. 드디어 정부는 부산·마산에 지역계엄을 선포했다.

계엄 발효 후 데모를 진압하기 위해 헌병 등으로 구성된 계엄군이 직접 진압에 동원되었으나 여전히 사태 진압에는 역부족이었고 항상 그렇듯이 날조된 유언비어가 부산 시내에 퍼지기 시작했다.

'헌병이 총칼로 여대생 가슴을 찔렀다', '총칼에 찔린 남녀학생, 시민 다수가 부산도립병원으로 실려 가고 있으며 몇 명이 죽기도 했다' 등의 유언비어가 시내를 휩쓸면서 갑자기 시민들이 거리로 쏟아져 나왔다. 제한된 군·경의 인력으로는 버티기 어려웠고 계엄군은 시내 곳곳에서 밀리기 시작했다. 일부 파출소는 극렬 데모 시민에 의해 방화되는 등 경찰이 데모대와 대치하기도 어려운 상황으로 치닫게 되었다.

연일 계엄사와 정보부 부산지부 간의 비상 대책 회의가 열렸으나 뾰족한 대책이 있을 리 없었다.

10월 중순경. 서울 본부로부터 김재규 부장이 부산지부에 올 예정이라는 연락을 받았다. 지역에 있는 조종관들과 관계관들이 즉시 부산지부에 집결했다. 부산지부장 주재 하에 긴급 대책회의가 열렸고, 회의결과 '전방부대 1개 사단(3만 명 규모)의 병력지원'만이 수습책이라는 결론을 내렸다.

같은 날 오후 6시경 부산지부에 도착한 김재규 부장에게 지부장이 직접 현황을 설명하며 대규모 군병력 지원만이 해결책임을 강조했다. 묵묵히 듣고 있던 김재규 부장은 "모두들 수고하십니다. 현장을 직접 돌아볼 수도 없는 상황이니 곧바로 상경하여 대통령 각하께 보고하고 여러분의 의견을 제시해 좋은 결과를 얻도록 하겠소."라며 수심 어린 얼굴로 자리에서 일어나 타고 온 승용차로 상경했다.

우리로서는 부·마산지역의 치안이 마비된 상황에서 서울로부터의 수습 대안이 속히 하달되기를 기다릴 수밖에 없었다. 곧이어 서울로부터 대통령 주재로 국가안보회의가 열렸다는 소식과 함께 달갑지 않은 소식이 전해졌다. 기획관으로부터 전해들은 바로는 다음과 같다.

국가안보회의에서 김재규 부장을 보좌한 대공수사국장이 현 부마사태를 조속히 종결시킬 해결책으로 전방 1개 사단 규모의 병력지원이 곧바로 있어야 한다고 제안했다. 그러자 동석한 차지철 경호실장이 자리에서 벌떡 일어나 "김 부장, 사단 병력이라니 무슨 소리를 하는 게요? 특전사 1개 부대가 탱크를 몰고 가서 쓸어버리면 그만이지 휴전선에 배치된 병력을 무슨 수로 이동시킨단 말이오? 작전권이 미국에 있는데 대규모 병력을 이동시킨다니

말도 안 되는 소리 하지도 마시오!" 하며 고함을 질렀다고 한다.

그러나 박정희 대통령은 김재규 부장과 독대하여 사태의 심각성에 대해 재차 설명을 들었고, 그 자리에서 김재규 부장은 사후에 미국 정부의 양해를 얻기로 하고 즉각 전방에 배치된 군대 이동을 강력히 건의하여 곧이어 각하의 재가가 이루어졌다고 한다. (이건 어디까지나 기획관이 전해온 이야기에 의존하여 기술한 것이다)

작전은 신속히 전개되었다.

10월 20일 정부는 마산·창원에도 위수령을 발동하였다. 동시에 전방 ○○사단 병력 3만 명이 부산진역에 도착했고, 나는 계엄사와 함께 군부대를 인계인수 받아 1만 명은 즉시 마산으로 이동시키고 2만 명은 부산 취약지역에 집중시켰다. 데모 집중지역에는 약 2~3미터 간격으로 군인을 배치했다. 전방부대에서 수송된 사병들은 일전에 일부 배치된 희멀건 얼굴의 후방 헌병들과 달리 시커먼 얼굴에 미동도 하지 않은 채 '앞에 총'을 하고 전방만 응시했다.

대규모 군의 투입으로 데모는 신속히 진정되었고 더 이상 부산 북부경찰서로 연행되는 주동자도 없어졌다.

경찰서로 조종관을 찾아온 김 중령

당시 어느 날 오후 8시경, 북부경찰서 경찰 간부로부터 어떤 군인이 나를 찾아왔다는 소식을 듣고 의아해 하면서 그를 조종관실로 안내하라고 하였다. 그에게 자리를 권하고 무슨 일로 찾아왔느냐고 묻자 사복을 입은 그 군인은 "조종관님, 제 아들이 부산대학교 3학년에 재학 중인데 제가 아들을 잘못 가르쳐 국가에 누를 끼쳤습니다. 실은 어제 아들놈이 여기 북부경찰서로 연행됐는데 제발 구속만은 면하게 해주십시오." 하고 부탁했다.

그 사람은 부산 근교 공군비행단의 부단장 김○○라는 중령이었고, 그의 아들은 아직 심사를 마치지 않은 상태였다.

나는 "아직 심사가 끝나지 않아 잘은 모르겠으나 구속 학생 수가 많지 않으니 염려 말고 부대로 돌아가도록 하시오. 심사 후 선처하도록 하지요." 하고는 김○○ 중령을 돌려보냈다.

나는 즉시 해당 경찰을 불러 그 학생에 대한 사실 기록을 가져오라고 하여 살펴보았다. 학생은 경찰을 폭행한 시위 주동학생 중 한 명으로 A급 분류 대상자였다. 나는 학생의 아버지가 현역

중령이고 경찰서까지 찾아와 간곡한 부탁을 한 정상을 참작, B급
(구류)으로 분류했다.

지루한 하루의 조종을 끝내고 다음 날 새벽 5시경, 어둠이 채
가시기 전에 경찰서 정문을 나설 때였다. 어젯밤 돌아간 줄로만
알았던 김○○ 중령이 내 앞으로 다가왔다.

나는 깜짝 놀라 "아직 돌아가지 않고 하룻밤을 여기 있었단 말
이요?" 했더니 그는 "한 번 더 조종관님을 뵈려고 가지 않고 기다
리고 있었습니다." 하는 것이 아닌가!

나는 김 중령을 경찰서 대기실로 안내하여 차를 같이 하면서
"아드님은 B급으로 처리되었으니 걱정하지 말고 며칠만 기다리
세요."라고 하자 그는 "고맙습니다."를 연발하면서 발길을 돌렸다.

아버지의 정!

자식들이 부모의 마음을 진정 헤아리겠는가? 그때의 아들이 지
금쯤은 그 아버지의 나이가 되었을 것이다. 그는 지금 어떤 생각
을 하고 있을까?

아들에게 있어 아버지는 '끝없는 사랑'인 것처럼, 한 국가의 이
념도 국민을 끌어안고 묵묵히 아픔을 견디는 아버지의 자리에 서
야 한다면 이에 걸맞은 비유가 될까?

부마사태는 같은 해 10월 20일경 군에 의해 완전히 진압되었
다. 당시 연행자는 1,600명이었고, 그 중 120여 명은 군사재판에
부쳐졌다. 우리는 10월 말의 종합발표를 위해 그간의 활동보고서
를 작성하기 시작했다.

계엄사령관과 맞닥뜨리다

10월 하순의 어느 화창한 토요일 오후, 모처럼 휴식할 수 있는 절호의 주말이었다.

사우나에나 가려고 막 퇴근을 할 무렵 부산지부에 근무 중인 동료 김○○ 수사관이 모처럼 쉬는 토요일이니 서울에서 온 조종관 동료와 횟집에 가서 소주나 한 잔 하자고 권해 시내로 가 1차를 하고, 한 잔 더 하자는 동료들의 뜻에 따라 김 수사관의 안내를 받고 있었다.

해운대 호텔 쪽 비포장 외길로 동료들의 차량 2대가 내려가는데 중간 지점쯤 반대편에 군용 지프차 한 대가 앞을 막고 서 있는게 아닌가!

별이 두 개나 있는 붉은 별판이 보였다. 멈춰서 있을 수밖에….

우리 측 차를 선도하던 김 수사관이 내려 상대에게 후진하라고 손짓하는 것 같았으나 상대편 차는 후진하지 않은 채 전투복장을 한 군인이 내렸다.

육군 소장이었다. 김 수사관과 육군 소장간에 서로 손짓으로 가라오라 하는 것 같았는데 어느 순간 김 수사관의 오른손이 번쩍 위로 치솟더니 장군을 후려치는 것처럼 보였다. 장군의 모자가 휙 하고 언덕 아래로 떨어졌고, 운전사가 내려 모자를 집으러 달려갔다. 나는 급히 승용차에서 내려 두 사람을 떼어놓은 후 장군에게 "우리 일행은 내려오고 있었고 장군의 차는 올라오고 있었으니 마땅히 당신 차가 후진하는 게 교통법규 아니오?"라고 하자 장군차의 운전을 맡았던 육군 중위가 "이 분은 계엄사령관인데 모르겠느냐?" 하는 것이었다.

이에 질세라 김 수사관은 "계엄사령관쯤 되신 분이면 일반상식도 알아야 할 것 아닙니까? 이분들은 부산지역에 조종관으로 나오신 서울 정보부 본부 간부들입니다."라고 맞받아쳤다.

나는 우선 김 수사관을 뒤로 물러나게 하고 장군에게 다가가 "장군, 우리 모두 상호 간에 한 잔씩 한 것 같고 부마사태로 피곤해 있는 처지에서 일어난 일이니 없던 일로 합시다. 내가 동료 대신 사과드립니다." 했고 장군도 "그럼, 그렇게 합시다."라고 하며 자신의 차를 후진시켜 돌아갔다.

나는 당시 정중히 사과도 했고 장군 또한 그렇게 하자고 했으므로 그것으로 끝난 줄 알았다.

그러나 다음날 오전 9시 30분경 본부 감찰실에서 느닷없이 나에게 전화가 왔다. 수사관 초창기 시절 대공수사국에서 함께 근무하다가 감찰실로 보직을 옮겨 근무하고 있던 최 선배였다. 그는 "야! 어떻게 된 일이야? 김○○가 사고를 쳤다며? 하여튼 상황보고는 받아 알고 있는데 자네가 뒤처리 좀 잘하지 그랬어? 서로 고생하는 처지에 계엄사와 붙어 뭘 얻겠어? 어쨌든 김 수사관에게 오후 비행기 편으로 상경하여 감찰실로 들어오라고 해."라고 하였다.

제길! 이럴 수가 있나?

서로 사과하고 악수하며 사나이들끼리 없던 일로 하자고 해놓고 장군이란 사람이 자기 체면도 모르나? 경위야 어쨌든 그들이 남산 감찰실로 신고한 것은 참으로 어처구니가 없었고 괘씸하기까지 했다.

나는 감찰실 최 선배에게 "형, 그거 별것 아니고 일과 후 우연히 일어난 일이니 잘 좀 부탁합시다. 옛날 우리 모두 같이 고생한 동지들 아닙니까?"라고 했다. 최 선배는 "알았으니 빨리 출발하라고 해. 뭐 별일이야 있겠어? 잘 처리할 테니 걱정하지 말고 올라오라 해."라고 하였다.

오후 비행기로 상경한 김 수사관은 본부 감찰실에서 경위서 한 장 쓰는 것으로 그 일을 마무리 지었고 그 사건은 근무 시간 외에 일어난 사적인 일로 치부되어 감찰실로부터 아무런 징계도 받지 않았다.

그때만 해도 가히 막강한 남산의 힘(?)이 뒷받침하고 있을 때가 아니었겠는가!

10 · 26 사태라는 변고

　우리는 10월 30일에 있을 부마사태 종합 발표에 따른 제반 서류를 갖추는 데 여념이 없었고, 발표를 눈앞에 두고 있었다.

　10월 27일 새벽 2시 숙소로 돌아온 나는 잠시 눈을 붙인 후 샤워를 하고 새벽 5시 뉴스를 듣기 위해 라디오를 켰다. 그런데 어찌 된 일인가? 모든 방송이 중단되어 있었다. 이상이 있나 하고 라디오를 툭툭 쳤다.

　그 때 갑자기 라디오에서 장송곡 같은 음울한 곡이 흘러나왔다.

　5시 30분경, 드디어 대통령 유고에 대한 방송이 시작되었다. 방송은 국군통합병원으로 이송된 박정희 대통령의 생사가 위태롭다고 하면서 상황 발생에 대한 설명없이 단지 국가 비상사태가 발생했다고만 전했다.

　이것이 10 · 26 사태이다.

　정국의 상황을 자세히 알 수도 없이 이틀이 지나갔다. 우리를 오라가라 하는 지휘부도 없었고, 서울 본부의 상황에 대해 자세히 알 수도 없었는데 그 와중에 정보부 부산지부는 계엄사에 접

수되어 난데없이 영관·위관 장교와 군 사병들이 들이닥쳐 각각
의 자리를 차지하고 그들 나름대로 업무를 보았다. 그 후 서울에
'합동수사본부'라는 지휘부가 생기고 난 후 정보부의 모든 업무는
정지되었다.

대공수사국(남산) 본부기획관으로부터 국장급 이상 지휘부는
전원 합동수사본부에 연행되었으며 그로 인해 지휘계통이 모두
사라졌다는 소식을 들었다. 본부 지휘부가 사라지면서 부산에 파
견된 우리는 움직일 수 있는 처지가 아니어서 할 일 없이 부산지
부 주변을 서성이며 20여 일을 소일하고 보내면서 라디오 방송에
만 귀를 기울였다.

당시 합동수사본부에서 풀려나 제일 먼저 본부로 귀임한 분이
이건영 차장(중장 출신)이었다. 전두환 장군의 군 선배였기 때문
이었을까? 정보부로 복귀한 이 차장이 흩어진 정보부의 전열을
추스르고 있을 즈음 대공수사국장도 제자리로 돌아왔다. 이에 우
리는 상부의 명에 따라 빈손으로 귀경, 본부로 복귀했고 약 4~5
개월간 업무 휴식기에 들어갔다.

이듬해 4월 전두환 합동수사본부 본부장이 중앙정보부 서리
(정보부장은 장군의 경우 '서리'라는 딱지가 붙어 있도록 정보부
법규로 규정되어 있었다)로 부임하여 명실공이 정보부를 장악함
으로써 20여 년간 권력의 핵심에 있던 실세 조직은 끝이 났다.

정보부는 해체의 수순을 밟으면서 '국가안전기획부'라는 개명
하에 잠시 군의 시녀가 되었다. 10·26 사태 이후 대공수사국 요
원들은 조직의 변화를 실감하면서 무기력해져 갔다.

김재규 부장과 불운의 필자

10 · 26 사태는 개인적으로 평생 대공분야에서 공직 생활을 해야겠다던 필자에겐 참으로 통탄할 사건이었다. 공직에는 운이 따라야 하는 데 말이다. 나는 김재규 부장과 비공식적 인연이 있었다. 금령 김 씨인 김재규 부장은 박정희 대통령 시절, 건설부 장관에 재직하면서 종친회장을 맡았고 호남쪽 종친회장인 나의 장인과 각별한 친분을 유지했다.

종친회 책자를 보면 김재규 장관이 종친회장에 취임할 당시 중학생이었던 나의 아내가 김재규 회장에게 꽃다발을 전달하는 사진이 실려 있기도 했다. 고향 후배인 아내와 결혼 당시 그 정도로만 알고 있었다.

1976년 12월 4일 김재규 부장이 신직수 부장 다음으로 부임했을 때 일이다.

김재규 부장이 부임한 지 1개월 쯤 되었을까?

외근 중이던 나는 평상시와 같이 5시경 본부로 돌아왔다. 그때 복도에서 서성이던 김종환 과장이 "자네, 왜 이렇게 늦었어? 빨리 국장실로 가봐. 아까부터 국장님이 찾고 야단이 났어." 하기에 급히 국장실로 들어섰다.

나를 보자마자 김○수 국장님은 "자, 지금 지체할 시간이 없네. 5시까지 부장님 비서실에서 대기하고 있어야 하는데 벌써 10분이 지나지 않았나? 빨리 7층 부장실로 가세." 하면서 앞장섰다.

'부장님께서 나 같은 하급 수사관 따위를 보자고 하시다니 무슨 일인가?'라고 생각하며 부장 비서실로 들어섰다. 비서실장인 백 대령이 나를 환대하며 앉으라고 자리를 권하고는 동행한 대공수사국장에게는 "나가보시오."라고 하지 않는가? 감히 비서실장 따위가 천하의 대공수사국장(현역 군인으로는 별 2개의 보직에 해당하는 지위)에게 그렇게 무례하다니….

그러나 국장님은 별다른 반응 없이 비서실을 나갔다.

백 실장은 "이 수사관, 무슨 차를 좋아합니까?"라며 내게 존댓말을 했다. "네, 커피 좋아합니다."라고 하자 여비서에게 커피를 부탁하고는 나를 정면으로 바라보면서 "부장님하고는 어떤 인연이신데 부임한 지 얼마 되지 않아 이 수사관을 찾는지 궁금하오." 하기에, "네, 실장님. 부장님과 제 장인은 같은 김 씨 문중 일가이며 제 장인과 고향에 계시는 부장님 장인은 절친한 친구이기도 합니다."라고 정중히 말씀드렸다.

그는 "아, 그래서 이렇게 이 수사관을 직접 보자고 하셨군요. 만나게 되어 반갑습니다." 하며 악수를 청했다. 나는 '이제 곧 한 국가의 고위층에 있는 분 중 한 분인 김재규 부장을 직접 보게 되겠구나' 하는 생각에 약간 흥분되기도 했다.

조금 후인 5시 40분쯤 비서실 비상벨이 울리고 난 후 백 실장의 안내를 받아 부장실로 들어갔다.

남산 본관 7층을 모두 부장실로 사용하니 얼마나 넓은가?

저 멀리 안쪽에 조그마한 체구의 김재규 부장이(당시 면전에서는 처음 보았다) 의자에 앉은 채로 오른손을 들어 백 실장에게 나가라는 손짓을 하고는 나에게 앉으라고 표시했다.

감히 김재규 부장 앞에 앉다니!

나는 계속 부동자세로 서 있었다.

조금 후 부장은 천천히 자리에서 일어나 걸어오면서 "허, 앉으라는데 왜 서 있나? 이리 앉게." 하며 "지난번 전남 순천에 있는 처가에 들렀더니 자네 장인도 와 있어 자네 이야기를 잠시 들었다네. 자네가 담당하고 있는 대공업무가 과중하여 어디 경제부서라도 옮겼으면 하시던데, 어떤가?"라고 물었다.

나는 "아닙니다, 부장님. 대공업무가 제 적성에 맞고 정보부에 입사했을 때부터 대공업무에만 전념하려고 생각하고 있었습니다. 지금까지 만족스럽게 일하고 있으니 조금도 걱정하지 마십시오."라고 했다.

부장은 "그래, 그렇지. 남북이 대치하고 있는 상황에서 대한민국 사나이라면 한 번쯤 대공을 해봐야지. 좋은 결심이야. 나 또한 대공수사국에 거는 기대가 크네. 내가 별도로 자네 국장에게 연락할 테니 애로사항이 있으면 언제라도 국장을 통해 이야기 하고 여기 백 실장에게도 직접 전화하게나." 하며 장인과의 관계, 부장의 처가 이야기 등을 짤막하게 언급했다. 부장은 친히 백 실장을 불러 방을 나서는 나를 안내하게 했다.

나는 백 실장의 안내로 부장실을 나와 3층에 있는 국장실로 내려갔다. 국장은 나에게 "무슨 일로 부르셨나? 어떻게 된 거야?" 하며 반갑게 맞아주었다.

나는 국장께 김재규 부장이 찾은 이유와 함께 대공수사국에서 계속 일하고 싶다는 의사를 밝힌 일 등 면담사항을 자세히 말했다. 국장은 "바로 조금 전 백 실장한테 전화가 왔는데 자네에게 무슨 일이 있으면 곧바로 비서실로 전화해 달라고 하더군. 어디 딴 곳으로 움직일 생각하지 말고 지금까지 잘 해왔던 것처럼 이곳에서 함께 일하도록 하세."라고 했다.

국장실을 나와 과장에게 똑같은 상황 설명을 해야 하는 번거로움이 이어졌다.

나는 '이게 권력자의 주변에서 일어나고 있는 실제 상황이구나' 하는 생각에 새삼 권력의 의미를 되새기게 되었다.

같은 날 일찍 귀가한 나는 아내에게 "왜 시키지도 않은 짓을 해서 사람을 난처하게 만들어 이 사람아." 하고 꾸짖었다. 그러자 아내는 "도대체 당신이 뭔데 매번 출장이다 뭐다 해서 제대로 집에도 오지 않고 그래요? 다른 직원들 부인 이야기를 들어봐도 당신 같은 사람 하나도 없던데요."라며 오히려 짜증 섞인 소리를 계속했다. 나는 "당신이 아는 사람들은 대공수사국 요원들의 부인이 아니야. 우리 부서는 달라, 이 사람아! 누가 뭐래도 나는 대공수사국에서 일하다가 정 힘이 부치면 그만두겠으니 그렇게 알고 앞으로는 아버님 믿고 나에 대해 부탁을 하는 등 천방지축 날뛰지 말아요!" 하고 일침을 놓았다.

생각해보면 당시에는 긴급조치 발동 시기여서인지 우리 국에도 쉴 새 없이 큰 일들이 많이 터졌다.

쉴 새 없이 연결되어 터지는 사건, 사건들.

대공 간첩사건이나 특명사건들이 한꺼번에 터지면 지하실에서 머물거나 또는 오랜 출장으로 말미암아 1개월에 2~3회 정도만 귀가하는 수사관이 많았다. 이 때문에 수사관 부인들 중에는 요즘 말하는 우울증 환자도 있었으나 밖으로는 차마 그런 사정을 토로할 수도 없었다. 그로 인해 부부간에 생각할 수 없는 불행한 사고도 있었으니, 이런 일련의 사태들은 아마 지금 현 수사관들의 활동 반경과 행동 사고로는 이해하기가 힘들 것이다.

어쨌거나 10 · 26 사태 이후에도 대형사건은 계속 되었고 1980년 5월 18일 정치적 사건인 '5 · 18 광주 민주화운동(이하 5 · 18 사건)'이 터졌다.

나는 김재규 부장의 박 대통령 시해 사건 직후 공직의 옷을 벗어야겠다고 생각해 왔었는데 이 사건을 직접 담당함으로써 내심 그 시기를 5 · 18 사건의 종결로 잡았다.

5 · 18 사건이 1980년 7월 말로 종결되어 남산에서 조사받은 피의자 중 일부는 군법회의로 또 일부는 서울 구치소로 이송되었다.

나는 그 직후 사표를 제출하였으나 수리되지 않았고 상사들로부터 계속 근무하라는 종용이 있었다. 지금 생각해도 참으로 많은 상사의 은혜를 입으며 수사관 생활을 하였고, 그 누구보다 자부심도 컸다. (다른 글에서도 언급했듯이) 그러나 같은 해 11월 초 그동안 결심했던 자진 퇴직을 실행에 옮김으로써 채 10년이 못 되는 짧은 기간 동안 누구보다도 많은 사건을 접하고 처리했던 수사기관원 생활을 마감했다. 결과론이지만 10 · 26 사태와 5 · 18 사건은 천직으로 여겼던 나의 대공수사관 생활을 접게 했던 것이다. 지금 생각해도 후회없는 나만의 외로운 결단이었다고 말할 수 있겠으나 운없는 공직자의 길이기도 했다.

제2장_
**크리스천
아카데미** 사건

크리스천 아카데미 교육사

먼저, 이 사건은 일반인의 제보에 의한 사건임을 명백히 밝힌다. 1979년 2월 대공수사국에 제보가 들어왔다.

내용인즉슨 제보자(여성) 자신은 크리스천 아카데미 학원에서 교육을 몇 번 받은 사람인데 그 학원에서 하는 교육 내용이 크리스천을 위한 신앙교육이 아니라 이념교육, 그것도 상당히 좌경스러운 내용이란 것이었다.

구체적으로 어떤 내용의 좌경교육이냐고 묻자 그녀의 이야기가 걸작이었다. "선생님들은 간첩 잡는 전문가 아닙니까? 그 학원에서 교육하는 선생이 몇 명 안 되니 모두 잡아다가 조사해 보면 그들이 사회주의 신봉자인지 빨갱이 공산주의자인지 알 것 아닙니까?" 하고 되물었다.

참으로 옳은 이야기였다. 즉시 전담팀이 구성되었다. 말이 전담팀이지 우리 '계'를 말하는 것이다.

크리스천 아카데미란 무엇인가? 그리고 그 구성원은 과연 누구인가?

산 좋고 물 좋은 정릉에 자리 잡고 있는 크리스천 아카데미는 크리스천을 위한 또 진정한 크리스천이 되려고 하는 사람들을 교육하는 곳으로 알려진 곳이 아니던가!

이곳에서 하고 있는 교육이 신앙에 대한 교육이 아니라 붉은 냄새를 풍기는 이념교육이라니? 누가 그런 일들을 자행하고 있단 말인가?

크리스천 아카데미 원장인 강원룡 목사는 미국에서 신학을 공부하여 목사가 된 후 1960년대에 혜성처럼 고국에 나타난 미국식의 한국인 목사로 당시 엄숙하고 묵직(?)한 교회에 새 바람을 일으켰다는 평을 들었다. 탐문 수사 중에 나타난 그의 돌발(?) 행동으로는 교회 장로 · 집사 · 권사 등에게 포옹으로 인사하는 등 한국의 근엄한 목사님들과는 거리가 멀었다. 어쨌건 하나님 말씀을 실생활에 접목하려 했던 그의 시도는 한국 교회에 새로운 기원을 열었다고도 하고, 여러 가지로 당시 한국 교계에 명망이 높은 목사였다.

당시 크리스천 아카데미 원장으로서 강 목사는 한국 사회구조의 병폐를 '양극화'로 진단했다. 이념과 체제의 양극화 외에도 소수권력 특권층과 다수 국민 대중, 도시와 농촌, 호화주택과 빈민촌, 기업주와 노동자, 남성패권과 여성 등등. 이러한 양극화 현상을 해소하는 것이야말로 사회 갈등을 치유하는 사활적 문제로 생각했다.

따라서 그가 주장하는 중간집단이란 '자율적 · 민주적 바탕 위에 형성된 집단으로 사회개혁에 관심을 가지며 민중의 편에 서서 힘을 조직화·동력화함으로써 그들과 함께 양극화 사회의 화해와 통합에 이바지하는 세력을 의미했다. 그래서 주로 노동자·여성·농민·학생·교회단체 회원을 교육대상으로 설정했다.

강 목사는 당시「중간집단이란 무엇인가」라는 책에서 '오로지 인간을 위하여 하나님의 형상을 버리고 종의 모습으로 십자가에 죽기까지 한 예수를 믿는다는 것은 모든 인간, 성자나 범인이나 신자나 불신자자 땅 위에 태어난 모든 인간을 차별 없이 사랑해야 함을 의미한다'고 했다. 또한, '참된 크리스천 운동이란 기독교 단체의 이익이나 영광을 위해 일하는 것이 아니라 우리 이웃인 모든 인간을 위해, 그것마저 감추고 버릴 수 있어야 한다'라고 설파하기도 했다.

그는 1974년경 세계교회협의회의 지원을 받아 야심차게 내놓은 사회교육 프로젝트인 '크리스천 아카데미'를 창설했다. 그렇다면 그 훌륭한 프로젝트 속에 과연 누가 무엇을 했기에 용공 대상의 의심스러운 조직으로 비치게 되었을까? 그리고 4박 5일간의 또는 그 이상의 수강생 합숙생활 동안 일부 수강생들로 하여금 '이게 아닌데…'라고 느끼게 한 교육 내용과 주체 강사는 누구였을까?

나를 포함한 수사팀은 수강생을 중심으로 한 광범위한 수사에 돌입했고, 크리스천 아카데미의 농촌 지도자 교육이 그 대상임을 찾아냈다.

그렇다면 크리스천 아카데미의 농촌 지도자 교육이란 어떤 것인가? 그 과정은 1차 교육, 2차 교육, 3차 장기 전문 과정 교육으로 되어 있었다.

1차 교육의 목적은 농촌 문제의 본질에 대한 사회 과학적인 인식, 농촌 운동가로서의 자세 정립, 각 단계 농촌 운동의 방안 도출 등이었으며 기간은 4박 5일이었다.

2차 교육은 2박 3일간으로 1차 교육에서 교육생이 선택한 운동 과제의 활동 내용에 대한 '평가회' 형식의 교육이었고,

3차 교육은 20박 21일의 장기 전문 과정으로 농민운동 지도자들은 농업문제와 한국 사회 전반의 문제, 농민운동 등에 관한 체계적 학습을 할 수 있었다.

강의 내용은 민주주의·공산주의·민주사회주의 운동이념에 대한 교육이었으며 외국의 사회발전 모형, 선진국 경제론, 농업경제학, 협동조합론, 의식화 방법론 등의 이론과 실천 방법을 망라한 교육으로 강사로는 장을병·한완상·양호민·리영희 등이었다. 물론 간사들이 보충·보조 교육도 맡았다.

전반적으로 이 교육은 1980년대 의식화되고 각성한 민중운동 지도자들이 민주적 노동조합운동, 농민운동 등을 출발시킨 것으로 많이 변질되긴 했지만, 오늘날 '민주노총'의 뿌리이기도 하다.

위 크리스천 아카데미 교육은 수석 간사인 이우재(전 한국마사회 회장)를 비롯하여 신인령(전 이대 총장), 한명숙(전 국무총리) 등 간사들이 좌경의식이 강한 강사를 초청(초빙)하여 해당 교육(강의)을 담당케 했다. 어쨌든 교육 이수자들을 중심으로 철저한 탐문수사를 끝낸 남산에서는 이우재 등 크리스천 아카데미 간사

들이 중심이 되어 아카데미에 입학하는 농민·근로자·청년·학생들을 대상으로 이른바 '중간집단이론'이라는 사회주의 이론 강의를 통하여 그들로 하여금 대한민국의 헌법 질서를 부정하고 이를 변혁하게 함으로써 사회주의 실현을 획책한 것으로 보고 용공 혐의로 이들을 검거하기에 이르렀다.

그리고 최초로 연행한 주요 핵심 대상은 세 사람, 바로 이우재·신인령·한명숙 간사였다.

- 이우재(당시 43세) : 과거 서울대학교 재학시절 통일혁명당 사건으로 입건된 바 있는 좌경분류 인물.
- 신인령(당시 35세) : 이화여자대학교 총학생회장 출신으로 이화여자대학교 학생들을 최초로 가두데모로 내몰았던 학생 운동가 출신.
- 한명숙(당시 35세) : 이화여자대학교 출신으로 신인령과 함께 학생운동을 시작하여, 빈곤층 노동자의 의식화 운동을 위해 열악한 노동현장에 직접 침투하여 극빈한 노동자들을 대상으로 단계적이면서도 철저한 이념 교육을 통하여 사회 저항운동을 일으킨 사회운동가 출신.

한명숙의 전력과 간사직

1979년 3월 9일 상부에서 그간의 탐문 내사결과 대상자들을 연행하여 조사할 수 있는 여건이 성숙했다고 판단하여 수사명령이 하달되었다. 우선 크리스천 아카데미 학원의 간사인 이우재를 시작으로 신인령과 한명숙 등 3인의 간사를 연행했다. 그들이 종교단체의 직원임을 의식, 연행시 우리 수사관의 신분을 모두 관할경찰서 경찰로 위장했다.

나는 그들 중 한명숙 간사를 담당할 수사관이었다.

나는 지하실에서 한명숙과 마주 앉아 대학을 졸업한 후 크리스천 아카데미 학원의 간사로 재직하기 직전까지의 행적에 대한 심문을 시작했다. 당시 수사기관으로서 종교인에 대한 수사는 참으로 부담스럽고 때론 그 결과에 대한 책임도 크기 때문에 신중에 신중을 기해야 했다. 그러나 그 파장과 역풍이 어떻든 용공성을 밝혀야 하는 것이 우리의 임무였기에 피할 수는 없었다.

병치레한 듯 가냘픈 몸매에 누렇게 뜬 얼굴로 진술하는 그녀의 모습에 '아무런 용공혐의도 없는 여인을 연행해 무언가 잘못된 심문을 하는 게 아닌가?' 하고 나는 잠시 착각에 빠지기도 했다. 그러나 그것은 잘못 짚어도 한참 잘못 짚은 판단이었다. 나는 그녀의 철저한 위장전술에 놀아난 것이다. 당시 여자 심문에 미숙했던 나는 위 3인 중 가장 좌파이념이 투철했던 그녀의 정체를 잘못 읽은 것이다. 어쨌든 그녀의 진술을 토대로 한 '크리스천 아카데미' 입문 이전의 행적은 조서에 남아 있는 대로 대략 다음과 같다.

그녀는 대학 졸업 후 노동자를 위한 사회 저항 운동가로 변신을 시도, 중학교 졸업장을 들고 서울 영등포에 있는 A공장에 취업해 관악구 봉천동 산꼭대기 판자촌에 자취방을 얻고 공장 직공들과 똑같은 생활을 시작했다. 여공들과 함께 일하며 시골에서 갓 올라와 공장에 취업한 젊은 여성들을 상대로 친밀을 유지하고 늦은 일과 후에도 교제하면서 스스로 가난을 원망하기도 하고 작업환경을 탓하기도 하며 그리고 더 나아가 사장의 부당을 지적하면서 여공들의 의식을 일깨웠다.

그녀는 자기의 뜻에 동조한 여공들을 자신의 자취방으로 끌어들여 '우리는 회사를 위해 밤낮으로 죽도록 일만 하는데 급여는 쥐꼬리만큼밖에 못 받는다', '사장은 호화주택에 살면서 자식들을 유학 시킨다더라', '왜 우리가 희생해서 사장만 배부르게 하는가' 등에 대해 이야기 하면서 그들을 세뇌시켰다.

이러한 과정에서 가난한 시골 출신이면서 학교는 초등학교밖에 나오지 못했으나(당시에는 초등학교 출신이 거의 대부분이었다) 똑똑하고 머리가 비상하다고 판단되는 여공을 골라 그녀의 자취방에서 함께 생활하게 하면서 본격적인 제2단계 의식화 교육에 돌입했다.

그녀는 좀 더 체계적인 교육에 돌입하여 '우리가 이렇게 죽도록 일하면서 회사로부터 천대받는 것은 이 사회 제도가 잘못되었기 때문이다', '정부가 부정부패에 빠져 저희만 잘 살 궁리를 할 뿐 이런 회사에 있는 우리 같은 직공을 알기나 하겠느냐?', '우리의 실상을 공장 밖의 세상에 알려야 한다. 그러기 위해서는 죽기를 각오하고 행동으로 옮겨야 한다' 등의 주장을 펼치면서 여공들에게 철저한 정신무장을 시켰다.

이로 인해 문자 그대로 '의식화'된 여공들이 점차 늘어났고 이들은 회사의 강력한 저항집단으로 성장해 나갔다. 여공들은 노임을 올려달라는 협상을 시작으로 하여 작업을 중단하기에 이르렀고 급기야는 공장 옥상으로 올라가 미리 준비한 플래카드를 흔들어 대는 것으로 드디어 언론을 통해 세간의 이목을 집중시켰다.

경찰력이 동원되고 충돌이 시작되면 한명숙 그녀는 종적 없이 A회사에서 사라졌다. 다음 B회사에서도 그녀의 시도는 계속되었고 그녀와 같은 사회 저항 운동가들로 인해 회사에서부터 심한 노사분쟁이 본격화되기 시작했다.

어쩌면 그녀와 같이 노동전선에 직접 뛰어들어 문제점을 드러낸 사회 저항 운동가들의 노력이 있었기에 지금의 노동 환경이 형성되었을 것이다. 가히 당시의 운동가들을 산업화의 민주투사로 칭찬받아 마땅할 것이다.

나는 그녀의 여공들에 대한 '의식화' 활동에 대해서는 그녀의 진술 그대로 조서내용에 기재하였을 뿐, 그 활동자체는 기소내용에 포함하지 않았다.

같은 해 3월 27일 '크리스천 아카데미'의 강원룡 원장이 지하실로 연행되었다. 나는 노쇠한 강 원장에게 한명숙 부분에 대한 질의를 집중했고 강 원장은 자기의 관리 부주의에서 생긴 일이라고 하며 심한 자괴감에 젖어 있었다. 심문과정(수사관 종합)에서 강 원장은 간사들의 행위와 행동에 대해서 용공성을 감지하지 못했다는 신속한 결론을 내리고 며칠 후 귀가시켰다.

수사는 계속되었고 끈질긴 심문 속에 3인의 진술은 순조롭게 진행되었다.

1975년 후반기 한명숙은 노동운동 현장에서의 활동을 접고 '크리스천 아카데미'에서 이우재·신인령 등과 합류했다. 그들 간사 3인은 그곳 숙소 등에서 학원 수강생들에 대한 사회주의 '이념교육' 방향 등에 대한 철저한 토론을 통해 결속했다. 그 해 어느 날인가는 3인이 강원도 강릉 근처에 사는 은퇴한 좌파 노학자 김○○ 교수를 찾아가 그로부터 사회주의 이론 철학에 대한 강의를 듣고 상경하기도 했다. 하지만 수사과정에서 그들이 강릉에서 만났다는 날짜에 차이가 있었다.

그것은 신인령으로부터 시작되었다.

예를 들면 신인령은 같은 해 10월 26일 강릉에서 이우재와 먼저 만나 그곳 여관에 투숙하여 토론하였고, 다음날인 10월 27일에는 이우재·한명숙과 함께 3인이 찻집에서 만나 노학자 김 교수에게 갔었다고 했다. 그러나 이우재와 한명숙은 강릉에서는 10월 27일 처음, 3인이 함께 만났다고만 했다. 현장(여관)의 탐문을 토대로 확인한 바, 10월 25일에는 이우재와 한명숙이, 다음날인 10월 26일에는 이우재와 신인령이 사전에 별도로 강릉 여관에서 따로따로 만난 것이 아닌가 하는 의심이 들었으나 언제부터인가 그들의 진술은 일관되었다.

그들 3인은 동일하게 같은 장소에서 처음 함께 만나 진보 사회학자 김 교수에게 갔었다고 했다. 사건과 별로 관계가 없는 사안이었고 김 교수 또한 특이 동향이 없었으므로 수사진은 그들의 주장을 그대로 수용하였다.

'크리스천 아카데미 사건'은 필자가 거론하고 있는 3인만이 연행되어 조사받은 게 아니다. 당시 입교생들을 교육했던 외부 강사 장상환·김세균 등 진보 성향의 대학교수 10여 명도 모두 연행되어 남산에서 조사를 받았다.

어쨌거나 한 달 이상의 지루한 수사가 종결되고 같은 해 4월 16일 '불법 용공서클 일당 검거'라는 이름으로 '크리스천 아카데미 사건'의 실체가 일제히 중앙일간지를 장식했다.

간사직 당시 신인령은 아카데미 교육 활동에 전념함으로써 기쁨과 벅찬 사명감으로 건강을 되찾게 되었다고 했다. 또한, 그녀는 '최상의 윤리적 규범은 사랑의 법이다', '자기실현의 극치는 자기희생으로부터 실현된다'라는 기독 윤리학의 거장 라인홀드 니버의 주장들을 아카데미 수강생들과 공동생활을 통해 체험했다고도 하였다.

한편, 한명숙은 결혼 6개월 만에 남편이 서울대학교 상과대학의 경제 복지회 서클에 연루되어 감옥에 있었음에도 아카데미 교육에 몰두하면서 슬퍼할 겨를도 없었다고 훗날 그 심정을 토로했다.

사건 후 남산은 크리스천 아카데미 학원을 폐쇄했으며 용공혐의 피의자인 그들을 국가보안법과 반공법 등 위반으로 검찰에 송치하여 재판에 넘겼다.

고문의 진실은 어디에?

 본 사건에 대한 법정에서의 몇 회째 공판이었던가? 나는 법정 검사석 바로 아래 좌석에 앉아 재판 진행을 지켜보고 있었다. 당시에는 국가보안법과 반공법 등으로 피의자들을 송치하여 그들이 재판을 받을 때면 항상 담당 수사관이 참석하여 그들의 진술을 녹취하는 것이 관례였다.

 내가 참여한 그날도 교회 신도 분들을 포함해서 좌파 운동권 그리고 사회노동 인권운동가 등 80여 명이 제한 입장하고 있었다. 그들은 수시로 고함을 지르는 등 소란을 피우기도 했다.

 드디어 내가 담당했던 피고 한명숙의 차례. 그녀는 진술 도중 갑자기 한 발짝 앞으로 걸음을 옮기고 포승으로 묶인 두 손을 좌우로 흔들면서 재판부를 향해 말했다.

 "제가 정보부 남산 지하실에서 심한 고문을 당했는데 그때 고문당한 저의 좌측 어깨를 좀 봐주십시오." 하는 것이 아닌가?

 재판장이 그녀에게 "어깨를 어떻게 고문 당했다는 말이오?"라고 묻자, 그녀는 나를 향해 "저기 검사 밑에 앉아 있는 내 담당 수사관이 담뱃불로 내 왼쪽 어깨를 지져 상처가 있으니 한 번 보십시오."라고 하지 않는가?

청천벽력!

이때 재판을 참관한 일부 방청객들이 나를 향해 손가락질을 하며 "와! 저 새끼 죽여라, 저 남산 고문자 죽여!" 하고 들고 일어섰다. 그들 중 가장 소란스러운 몇 사람은 법정 정리를 위해 청원경찰에 의해 밖으로 끌려나갔다.

그로부터 20분 후 서울대학교병원 외과 과장 심 박사가 도착했고 심 박사는 법정에서 그녀, 한명숙의 요구대로 어깨를 들추고 현미경 비슷한 것으로 어깨의 상처를 살피고는 상처가 났다는 왼쪽 어깨를 방청석을 향해 보이며 "여러분, 보이세요? 이 조그마한 흉터가 최근에 담뱃불로 지진 상처 같습니까?" 하고는 다시 재판장을 향해 "이 흉터는 이 사람이 3~4세 때 종기가 생겨 난 흉터 자국으로 보입니다. 이상입니다."라고 말했다.

방청석에서는 또다시 "저 새끼도 똑같은 남산 앞잡이다!" 하면서 재차 소란을 피웠다.

아니, 고문이라니! 그것도 내가 담뱃불로 지졌다니? 이런 말도 안 되는 소리가 어디 있단 말인가? 아무리 법치국가라지만, 그녀를 그 자리에서 총으로 쏴죽이고 싶은 강렬한 충동을 느꼈다.

지하실에서 소주를 사달라고 하면 소주를 사오고, 안주가 먹고 싶다고 해서 안주 사다 주면 실컷 먹고, 술주정까지 하던 여자가 저렇게 악독해지다니….

혹시 이 글을 읽는 분이 나에게 "그때 그녀를 고문했느냐?"라고 묻는다면 나는 '단 한 차례라도 주먹질이나 발길질을 했거나, 또 어떤 심한 언동이나 다른 방법의 고문이 조금이라도 있었다면 지금이라도 하늘이 나에게 벼락을 내릴 거다'라고 답하겠다.

만약 그녀가 당시 거짓말을 했다면 지금이라도 '신이여, 그녀에게 천벌을 내려주옵소서' 하고 빌겠다.

오늘날 시대가 좋아(?) 대한민국에서 국무총리로까지 출세한 그녀는 꼭 그때의 '담뱃불 고문' 주장이 허위임을 만천하에 밝히고(어떤 방법으로든 이 사회에 정정당당하게) 필자에게 사죄해야 할 것이다.

그렇지 않다면 상호 변호인단을 구성, 확인하고, 그 당시 지하 심문실을 완벽하게 녹화한 필름이 있을 것이니 국정원에 요청하여 사회정의 구현 차원에서 국회 청문회를 열어 심문실의 전 과정을 만천하에 공개토록 하자고 제안한다. 나는 당시 본사건 주범 3인에 대한 전체 심문과정이 녹화된 것으로 알고 있다.

또한, 꼭 어떻게라도 규명해야 하는 이유는 지금도 좌파·좌익 세력들이 인터넷 등을 통해 계속 폭력 자행(담뱃불 고문 등) 운운하며 정부기관을 공격하고 있는 현실이 안타깝기도 해서이다.

30년이 훌쩍 지나버린 지금도 이 일은 나에게는 지워지지 않는 상처로 남아 있다. 그런 일로 인해 남산 수사관들은 시일이 지날수록 더욱 강해질 수밖에 없었던 것이리라. 어쩌다가─그럴 리 없겠지만─혹시 사회가 변질되어 혹은 우리 국민이 이 땅을 제대로 지키지 못하여 자파정권이 아닌 좌익정권(공산주의 정권)이 수립되면 그들은 우리와 같은 직업을 가졌던 자와 그 가족을 파멸시킬 것이다. 아니 모두를 참살시키고도 남을 것이다.

수년 전 어느 청문회 자리에서 과거 전력을 들추어내자 한명숙 그녀는 질문자에게 "철없던 시절에 있었던 일에 대해 따지느냐?" 고 했다 한다. 정말 그랬다면 참으로 가증스러운 일이 아닌가?

그들은 지금이라도 당시의 위장된 가면을 벗고 '한 시대에 서로 다른 방향에서 이 나라를 세워나가려고 고민했던 젊은 시절을 노년이 된 지금에 와서는 후회된다'고 당당하게 실토하고 반성하는 고백을 곁들여야 할 것이다. 참회하지 않는다면 내 오래도록 살아 그들의 생애를 지켜보겠다.

끝으로, 나는 법원 기록실에 보존되고 있는 당시 이 사건의 판결문 일부를 소개하면서 아직도 회한이 서린 이 글을 맺고자 한다.

'아카데미는 궁극적으로 인간화의 실현을 이념으로 자유와 평등이 동시에 실현되어야 하며 이를 위해 정치·경제·사회·문화 전반에 걸친 심각한 양극화 현상을 해결하는 것이 급선무라고 생각하여 그 방법으로 노조·여성·농민·학생·종교·언론 등 소위 중간집단을 육성 강화하고 때로는 압력을 통하여, 때로는 화해와 통합 기능을 통하여 양극화의 해소를 기한다는 전제 아래 그들을 의식화시키는 과정에서 착취로부터 해방되어 권익이 제도적으로 보장되는 사회를 실현하기 위한 투쟁의식을 고취시키고 이들을 조직화시켜 사회주의 실현을 목적으로 했다.'

제3장_

간첩 **김달남** 사건으로 **곤욕**을 치른 **유명 인사들**

김달남의 심문 비화

1975년 2월 서울 중구에 있는 대공 상담소를 통하여 서울 신촌에 위치한 Y대학교 회계담당 책임자라고 하는 사람으로부터 만나자는 연락이 왔다. 대공 부서에 있는 수사관을 보자고 했다면 대공과 관련이 있는 사건이라 생각되어 상대방에게 내가 Y대학교로 가겠다고 했다. 그러자 그가 굳이 밖에서 만나자고 하여 Y대학교 앞 ○찻집으로 약속을 잡았다.

○찻집에서 만난 그는 자신이 Y대학에서 자금을 담당하는 업무를 맡고 있다고 하면서 며칠 전 총장실로 재일교포 김달남이라는 사람이 찾아온 이야기를 시작했다.

자신은 총장의 지시로 메모만 했는데 김달남이라는 사람이 대학에 거금을 투자하겠다면서 총장과 나누었던 대화가 수상하다는 것이다. 또한, 김달남은 재야 장준하 선생과도 만난 이야기를 하면서 그 쪽에도 기부를 약속했다고 자랑스럽게 말하더라는 것이었다.

'재일교포가 아무런 연고도 없는 대학에 기부금을 내겠다고 하

였고 또한 장준하 선생에게도 약속을 했다?'

냄새가 났다. 용공의 냄새가 말이다.

여기는 남산 대공수사국 제2수사과 제5계. 내가 속한 5계는 공산주의자를 칭하는 '5열'을 때려잡자는 의미였다. 당시 남산에서 '계'로는 유일하게 독방을 갖고 있고 북한 노동신문에 남조선 특무로 수시 거론된 신문을 스크랩 해서 다니는 대공 분야의 최고 베테랑 수사관 한경순 계장, 5계는 그를 팀장으로 한 남한 최고의 간첩 수사 전문팀이었다.

지나친 자화자찬인가?(나는 지금도 그 시절 그 팀, 동료와 선후배를 뇌리에 떠올리면 지치고 피곤한 몸과 마음이 금세 청년 시절로 되돌아가 정신도 맑아지고 다시금 힘이 솟는다) 우리 팀은 언제나 활력이 넘쳤고 한 계장의 눈빛은 그것이 멸공 의지인지는 모르나 하여튼 빛을 발했다.

어쨌거나 나는 동료와 함께 법무부 출입국관리사무소를 통해 김달남의 기본 신원을 확보하고 그가 과거 6년간 국내를 20여 회 왕래한 사실도 확인했다. 또한 재일 거류민단의 교포 2세로서 재력가 집안의 둘째 아들인 것도 밝혀졌다.

우리는 극도의 보안을 유지하면서 법무부 출입국관리사무소에 입국자 사전 통보 조치를 한 후 그의 입국을 기다렸다. 일본 총영사관에 그의 동향을 파악하도록 조치를 하였고 그로부터 약 2개월이 지난 어느 날, 드디어 공항분실로부터 연락이 왔다.

김달남이 당일 오후 5시에 JAL편을 이용하여 김포공항으로 입국할 예정이라고 했다. 예정대로 김달남은 입국했고, 공항에는 3명의 지인이 그를 영접하기 위해 나와 있었다. 그는 마중 나온 지인의 승용차 편으로 ○○호텔에 도착하여 그곳에 여장을 풀었다.

우리 팀은 더는 지체할 필요가 없다는 판단 하에 그를 호텔에서 남산으로 조용히 연행했다. 그는 안정된 표정으로 아무런 저항도 하지 않았다.

여기는 남산 대공수사국 지하실 ○○호.

우리는 2개 팀으로 나뉘어 24시간 맞교대하며 그를 심문했다. 그는 한글 받침에는 약했으나 교포 2세치고는 글도 잘 쓰고 한국말도 꽤 잘하는 편이었으며 성격이 명랑·쾌활했다. 우리는 그에게 장준하 선생과 Y대학 총장과의 회합내용을 집중적으로 추궁했고, 공항에 마중 나온 지인 3명에 대한 인적사항 등을 구체적으로 진술받았다.

그럴 즈음 일본으로부터 김달남 동향 첩보가 도착했다. 첩보 내용에 의하면 '최근 김달남이 가족에게는 낚시를 가겠다고 하며 집을 나간 후, 약 15일 만에 귀가했는데 낚시를 갔던 장소(평소에 자주 갔었다는 해안 : 가족의 진술)를 중심으로 탐문 수사를 벌였으나 낚시를 한 흔적을 찾을 수 없었다는 것이다. 말하자면 보름 동안의 행적이 심히 의심스럽다는 것이다.

우리는 모든 심문을 중지하고 그에게 다짜고짜 "너 이북 몇 번이나 갔다 왔느냐? 우린 다 알고 있다. 다만, 그 횟수나 입북 경로를 알고 싶으니 다 말해!" 하며 원론적이고도 단순한 심문을 시작했다. 어눌한 표정으로 무슨 뚱딴지같은 소리냐는 표정을 짓는 그에게 설득과 협박을 가하는 강도 높은 심문이 계속되었다.

한편, 전날 공항에 마중 나온 ○○대학교 사학과 4학년 김○○, ○○중학교 교사 김○○ 등 3명도 연행하여 김달남의 한국 체류 행적과 그와의 접촉에서 있었던 언동 등에 대해서 김달남과 같은 강도 높은 심문에 들어갔다. 특히 김○○ 교사는 국내 ○○대학 동기생인 김달남을 자신의 집에 몇 차례 투숙시킨 사실까지 밝혀졌다.

원래 간첩 수사방식은 진범은 후하게 대접하여 자살·자해 등을 사전에 방지하는 전략이 구사된다. 통상적으로 하루는 강력조가 강하게 심문하고 다음날은 온화조가 편안한 분위기를 조성하면서 설득하는 것이다.

그러나 간첩을 방조한 기미가 보인 사건에 연루된 피의 연행자는 그 심문의 강도가 다르다. 그들에게서 조그마한 불순 사항만 포착되어도 주범보다 더욱 강력한 심문을 가함으로써 가능한 한 이른 시일 내에 사건의 전모를 밝혀내는 수사기법을 사용한다.

김달남은 연행되어 조사받은 지 10여 일이 지나도 변함없이 북한에 간 적이 없다고 진술하고 있었다.

지루하고도 초조한 시일이 계속 흘러갔다. 그러던 어느 날 강도 높은 심문에 견디다 못한 김○○ 교사로부터 폭발적인 진술이 터져 나왔다.

그 진술 내용은 다음과 같다.

약 6개월 전 김달남이 김○○ 교사의 집에서 묵은 적이 있었는데, 사진을 몇 장 보여주면서 "내가 몇 달 전 일본에서 자주 다니는 ○○로 낚시를 갔는데 낚싯배가 너무 멀리 가는 바람에 공해상으로 나가게 되었다네. 그곳에 고기가 잘 잡혀 계속 낚시를 하는데 무장한 한 척의 배가 나타나 나를 포박해서 그들의 배로 북한에 끌고갔네. 그게 북한 공작선이었던 거지. 헌데 그들은 나를 후하게 대접해주고 어딘가 데려가 쉬게 하면서(초대소를 의미) 「피바다·꽃피는 처녀·위대한 수령님」 등의 영화를 보여 주는 거야. 다음날부터는 평양 시내 등 여러 유명한 곳을 데리고 다니며 관광도 시켜 주더군. 이 사진이 그때 찍은 사진인데, 엄청나게 발전된 모습이지 않은가?" 하며 평양 시내, 모란봉 등지에서 찍은 사진을 기념으로 주었다는 것이다.

결정적인 증언을 확보한 우리는 환호성을 질렀고, 곧바로 김○○ 교사 집에서 증거물 사진을 압수·확보했다. 지하실에서 김달남은 결정적인 증거 앞에서도 강제 납북되었음을 강조했으나 8매의 증거 사진 중 2매가 다른 6매의 사진과 5년 차이가 난 것으로 국립과학연구소에 의해 확인됨으로써 끝내 그는 결국 2회에 걸쳐 입북했음을 자백했다. 그 경위는 이러했다.

김달남(당시 31세, 일본 가나모토청과주식회사 부장) 그는 1968년 2월 일본대학 3학년에 재학 중 북한 노동당 연락부 재일 공작지도원 박 모(50세)에게 포섭된 후 그의 지시에 따라 1968년 4월 모국 유학생으로 ○○대학교 문리대 3학년에 편입했다. 1969

년 7월에는 일본으로 건너가 북한 공작선을 타고 평양에 가서 밀봉교육을 받고 한국에 들어와 ○○대학교 동기생 김○○(32세), 배○○(32세)와 후배 김○○(25세) 등을 포섭 대상으로 하여 공작을 진행, 학교 내 반정부 데모를 조종하였다. 수시로 일본과 한국을 왕래하던 중 1974년 두 번째로 북한에 다녀온 후 그 해 말 재일 공작원으로부터 "앞으로는 남조선에서 더욱 영향력 있는 사람들을 대상으로 포섭하라. 그러기 위해서는 남조선에 합법적인 경제적 지원 단체 같은 것을 만들도록 하라. 김 선생은 집안에 돈이 많으니 우선 김 선생 자금으로 한국 내에 지원할 수 있는 대상을 확보하라."는 지령을 받고 야당 정치인으로는 장준하 선생을, 대학으로는 Y대학교 총장을 대상으로 삼았던 것이다.

어쨌든 실로 대담하고 통 큰 대남공작이었다. 그렇지 않다면 김달남이 너무 단순한 청년이었거나…. 김달남의 진술이 간첩으로 확정시키기에 필요충분조건을 모두 갖추었으므로 이제는 그와 연계된 연행자들에 대한 연계 심문에 주력했다.

김달남의 입북사실 등으로 그가 간첩임을 인식하고도 신고하지 않은 그에 동조한 자들과 포섭되지는 않았으나 그의 행동을 의심하면서도 당국에 신고하지 않은 주변인 등이 10여 명이나 됨으로써 수사가 장기화되었다.

농림부(현 농림수산식품부) 장관 물러나다

김달남의 간첩혐의 수사는 종결됐고 그가 한국 체류기간에 접촉했던 인물들을 추궁하는 과정에서 묵직한(?) 사건이 또 터졌다.

김달남이 처음 북한을 다녀온 이후 1970년대 초반 북한 노동당 연락부 소속 박모 재일 공작 지도원으로부터 만나자는 연락을 받고 은밀히 재일 조총련 본부를 방문, 그와 접선하고 밀봉된 서신 한 통을 받았다. 박모 공작원은 김달남에게 "김 동지, 이 서신은 한국에 있는 우리 조직 협조자에게 보내는 극비 지령문이요. 이번 한국 방문 시에 이 서신을 소중히 소지하고 가도록 하시오. 그리고 내가 별도 지시하는 대로 그분과 접선하여 전달하도록 하시오."라며 문제의 공작 서신을 전달했다.

한국에 입국한 김달남은 서울에서 박모 공작원이 전해준 전화번호로 연락하여 서울 미국대사관 정문에서 한국 내 고정간첩으로 예상되는 성명 미상인과 접선하여 그에게 서신을 전달했다는 놀라운 진술이 시작되었다.

내가 김달남에게 "당신이 접선했다는 그 사람에 대해 아는 대로 말해 보라."고 다그치자 그는 "재일 공작원이 지시한 대로 그 사람을 만나 서신을 직접 전달했으나 이름은 기억할 수가 없으며 단지 아는 것은 그가 한국 농림부 소속 고위 공무원이었다고만 알고 있다."고 하여 그에게 "그렇다면 지금이라도 당사자 얼굴을 보면 기억할 수 있겠느냐?"고 하자 그는 "몇 년 전 일이지만 직접 만나보면 알 수 있을 것 같다."고 진술하였다.

한국 농림부 고위직에 고정간첩이 잠적하고 있다? 우리 수사팀은 초긴장 속에서 수사 계획을 수립했다. 계획이 확정된 후 나는 종합청사에 있는 농림부 인사담당 부서를 방문했다. 그곳에서 농림부 소속 국장·실장급 이상의 고위직 공무원 20여 명의 인사기록 카드를 입수하고 인사기록 카드에 붙어 있는 각 공무원의 상반신 사진을 확대·확보하여 남산으로 돌아왔다. 나는 김달남 앞에 농림부에서 입수한 똑같은 크기의 인물사진 20여 매를 펴놓았다. 그리고 그에게 몇 년 전에 미대사관 정문에서 만났던 인물을 찾아보라고 하였다. 잠시 사진을 살펴보던 김달남은 서슴없이 한 장의 사진을 뽑아들었다.

나는 깜짝 놀랐다. 아니, 이 사진의 인물은 현 농림부 장관이 아닌가? 나는 김달남에게 다시 한 번 자세히 살펴보라고 하였다. 그러자 그는 장관의 사진을 들고는 틀림없는 것 같다고 하였다.

그것은 고시 합격 출신의 장관이 농림부에 들어올 당시의 사진이었으므로 그 진위를 가늠할 수가 없었다. 수사과장을 중심으로 수사관 합동회의가 열렸다.

결론은 즉시 장관을 남산으로 연행하자는 것이었다. 나와 김 수사관은 가슴 옆구리에 소형 권총을 각자 소지하고 종합청사 소재 농림부로 향했다.

장관 비서실.

나는 비서실장에게 "우리는 청와대에서 각하의 명을 받아 장관을 잠시 청와대로 모시러 왔다."고 밝히고 장관실을 들어가려는데 비서실장과 비서들이 신분증을 요구하며 막아섰다. 나는 "이 사람들아! 청와대의 명이라고 하지 않느냐?"라고 하며 상의 양복 단추를 풀고 허리에 찬 권총을 일부러 보여주었다.

그들은 조용히 물러섰다.

나는 장관실로 들어섰고 장관은 자리에서 일어섰다. "장관님, 남산 대공수사국 수사관입니다. 상부의 명에 따라 잠시 남산으로 모실까 합니다." 하고는 상의 윗주머니에 있는 신분증을 슬쩍 비쳤다.

장관은 새파랗게 질린 얼굴로 "무엇 때문에 저를…." 하기에 나는 "장관님을 모시는 것은 청와대의 재가가 있어야 하는 것 아닙니까? 조용히 가도록 합시다." 하자 그는 갑자기 전화 수화기를 집었다. 나는 재빨리 수화기를 빼앗아 제자리에 놓고 "장관님, 꼭 이곳에서 불상사가 일어나야만 말을 듣겠어요?"라고 언성을 높이자 장관은 "수사관님, 집사람에게만이라도 전화하여 며칠간 해외 출장 간다고 말하려는 것입니다." 하기에 "장관님, 아직도 남산 생리를 모르십니까? 우리가 차후 집에 연락할 테니 걱정하지 마시고 저의 지시에 따르세요. 각하의 재가가 있었다고 하지 않습니까? 지금 조용히 나가시되 밖에 있는 비서실장에게는 잠시 청와대에 다녀오겠다고만 하십시오. 만약 그렇지 않으시면 장관님에게 엄청난 불이익이 초래될 것이니까요." 하자 그는 순응하겠다는 뜻으로 고개를 끄덕였다.

별 탈 없이 남산 지하실로 장관을 연행한 나는 그를 지하실 독방 피의자 대기실로 안내하여 수감 아닌 수감(?)을 시켰다. 그리고는 출입문 창 쪽으로 얼굴을 정면으로 보고 앉으라는 지시를 하고 김달남의 수사실로 돌아왔다.

나는 김달남에게 "어이, 김 형. 지금 대기실에 당신이 안다는 어느 분을 모셔다 놓았는데 직접 가서 창문을 통해 자세히 보고 몇 년 전에 미국대사관 앞에서 만났던 사람과 동일 인물인지 아닌지를 정확히 식별해 달라."고 말했다.

우리는 그를 데리고 농림부 장관이 체재하고 있는 수감실 앞에 섰다. 그리고는 김달남에게 출입문 유리창을 통해 방 안에 있는 장관을 자세히 관찰토록 했다. 물론 방 안에 있는 장관은 밖에서 자신을 관찰하고 있는지 알지 못하지만…. 관찰 후 심문실로 돌아온 김달남은 방에 있는 인물이 틀림없이 과거에 만났던 인물과 동일한 사람이라고 했다.

수사팀은 당연히 활기를 띠었고 나 또한 담당관으로서 흥분할 수밖에 없었다. 아직도 이 땅에 장관급 인물이 고정간첩으로 잠적해 있다니….

나는 지하실로 이송한 장관과 마주했다.

"장관님, 이곳으로 오는 도중에 눈을 가려서 잘 모르겠지만, 이곳이 남산 대공수사국 지하실입니다. 다시 말해 간첩 혐의자 또는 대공 혐의 불순분자를 수사하는 곳이란 말입니다. 왜 장관께서 현직에 계시면서 이곳까지 오시게 되었는지 잘 알고 있으리라 믿습니다. 저희는 이미 모든 것에 대해 다 알고 있으니 상호 피곤한 이야기는 집어치우고 솔직하게 모든 것을 이야기 하도록 합시다."라고 하자 장관은 "수사관님, 무슨 이야기입니까? 자세하게 이야기를 좀 해 주십시오. 제가 무슨 이유로 이곳에 왔는지요."라고 되물었다.

나는 계속하여 "장관님, 정말 모르신다고만 하시겠습니까? 우리는 장관께서 북한과 어떤 경위였든 연계되어 활동하고 있다는 사실과 더불어 1970년대 초 미국대사관 정문 근처에서 일본에서 잠입한 공작원으로부터 극비 공작 서신을 받은 것을 다 알고 있어요. 지금 여기 지하실에 당시 공작 문건을 직접 장관에게 전달한 김달남이란 자가 간첩으로 체포되어 와 있다는 말입니다. 대면하고 싶으십니까?"라고 하자 장관은 깜짝 놀라며 "무슨 소리를 하시는 겁니까? 간첩이라니요? 제가 간첩과 내통을 했다는 말입니까? 억울합니다. 말도 되지 않는 이야기입니다. 하늘에 맹세합니다. 꼭 진실을 밝혀 주십시오. 그런 일은 있을 수 없습니다. 간첩과 내통하고 공작 서신을 받았다니요?" 하며 깊은 한숨과 함께 눈물을 글썽였다.

수사 지원팀은 장관에 대한 과거 행적 조사에 착수했다. 과거 장관 행적에 대한 보고는 즉각 우리 주무 수사팀으로 전달되었다.

장관 신원 조사에서 나타난 바로는 그는 장관이 되기 이전에 해외 여행사실이 없었고 그의 주변 친인척 중 과거 월북자나 대공 관련된 사람도 없었다. 다시 말해 공무상 주변이 깨끗한 인물이었다.

장관의 심증을 뚫고 들어갈 어떠한 틈새도 전혀 발견할 수 없었다. 나를 포함한 우리 수사팀이 할 수 있는 심문이란 게 겨우 '장관님, 진실을 솔직히 이야기 합시다'라는 원천적 질문으로 귀결될 뿐이었다. 혐의는 발견되지 아니하고, 장관자리를 계속 비워 둘 수도 없었으므로 청와대를 의식하지 않을 수 없는 상황이었다.

드디어 무조건 방면조치하라는 지휘부의 하명이 떨어졌다. 당시 실로 혐의가 없는 장관이었다면 얼마나 황당한 사건이었겠는가? 황당에 그치는 것이 아니라 한 사람의 진술로 한 개인의 생사가 왔다갔다 하지 않았는가?

방면하기 하루 전날 밤, 장관은 나에게 "제가 앞으로 어떻게 처신해야 합니까?" 하고 물었다. 나는 장관에게 "그건 오직 장관 스스로 알아서 처신할 수밖에 없다."고 했다.

담당 수사관인 나로서 무슨 할 말이 있겠는가?

장관은 농림부 제자리로 복귀했으나 며칠 후 현직에서 옷을 벗었다. 수사팀으로서는 그 자세한 내용은 알 수 없었다.

그가 사표를 내고 스스로 옷을 벗었는지 아니면 정부 고위층 또는 청와대 누군가의 종용이 있었는지는 그 누구도 그 아무도 말해주지 않는다.

그것이 남산이고, 국가의 안위를 앞세운 우리로서는 그저 우리의 길을 묵묵히 걸어갈 뿐이었다.

장준하 선생을 남산으로 연행하다

그러던 어느 날 김 과장이 나를 찾았다. "여보게, 이제 사건의 전모도 다 드러났으니 참고인 조사도 마쳐야겠는데 자네가 알다시피 장준하 씨가 누구인가? 이젠 장준하 씨를 데려와서 피의자 김달남과의 접촉사실에 대해 참고인 조사를 확실하게 해야 하는데 다른 과 수사관들이 몇 번 장준하 씨 집에 갔으나 전혀 먹혀들지가 않아. 장준하 씨를 누가 다루겠는가? 잘못하면 간첩 잡아놓고 날조라고 또 좌경분자들로부터 공격 받을 것이 뻔하네. 오늘부터 김달남 수사팀에서 빠지고 장준하 씨를 책임지고 연행해 오게. 자네라면 해낼 거야. 자네만 믿겠네." 하며 내 의사도 묻지 않고 먼저 방에서 나가버리는 게 아닌가?

사무실로 돌아온 나는 참으로 난감했다.

짧지만 대공수사국에 들어와 간첩을 잡거나 좌익세력 발굴에 신명을 다바쳐 일해 왔고 또 일하고 있는데 이젠 '민주투사'의 대명사인 천하의 장준하 선생의 연행을 맡기다니!

그것도 몇 번이나 실패한 연행을….

'이젠 수사관으로서의 능력에 한계가 올 것인가? 아니면 해낼 것인가? 조국광복을 위해 건국의 아버지들의 시대에 일제 군부에 대항했던 만주 독립군의 전설적인 인물로 청와대조차 기피(?)했으면 하는 선생이 아니던가?'

멀리 활동사진에서나 보던 영웅으로 각인된 장준하 선생!

그러나 즉시 움직이라는 부동의 명령인 것을 어쩌겠는가? 주어진 임무를 수행하려면 직접 부딪쳐야 해결책이 나올 것 같았다.

다음날 10시경 나는 동료 이 수사관과 함께 검은 지프차에 올라 면목동의 장준하 선생 댁으로 향했다. 장준하 선생의 주변에 있을지 모를 기자 등 언론계로부터 의심받지 않기 위해 선생 댁에서 약 100미터 정도 떨어진 골목 입구에 차를 세워놓고 도보로 장준하 선생의 집 앞에 도착했다. 참으로 허술한 작은 집의 대문이 열리고 허름하게 옷을 걸친 아주머니 한 분이 나오셨다. 내가 선생님을 뵈러 정부에서 나왔다고 하자, 그분은 잠시 기다리라고 했고 10여 분 후 장 선생님이 계시는 곳으로 우리를 안내했다.

거실을 통해 안방으로 안내된 우리는 선생님께 무릎을 꿇고 큰 절을 올렸다. 장 선생님께서 "또 어디서들 오셨는가?"하시기에 나는 "불쑥 또 찾아와 죄송합니다. 저희는 정보부 남산 대공수사국에서 왔습니다. 먼저 왔다간 수사관들로부터 이야기 들으셨겠지만 간첩으로 체포된 김달남의 진술에 의해 선생님을 참고인 자격으로 모시고자 합니다. 협조해 주십시오." 하자 선생님은 "이 사람아, 내가 전에도 이야기 했듯이 그놈하고 난 함께 한 일이 없어. 그놈이 찾아와 조국 발전에 기여할 수 있는 기회를 달라고 하며 얼마인가 거액의 돈을 내놓겠다고 하기에 '한국에도 그런 기부금을 받는 단체가 많으니 찾아가 기부'라고 했지. 다음에 또 한 번 찾아 왔기에 '내가 지금 몸이 불편해 거동도 어려운 처지에 있어 활동하는 단체가 없으니 추천할 수도 없다'며 돌려보낸 게 전부인데 내가 그놈하고 무슨 일을 했다고 너희 남산을 가? 내가 한 말을 자네들 부장한테나 박정희에게 전해. 난 그곳에 갈 이유도 없고 갈 수도 없으니 돌아들 가게." 하셨다.

그때 조금 전 우리를 안내했던 허름한 차림의 아주머니가 물컵과 약봉지를 들고 들어오시면서 선생님께 "여보, 약 드실 시간이에요." 하면서 물컵과 약을 건네지 않은가?

'아! 이 분이 선생님의 부인이시구나' 하고는 "사모님 절 받으십시오." 하며 큰절을 올렸다.

사모님께서 "여러분, 이제 그만들 해요. 선생님이 활동하지 않으신 지가 벌써 1~2년 되었는데 왜들 그러세요. 몸도 불편하고 마음 고생도 많으신 분이니 그만 괴롭히세요." 하는 것이 아닌가?

나는 곧바로 일어섰다. 그리고는 "선생님을 괴롭히려고 이러는 것이 아닙니다. 이건 강요할 사안이 아니라는 걸 잘 알고 있습니다. 그러나 국가의 일을 하지 않을 수 없는 저희의 처지도 이해해 주십시오. 그리고 며칠 후 마지막으로 한 번 더 뵐 수 있는 기회를 주십시오." 하고는 댁을 나왔다.

내 머릿속에 그렸던 광복군 복장을 한 작달만한 체구의 장준하 장군.

그러나 현실은 더 이상 그렇지 않았다. 그날 내가 본 선생의 모

습은 초라한 주택에 병든 몸으로 겨우 앉아 계신 한 분의 노인이
었다. 오직 예나 지금이나 여전히 맑은 눈에서 광채가 날 뿐. 세
월의 무상함인가? 유신 정권의 서릿발로 기상이 녹아 내리신건
가? 이런저런 생각을 하면서 어떻게든 장준하 선생을 남산으로
모셔야 한다는 각오를 다졌다.

　나는 홀로 남산 사무실을 나와 청계천으로 향했다. 헌책방에
가서 장준하 선생의 기록물을 모으고 싶었기 때문이다. 나는 대
학 시절과 대학원 시절에 참고서적이나 필요한 자료를 찾기 위해
청계천 6가 헌책방을 아침저녁으로 드나들었고, 그 계기로 큰 헌
책방 주인 몇 사람을 잘 알고 있었다. 당시 대형 헌책방인 청계서
점 등 책방 주인 3명을 근처 식당에 불러 막걸리를 함께 하며 장
준하 선생의 「사상계」 등을 위시하여 선생이 특별 기고한 책들이
있으면 있는 대로 모아달라고 부탁했다.

　'대공수사에 예외가 있어서야 되겠는가? 선생을 모셔오지 못한
다면 이것이 관례가 되어 훗날 다른 사람들도 형평성의 원리를
들어 오지 않겠다면 어떻게 할 것인가?' 하는 생각으로 머리가 지
끈거렸다.

　퇴근 후 청계천 6가에 들러 청계서점 박 사장이 구해 놓은 책
20여 권(「사상계」 등)을 차에 싣고 모처럼 일찍 귀가했다. 일찍
들어온 나를 의아한 눈초리로 쳐다보는 집사람에게 쉬고 싶다고
한 후 서재로 들어가 선생의 기고문을 순서 없이 독파했으며, 필
요한 문장을 읽는 중간중간에 옮겨 쓰기 시작했다.

　장준하 선생께서는 당시 「사상계」 등의 기고를 통해 '나를 좌

익성향의 인물로 보는 정부나 사회주의 성향의 노동운동가들은 내게 편견을 가지고 있다. 나는 사회주의나 공산주의 모두를 싫어하는 사람이다. 그렇다고 우익이 주장하는 극단적인 민족주의자도 아니다. 나는 이 땅에 민주주의의 싹을 틔워 독재가 민중을 지배하는 것을 절대 막고자 하는 것이다', '나는 생사를 가늠하는 극단의 독재항거 또한 좋아하는 사람이 아니다. 민중을 죽음으로 내모는 어떠한 극단적인 항거도 진정한 민주화 투쟁이 아니다'라고 주장하신 글 등 여러 문장을 그대로 외웠다.(단, 필자의 기억이 절대일 수는 없으므로 혹시 이보다 더 정확히 기억해 두고 있을 독자들은 양해하시길 바란다. 많은 문장들을 읽고 머리에 담았으나 지금은 기억을 떠올리는 데 한계가 있는 것이 사실이다. 그러나 이 중심요지는 어긋나지 않았으리라 믿는다)

그렇게 밤을 보낸 다음날 오전 10시경 과장님께 출동 보고를 한 후 전과 같은 지프차 편으로 장준하 선생 댁을 다시 방문했다. 선생님은 "허, 이 사람들이 그렇게까지 이야길 했는데도 알아듣지 못했구먼. 그럼 어디 나를 강제로 구인해서 데려가 보게. 그렇게 하지 않으려면 그만 돌아가고. 난 더 이상 할 말이 없네." 하셨다.

나는 "선생님, 남산에 있는 많은 수사관 중에서 왜 제가 또 선택되어 여기에 왔겠습니까? 제가 그 중에서도 선생님을 가장 존경해 왔다는 자부심이 있기 때문입니다. 그렇기 때문에 책을 통해 선생님의 사상을 많이 접했다고 감히 말씀드릴 수 있습니다. 물론 저 뿐만 아니라 제 또래의 많은 젊은이들이 선생님을 존경하고 있습니다. 선생님께서는 언젠가 책을 통해 '나는 사회주의나 공산주의 모두를 근본적으로 좋아하지 않는다. 그러나 민주주의라는 허울 아래 민중을 핍박하는 독재는 더 싫어한다'고 하셨고, 또 어느 책에서는 '공산주의는 이미 낡은 사상이고 더 존재해서는 안 될 극단의 주의다. 이는 부모 형제도 갈라 세우고 생사를 넘나들게 하는 극악의 주의다' 그리고 국회의원 시절 의회에서 '확실한 민주주의의 토대가 이 땅에 확립되지 않고서야 어떻게 극단의 북한 김일성과 대적할 수 있단 말인가?'라고 정부를 질타하셨습니다. 저는 정치는 모릅니다. 그러나 저 같은 젊은이들이 이 땅에 기생하고 있는 사회·공산주의자들로부터 이 조국을 지키는 첨병이 되지 않는다면 누가 있어 이 나라를 지킬 것입니까? 휴전선에서는 군인이 북괴군을 막고 후방에서는 저희 대공수사기관이 있어 간첩을 색출하고 때론 민주주의의 탈을 쓴 사회·공산주의자들을 찾아내 척결하고 있는 게 현실이 아닙니까?"라고 하자 오른쪽 팔꿈치에 베개를 놓고 비스듬히 앉아 계시던 선생님께서 자세를 일으키시고는 나를 똑바로 바라보시면서 말씀하셨다.

"젊은 사람이 식견이 높군. 그리고 누구라 그랬나? 응, 김달남. 그자가 와서 자금 운운하며 지껄였으나 귀담아 듣지 않고 자선단체에 가라고 했다고 하지 않았는가? 다른 이야기는 한 게 없다니깐." 하셨다.

많이 누그러지셨다고 판단한 나는 계속하여 "잘 알고 있습니다, 선생님. 현재도 국내에 들어오는 불순자금을 받고 활동하는 단체들이 있습니다만 선생님께서는 전혀 그러한 자금과 결탁한 적이 없으셨다는 것을 잘 알고 있습니다. 책을 출판 하는데 자금난을 겪으면서도 결코 불순자금을 가까이 하지 않으신 걸로 알고 있습니다. 일부 불순 종교단체(극히 일부)를 통해서 좌익자금이 극비리에 쏟아져 들어오고 있는 현실에서도 말입니다. 그렇기 때문에 선생님께서 저희 정보부에 오셔서 선생님의 결백을 꼭 밝혀주셔야 합니다. '나는 이번에도 어느 재일교포가 와서 거금을 내놓겠다고 했어도 그 말을 듣고 거론조차 한 적이 없다'라고 말입니다. 그렇게 하셔야만 귀감이 되어 불순자금으로 희생되는 종교가·사업가·학자가 없을 것입니다. 사상적으로 일부 병들어 있는 사회를 구제하셔야 합니다. 그것이 조국의 광복을 위해 나아가 이 땅의 민주화를 위해 노력하신 선생님의 정의가 아니겠습니까?"하고 말했다.

선생님은 나를 정면으로 뚫어지게 쳐다보시면서 "아니, 정보부 남산이란 데 이런 젊은이가 있었나? 자네 금년 몇 살인가?" 하고 물으셨다. "네, 금년 36세입니다." 하였더니 선생님께서 "음, 희망이 있는 지고….'라며 읊조리셨다.

"네? 무슨 말씀이신지…." 하자 선생님은 "자네가 있는 남산이란 데가 생사람 잡아다가 고문이나 하는 그런 고약한 곳인 줄 알았더니 자네 같은 젊은이도 있었단 말인가?" 하고 물으셨다.

나는 "저희는 옛날과 달리 대부분 정규대학을 졸업하고 공채로 이 조직에 참여했습니다. 특히 대공부서에 있는 저희들은 그 누구보다도 투철한 조국애를 품고 업무에 종사하고 있으며 모두가 저와 같은 정신자세로 근무하고 있습니다."라고 대답했다.

선생님은 드디어 빙긋이 웃으시며 "그래, 이 조국의 장래가 밝구먼. 젊은이, 내가 꼭 가야한다고?"라고 물으셨다.

나는 즉시 "제가 모실 수만 있다면 영광이겠습니다. 모든 안전은 제가 책임질테니 조금도 염려하지 마십시오."라고 대답했다. 선생님은 고개를 끄덕이시더니 곁에 계시던 사모님께 "여보, 두루마기를 내오시게."라고 말씀 하셨다.

나는 거산 아니, 태산이 움직이는 전율을 느끼면서 사모님을 쳐다보았다. 사모님께서는 "여보, 그 몸으로 어디를 간단 말이에요? 그곳이 어딘데…." 하고 걱정하셨다.

그 말을 들은 장준하 선생께서는 사모님을 쳐다보면서 그리고 손짓으로 나를 가리키며 "아, 여기 나를 보호해줄 젊은이가 있지 않소? 어서 옷을 내와요." 하시며 자리를 털고 천천히 일어나셨다.

동행한 동료가 차를 대기 시키려고 급히 일어나 먼저 나갔다. 선생님께서는 나의 부축을 받고 집 앞에서 차에 오르셨고 지프차는 미끄러지듯 골목을 빠져나와 남산으로 향했다.

선생님을 모시던 그 때, 어느 기자가 우리 차를 발견했는지 모르지만 다음날 동아일보에 지프차의 넘버와 함께 선생님의 남산 연행 사실이 보도됐다. 이것이 5개월 후 선생님이 실족사 하신 것과 관련하여, 그 사망 배후에 일부의 눈초리가 정보부 남산을 지목한 원인이 되었고 아마 현재까지도 그 의혹(?)의 굴레를 뒤집어쓰고 있는 것 같다.

나는 결단코 이 기회에 이 지면을 통해 말하고 싶고 또 규명할 수 있으면 한다. 예나 지금이나 선생님 사인에 대한 어떠한 증거도 갖고 있지 않으나 나는 당시의 연행사건과 선생님의 사인과는 어떠한 관련도 없음을 명확히 말할 수 있다.

연행 후 남산 지하실에서의 선생님은 언제나 그렇듯 온화한 미소로 참고인 조사에 성실하게 응해주셨다. 이미 선생님이 말씀하셨거나 김달남이 진술한 것이 대부분이었기 때문에 새로운 사실은 없었다. 아니 애당초 새로운 사실을 규명하려고 모셔온 것이 아니었고 김달남을 만난 사실 그 자체를 선생님께서 직접 오셔서 진술한 것만으로도 수사팀이나 윗분들로서는 대단한 성과로 여겼다.

동시에 대공수사 앞에서는 만인이 평등함을 또 한 번 증명해 보인 것이니, 나는 상사들로부터 많은 격려와 칭찬을 받았다.

다음날 10시경 약속한대로 상부에 선생님의 귀가조치 결재를 얻어 선생님을 자택까지 편안하게 모셔다 드렸다. 불행히도 나는 선생님의 귀가조치 결재만 얻었을 뿐 직접 모셔다 드리진 못했다.

그 시각 나는 신촌에 있는 Y대학 총장실을 방문하고 있었기 때문이다. 총장실을 방문하였더니 비서가 말하길 신문기자 2명이 총장님과 만나고 있으니 좀 기다리라는 것이었다.

나와 동료 수사관은 약 20여 분을 기다렸으나 도통 기자들이 나올 기미가 보이지 않았다. 나는 비서의 만류를 뿌리치고 노크와 함께 총장실로 들어섰다.

젊은 기자 2명이 총장과 마주 앉아 있는데 두 친구 모두 다리를 꼬꼬 앉아 있는 것이 보였다. 나는 대뜸 "자네들 누구야! 어느 못된 신문사 기자들이기에 총장님 앞에서 젊은 사람들이 다리를 꼬고 앉아 있어? 이 친구들, 정신 좀 차리게 해야겠군." 하고 말했다.

그러자 기자 2명과 총장이 벌떡 일어섰다.

나는 총장에게 목례를 한 후 기자들에게 "야, 이 사람들아. 아직도 신문사에서 그렇게 가르치고 있어? 어떻게 되어먹은 자들이야? 빨리 꺼져!"라고 외쳤다. 그들은 황급히 총장실을 빠져나갔다.

나는 "이놈들이 선배한테서 못된 것만 배워가지고…." 하고는 총장과 마주 앉았다.

나는 총장에게 김달남이 간첩이었음을 밝히고 "총장님, 잠시 정보부에 가서 지난번 재일교포 김달남과의 면담사실을 확인해 주셔야겠습니다. 같이 가시죠?"라고 말했다. 총장은 "아니, 남산 정보부요? 그 사람 만나 이야기 좀 한 것도 죄가 됩니까?" 하기에 나는 "총장님, 체통을 좀 지키세요. 그런 일은 아랫 사람들에게 시켜도 될 터인데 직접 만나셨고 또 구체적인 대담도 한 것으로 되어 있으니 정보부에 가서 확인 진술만 하시면 됩니다. 염려할 것 전혀 없으니 같이 가시죠." 하고 일어섰다.

당시 김달남은 총장과의 대담에서 '대학에 지원금을 관리할 특수재단을 설립하자. 대형 학생회관 신축이 급선무이다' 등의 구두 대화(물론 회계담당의 배석 하에)를 나누고 대학에서 먼저 '시안'을 만든 후 김달남이 국제변호사와 함께 와서 구체안에 대한 합의를 하기로 약속했다. 총장은 담담하게 진술을 했고 김달남과의 진술내용과도 다를 게 없었다. 나로서는 이것으로 종결하고 총장을 보냈으면 했는데 윗선에서는 거액의 자금이 거론된 만큼 뭐좀 없겠느냐(?) 하는 눈치였다.

그렇다면 시간 벌기에 들어갈 수밖에…. 이런 경우에는 하루이

틀 시간을 보내면서 묻고 또 묻고 또 물을 수밖에 없었다. 3일 후 더 이상 특이 동향이 없었던 것으로 보고되어 총장 사건은 그것으로 종결했다. 총장을 정문까지 배웅하고 돌아온 나는 다시 김달남 조사팀에 합류했다.

이로써 약 2개월 반이 걸린 김달남 사건은 종결 되었고, 김달남 등 4명이 간첩죄와 방조죄·불고지죄 등으로 기소·송치 되었다.

김달남은 사형이 확정되었다. 그러나 재벌인 그의 형 김○○가 재일 거류민단에 그리고 국가에 거액을 내놓겠다고 하면서 김달남 구명을 위해 한국을 드나들었다.

이 문제는 수사국의 사안이 아니므로 그 거론을 약하기로 한다.

간첩사건 맡은 오제도 변호사

당시 김달남 사건의 변호는 먼 옛날 자유당 시절 반공검사로 유명했던 오제도 변호사가 맡았다. '언론에서나 보고 말로만 듣던 오제도 변호사를 만날 수 있는 기회가 있겠구나' 생각하고 있을 즈음 한경순 계장이 아침회의 석상에서 "이놈의 영감이 그렇게 말해도 듣지 않고 또 김달남 사건을 맡았구면."이라고 말하면서 회의가 끝난 후 내게 "이 수사관, 가자. 이놈의 영감을 가만두나 보자."며 앞서 사무실을 횡하고 나가버리지 않는가?

나는 깜짝 놀랐다. 천하의 오제도 변호사를 '이놈의 영감'이라고 하며 혼을 내겠다니!

'우리 조직이 대단한 건가 아니면 한 계장이 대단한 것인가?' 속으로 이런저런 생각을 하며 한 계장을 따라 수사차량에 올랐다. 곧이어 서울 북창동 오 변호사 사무실에 도착했다. 한 계장은 사무실 직원이 누굴 찾으시냐고 묻는데도 대답하지 않고 오 변호사 방문을 벌컥 열고는 선채로 말했다.

"오 영감! 내가 뭐라고 그랬소! 늙어 편히 쉬려거든 더 이상 간첩사건 변호를 맡지 말라고 하지 않았소? 정말 우리 하고 한 번 붙어 보자는 얘기구만." 하자, 오 변호사는 "어이, 한 대장. 흥분하지 말고 이리 앉아요." 하며 문을 닫고 자리를 권했다. 그러면서 "내가 맡지 않으려고 해도 저 밖에 식구들 어쩔거야? 변호사 그만둘 때까지는 식구들 먹여 살려야 할 것 아니요? 이번에 김달남의 형이 와서 제법 큰돈을 내놓고 부탁하기에 마지막으로 맡은 것이니 제발 한 번만 더 이해해줘요. 그리고 생각해봐요. 이렇게 늙은 놈이 변호한다고 해서 요즘 젊은 검사·판사들에게 무슨 영향을 주겠어? 이번 한 번으로 대공사건에서 손 뗄 테니 좀 봐줘. 한 대장, 응?" 하며 한 계장의 손을 붙들었다.

한 계장은 "정말 이번이 마지막이오. 그리고 여기 이 젊은 친구를 소개하지요. Y대학 출신으로 남산에서 아주 우수한 수사관이니 잘 보아 두시오. 앞으로 이 친구가 영감 사무실에 드나들 테니 그렇게 아시오." 하며 나를 소개시킨 후 오 변호사에게는 간단한 인사만 하고 나와 버렸다.

당시 필자는 먼 옛날 자유당 시절 엄격한 모습의 오제도 검사를 떠올리며, 노쇠한 그분을 보며 세월의 무상함을 느꼈다. 필자가 최근 TV에서 자주 대하는 가장 좋아하는 정치인 중 한 분인 추풍령 사나이 홍준표 의원을 보며 젊은 시절의 오제도 변호사를 떠올리곤 한다. 각자가 타고난 조그만 체구는 그렇다 치더라도 어느 사안에 대해 합리적이고 논리적 주장을 펴는 두 분의 모습은 참으로 많이 닮으셨다. 내가 아는 두 분은 시대는 다르지만 평소에 '나눔의 세상'을 강조한 소탈한 분들로 알고 있다.

'나눔의 세상'.

강한 자가 약한 자에게, 부자가 빈자에게, 윗사람이 아랫사람에게 그들이 갖고 있는 것을 나누는 세상을 말함이 아닌가? 정말 그러한 세상이 온다면 참으로 살맛나는 세상이 아니겠는가!

두 분이 비슷한 점이 많다고 한 것이 혹 불경스러운 표현이 있었다면 정중히 사과드리는 바이다.

이후 나는 오 변호사의 사무실을 4~5차례 방문하였고 그럴 때마다 그는 자신의 방으로 나를 불러 '대공업무에 긍지를 갖고 열심히 일하라'는 격려를 아끼지 않으셨다.

어쨌거나 사형선고를 받고 수감되었던 김달남은 이후 특별사면에 의해 방면되어 그의 형과 함께 일본으로 돌아갔다.

'특별사면'. 거액이라면 그 당시 얼마나 되었을까? '유전무죄, 무전유죄'인가? 아니지, 이건 좀 다르지.

2개월이라는 긴 수사가 종결되고 우리 수사팀은 국가로부터의 표창과 함께 푸짐한 포상금을 받았고 이후 짧은 기간이나마 휴식에 들어갔다.

특수한 대공사건 처리 이후에는 상부에서 잠시나마 휴식기를 주었기 때문이다.

제4장_

'금오회'
이정수(가명) 사장
사건

'금오회'의 이 사장을 폭행하다

이 사건은 사실 이야기를 해야 할지 말아야 할지 무척이나 망설여진다. 그러나 독자가 없는(?) 나 개인의 자서전이라고 생각하고 감히 사실대로 쓰기로 했다. 어떤 이유이건 폭력·폭행은 정당화될 수 없으며 그에 대한 비난을 결코 면할 수는 없을 것이다. 다시 말해 어느 시대를 막론하고 그 때는 그럴 수밖에 없었다는 변명으로 결코 정당화될 수 없기 때문이다.

중앙정보부 남산 지하실에는 1970년대 초에 공식적으로 '고문'이란 것이 사라졌다고 나는 늘 말해왔다. 그렇다면 상부(윗선)에서 폭행근절을 그렇게 강조하는 데도 비공식적인 폭력이 있었던 말인가? 그렇다, 다음의 상황에 해당되었을 경우일 것이다.

첫째, 피의자에 대한 증인의 명백한 증언과 CCTV 등으로 어떠한 행위가 명확히 입증되었는데도 원초적으로 기관(정보부)을 적대시하여 필요 이상으로 물리적 저항을 하면서 수사 진행을 궁극적으로 방해하는 자에 대해 수사관이 인간으로서의 분노가 폭발하여 순간적인 폭행으로 이어지는 경우이다.

둘째, 피의자가 최고위층을 직접 알거나 최고위층이 배후에 있음을 암시하면서 국가기관의 활동을 무력화시키고자 대항하며 피의사실을 은폐하려는 행위를 하는 경우이다. 이때는 최고위층을 의식하여 피의자에게 굴복하든지, 반대로 수사관이 힘으로 그를 굴복시키든지 하는 상황으로 이어질 수밖에 없다. 힘으로 굴복시킨다는 것은 폭력을 사용하여 굴복시키는 것을 말하는 것이며, 청와대 직속으로 국가 정보를 운영하는 기관으로서는 최고위층(대통령)을 파는 행위는 절대 용납지 않았다.

지금부터 쓰고자 하는 이야기는 위에서 말한 것 중 두 번째 경우에 해당된다.

1978년 5월 한 계장이 나에게 "대구에 함께 다녀와야겠다. 어느 꼴통 분자가 대구지부에 연행되어 온 모양인데, 그곳 지부장의 특별요청이 있었으니 같이 가자."라고 했다.

여기는 경상북도 대구지부 부장실.

지부장은 "한 계장, 지금 지하실에는 대구재벌 이정수(가명) 사장이 연행되어 있소. 그 자는 '금오회' 회원이며 대구체육회 ○○회장도 맡는 거물로 지부에서는 다룰 사람이 없어요. 대공 혐의가 있는 걸로 아는 데 진술을 거부하고 또한 함부로 진술을 강요할 수도 없는 인물이라서 우리가 한 계장을 내려오시라고 부탁한 것이오. 좀 알아서 잘 처리해 주시오." 하며 금일봉까지 내놓으셨다.

'금오회'. 그게 무엇인가?

대구 금오산에서 이름을 따온 '금오회'라는 조직은 경상북도 대구를 좌지우지하는 약 13개 업체의 재벌들로 구성된 막강한 사조 직체로 당시 박정희 대통령이 명예총재로 있었다.

한 계장은 "일단 지하실에 들어가 어떤 놈인지 살펴 보게."라고 지시했다. 지하실에 들어선 나는 그곳에 있던 대구지부 직원을 내보낸 후 그를 살펴봤다.

참으로 가관이었다. 185cm 이상 되는 키에 100kg을 넘을 것 같은 거구가 다리를 꼬고 앉아 마도로스 파이프를 꼬나물고 담배를 피우고 있는 게 아닌가!

내 수사관 생활 중 처음 보는 어처구니없는 광경이었다. 나는 '야! 거물 하나 들어왔구나. 헌데 아무리 지역이라고 하지만 정보부(대구지부) 지하실에서 담배를, 그것도 파이프 담배를 피우시고 있다 이거지?' 하며 그와 마주 앉았다. 나는 "여보시오. 당신이 대단한 분이신 모양인데 자세 좀 바르게 하시오. 여기가 당신 사무실이 아니니 담배도 끄시오."라고 했더니 그는 대뜸 나에게 "어? 처음 보는 젊은 사람이네. 왜 아무 죄 없는 사람을 이렇게 잡아둬? 지부장한테 나 좀 보자고 그래요." 하는 게 아닌가!

세상에 이런 작자가 있나 싶었다. 배후 권력이 아무리 대단해도 정보 수사기관에 들어와서 이런 무지막지한 행동을 하다니! 지부장이 겁먹을 만도 했다.

'금오회? 그래, 조금 후에 다시 보자' 하며 나와서 곧바로 한 계장을 만났다.

한 계장에게 상황설명을 하자, 그는 깜짝 놀라 "어떻게 했으면 좋겠냐?"고 물었다. 나는 "계장님, 사건은 사건이지만 우선 저놈

버르장머리부터 고쳐야 하겠습니다. 제게 전권을 주시고 지부장실에 가셔서 CCTV나 보고 있으십시오."라고 했다.

한 계장은 알아서 정신 차리게 잘 해보라면서 모든 것을 자신이 책임지겠다고 답하셨다. 그리고는 내 어깨를 툭 치시면서 "빨리 끝장내버려. 그런 놈이면 차라리 처음부터 다루기가 쉽겠구면."이라고 하셨다.

나는 다시 지하실로 내려가 경비병을 불렀다. 지하실 소속 김모 경비가 달려왔다. 나는 "당신이 차고 있는 총에 총알 있나? 실탄이 없으면 장착해요. 그리고 지금부터 내 지시에 따르도록 하고 나를 따라오시오." 하고는 이정수 사장이 있는 지하실로 김 경비원과 함께 들어갔다.

나는 옆에 놓여 있는 군용침대에서 각목을 빼들었다. 그리고 "김 경비원, 권총에 총알 있지? 이놈이 반항하면 평생 걷지 못하도록 하반신을 쏴버려. 죽지는 않을 테니. 알았나?" 하자 김 경비원은 "네. 알겠습니다." 하고는 권총의 안전장치를 소리 나게 풀고는 이정수 사장에게 총부리를 겨누었다.

그때야 사태의 심각성을 깨달은 그는 사색이 된 얼굴로 자세를 바로 하고 앉았다. 순간 나는 각목으로 그의 어깨를 내리치고 그의 육중한 몸통과 허벅지 등을 공격했다. 나는 미친 야수처럼 100kg의 거구를 향해 몽둥이를 서너 번 더 휘둘렀다.

그리고는 "야, 이 새끼야! 오늘 너 죽이고 나도 옷 벗겠다. 재일조총련계와 접촉하고 귀국한 놈이 감히 각하를 믿고 진술을 거부하며 기관을 조롱해? 이 자식 네놈은 이미 청와대에 보고도 되었으니 어디 한 번 해보자." 하고는 또 몇 차례 폭력을 가했다.

드디어 그 큰 몸집이 땅바닥에 넘어지며 무릎을 꿇었다.

나는 경비에게 또 소리쳤다. "이 새끼 바로 세워. 네놈이 이런 식으로 국가 기관을 모독해? 내가 누군지 알아? 너 같은 놈 잡으러 온 저승사자다!" 나는 몇 차례 더 공격 후, "야, 이 새끼야! 죽기 전에 저 문 옆에서 무릎 꿇고 손들고 있어. 내 잠시 나갔다가 돌아와서 네놈을 그냥 두지 않겠다."

그러자 그는 몸을 비틀거리며 문 옆으로 가 무릎을 꿇고 두 손을 번쩍 들었다. 나는 경비원에게 "김 경비원, 이 작자 내가 올 때까지 손 번쩍 들고 꼼짝 말고 있으라고 해요." 하고는 지부장실로 올라갔다.

지부장실에서는 CCTV를 통해 지하실을 보았는지 지부장과 한 계장이 조금 놀란 얼굴을 하고서 나를 맞이했다. 한 계장은 "이 수사관, 잘했어. 그놈 이젠 정신 차렸을 거야. 세상 무서운 것을 모르는 놈이구먼. 잘했어."라고 말했다. 나는 "지부장님. 오늘은 이만하고 쉴 테니 경비들 보고 잘 감시하라고 하십시오. 그리고 이상이 있으면 의무관을 불러 치료를 해 주십시오." 하고는 한 계장과 함께 청사 밖으로 나왔다. 밖에서도 분노를 삭이지 못한 나는 한 계장과 함께 초저녁부터 술로 시름을 달랬다.

다음 날 나는 진정이 된 상태에서 지하 이 사장 심문실로 들어섰다. 그러자 거구가 벌떡 일어나 꾸벅 절을 하는 게 아닌가! 그의 얼굴은 퉁퉁 부어 있었고 속옷 상의는 피로 약간 얼룩져 있었다. 나는 "정신이 드나? 여기가 어디라고 함부로 까불어? 살아 나가고 싶으면 지금부터 내가 묻는 대로 순순히 대답해. 알았나?"
하고 눈을 부릅떴다.

그러자 그는 또다시 벌떡 일어나 큰 소리로 "네, 모든 것을 다 진실하게 말씀드리겠습니다."라며 일본 출장 때 재일 조총련계 6촌 여동생을 만나 그녀의 집을 방문했던 사실 등을 상세히 진술했다. 이 사장은 내가 손을 조금이라도 움직이거나 고개를 쳐들기만 해도 경기가 나는지 깜짝깜짝 놀랬다.

그의 눈동자에서는 '당신이 나를 죽일 수도 있겠구나!' 하는 두려움이 배어 있는 듯했다.

청와대 눈치 보는 상관들

피의자 이정수의 진술은 본부에 자세히 보고되었다. 그러나 그때부터가 문제였다. 3일 후 조서가 완성되어 서울로 이송만 하면 되었는데, 한 계장은 내게 "어이, 이 친구 데리고 일단 모텔로 가자. 여기 지하실에서 마냥 있을 수도 없으니 말이야. 일단 본부에서 지휘가 내려올 때까지 나가 있자."라고 말했다. 그러나 본부로부터 지휘를 받지 못한 채 또 3일을 모텔에서 보냈다. 그 이후에 알게 된 일이지만, 지휘부로서는 이 사장이 '금오회' 회원이므로 주변인물 등을 통해 청와대와 바로 연결될 수 있다는 점이 부담으로 작용하였던 것 같았다.

청와대 통치자의 비서 선에서는 이 사건을 어떻게 볼 것인가? 당시로써는 이러한 종류의 대공사건은 모두 철저하게 청와대에 보고되는 상황이었기에 어느 부서의 누구든지 선뜻 결정하기가 어려웠을 것이다.

모텔 방 두 개를 얻어 하나는 한 계장이 쓰고 하나는 나와 이 사장이 함께 썼다. 100kg 거구의 동작은 처음 지하실에서 만났을 때와는 달리 말 그대로 비호같았다. 빗자루와 걸레를 들고 청소하는 꼬락서니라니! 그럴 때면 그가 참으로 가련하고 한심해 보이기도 했다.

그는 항상 내 옆에 무릎을 꿇고 앉아서 "수사관님. 한 번만 살려 주십시오. 제가 이제 새로 태어나겠습니다. 딱 한 번만 기회를 주십시오. 평생을 뉘우치며 봉사하고 살겠습니다."라며 눈시울을 적셨다.

드디어 본부로부터 연락이 왔다. 그러나 과장으로부터 하달받은 내용은 "알아서 처리하는 데 꼭 잡아넣어야 할 사안이냐?"는 것이었다.

도무지 지시의 방향이 확실하지가 않았고 청와대는 끝내 말이 없었다.

한 계장은 드디어 내게 "이제 그놈 정신 차렸겠지? 자네는 어떻게 생각하나? 잡아넣기에는 사안이 좀 가볍기도 한데. 자네가 확실한 의견을 제시해 보게나." 하고 말했다.

결국 풀어주는 쪽에 힘이 실린 제안이었고 나 또한 10여 일 이상 이 사장과 함께 지내다 보니 정도 들고 측은하기도 했다. 나의 손끝에 그의 인생이 걸려 있는 중대한 사인인데….

나는 "계장님, 일단 풀어주되 2년간을 기소유예 시킵시다. 그렇게 본부에 상보해 주세요."라고 과감한 제안을 했다. 한 계장 역시 동감하여 나의 결정에 따르기로 했다.

나는 결정을 받은 뒤 이 사장에게 "여보시오, 이사장. 당신이 일본에서 저지른 행위는 당장 구속할 수도 있으나 일단 정상을 참작하여 구속을 2년간 유예하기로 하겠소. 그러니 앞으로 바르고 겸손하게 사시오. 사업도 열심히 해서 새마을 성금도 많이 내고 국가에 봉사하시오. 단, 매월 초순 내가 직접 대구에 들러 당신의 근황을 살펴볼 테니 그때 만나기로 합시다."라고 했다.

그는 "수사관님, 고맙습니다. 살려주셔서 정말 고맙습니다. 일생을 두고 반성하면서 살겠습니다."라며 수십 번 고개를 숙여 고마움을 표시한 후 귀가했다.

그 이후 나는 약 1년에 걸쳐 매월 한 번씩 대구를 방문, 이 사장을 만났다. 그는 나를 귀빈(?)처럼 대우하며 고급 음식점으로 안내하기도 했다. 그리고 그는 말했다. "수사관님, 저는 그날 이후 정말 새로 태어났습니다. 나보다 어렵고 힘든 사람들을 위해 봉사하기도 하고 사업에만 전념하고 있습니다."라며 너스레를 떨었다. 그러나 자세히 보니 그는 여전히 최고급 벤츠 승용차를 타고 중역들을 즐비하게 대동하고 으스대며 다녔다.

글쎄, 그는 진정 반성하고 살았을까? 지금도 겸손한 자세로 살고 있는 것일까?

아마 그분, 이 사장이 지금쯤 80세가 넘었을 것이다.

건강히, 어려운 사람을 돌보며 잘 살고 있기를 빈다.

제5장_

재일 · 재중
교포로 **위장한**
북한 간첩

1호와 2호의 정체는?

198×년 초 어느 날, 대만주재 한국총영사관으로부터 극비 전문이 도착했다. 대만에 주재한 한국 고위 공직자를 향한 북한의 공작이 있었고 그로 인해 한국총영사관과 대만 공안국과의 협조 하에 해외교포 2명을 공항에서 검거하여 대만 가오슝공항 공안분실에 수용하고 있다는 내용이었다.

나를 포함한 특수 수사팀(팀장: 5계장)이 구성되었고 출장이 결정된 수사관들은 그 즉시 대만행 특별기에 몸을 실었다. 대만 가오슝공항에 도착한 수사팀은 대만 공안당국과 일본영사관 그리고 한국영사관 등 관계 기관과 협의를 마친 후 대만 공안당국으로부터 2명의 대남공작 혐의자를 인계받아 미리 준비해간 특수장비 '입 걸개'를 그들 입에 부착했다. 이 '입 걸개'는 피의자가 혓바닥을 깨물어 언어구사 불능 상태가 되는 자해를 방지하기 위해 입안과 턱을 연결하여 부착하는 특수제작 장비였다.

곧이어 수사팀은 준비된 특별기편으로 대공 혐의자 2명을 한국으로 강제 송환, 김포공항을 거쳐 남산으로 이송했다. 일본 교포와 중국 교포임을 주장하는 그들에게 약 2일간에 걸쳐 필담을 통해 자해하지 않겠다는 완벽한 표현(일어와 중국어)을 받아낸 후에야 '입 걸개'를 풀고 음식을 제공했다. 다시 말해 '입 걸개'를 특수 개발할 수밖에 없었던 이유는 과거 지하실에 연행된 대공 혐의자가 자신의 혓바닥을 깨물어 혀를 동강냄으로써 벙어리가 된 악독한 남파간첩이 몇 차례 있었기 때문에 그에 대비하여 정교하게 만들었다.

즉시 국장 주재 하에 수사관 대책회의가 열렸고 대만 주재 한국 총영사관에서 보낸 기밀서류가 개봉되었다. 요약하면 그들 교포로 하여금 '대만 주재 옥○○ 한국 대사를 포섭하여 일본을 통해 북한으로 입국시키라'는 임무가 주어진 엄청난 파괴력의 기밀 보고서였다.

해외 주재 대사를 직접 포섭하라는 공작이 있을 수 있다니!

회의는 갑자기 무거운 분위기에 휩싸였다. 잠시 후 국장은 "자, 수사팀 여러분. 보안을 위해 김○○는 1호 선생으로, 박○○는 2호 선생으로 명합니다."라고 지시했다. 나는 '2호' 담당 수사관으로 배정되었다. 이미 해외 담당 팀은 1호·2호의 여권을 갖고 즉시 그들의 거주지 등 동향파악을 위해 일본으로 떠났다. 이렇게 1호·2호 수사팀이 확정된 후 우리는 지하실 각 해당 호실에 투입되어 수사에 들어갔다.

과연 1호·2호 그들은 누구인가? 1호와 2호는 상호 연계된 공작원들로 먼저 그들의 일부 허위 진술을 들어보기로 했다.

1호의 진술: 성명은 김○○(당시 60세). 충북 괴산 출신으로 해방 직후인 1946년 봄 1년 전 결혼한 처를 고향에 둔 채 단신으로 월북하여 평양사범대학을 졸업하고 잠시 고등학교에서 교편을 잡다가 1960년대 후반 일본으로 건너가 무역업에 종사하고 있는 일본 국적의 재일 조총련계의 한 사람이라고 진술했다.

2호의 진술: 성명은 박○○(당시 52세). 충북 음성 출신으로 해방 직후 어린 시절 부모를 따라 월북한 후, 연해주 ○○로 건너가 이후 중국 국적의 교포로 살다 1년 전 무역 차 일본을 방문하여 조총련 본부에서 1호를 소개받았다. 조총련계 공작원으로부터 극비리에 수행되는 1호의 사업을 도와주면 대일무역에 대해 조총련 조직이 절대적인 후원을 해주겠다는 언질과 약속을 받고는 1호와 함께 대만에 입국했다고 진술했다.

조사 중에 일본에 있는 해외 팀으로부터 경미하나마 전문이 속속 날아들었고 신원 확인에 들어가 압박 심문이 계속되었다. 나는 한국어를 못하는 척하며 중국어를 유창하게 구사하고 중국 국적의 교포임을 자처하는 2호의 담당관으로서 2호의 중국 국적 여부를 확실히 확인하기 위해 주한 중국대사관과 중국요리협회 왕 회장의 도움으로 연해주 출신 중국인 2명을 남산으로 데려왔다. 나는 그들을 2호 체류 지하실에 투입하고 상호 대질하여 연해주어로 대리 심문을 하였다. 협조해준 중국인들은 심문 후 발음 등으로 보아 2호가 중국 국적의 교포임이 틀림없는 것 같다고 하였다. 우리로서는 그들이 정말 재일교포와 재중교포라면 하루속히 심문을 끝내고 일본으로 돌려보내야 하는 정치적 부담이 있었기 때문에 수사에 더욱 박차를 가했다.

그러나 예상대로 시간이 흐르면서 1호와 2호의 진술에 차이가 나타났고 그 변화 또한 심상치 않아 이들이 북한 대남공작국에서 직접 대만에 투입한 것이 아닌가 하는 강한 의혹이 커져갔다. 더욱이 1호의 일본 내 주소는 허위로 드러났고, 대만으로부터 옥 대사의 진술도 도착했다.

점차 확실해지는 교포를 위장한 북한 대남공작원. 약 1개월 정도의 끈질긴 심문 끝에 마침내 위장의 탈이 벗겨지기 시작했다. 수사 역시 180° 방향을 틀었다.

나는 2호에게 "2호 선생, 내 말 잘 들으시오. 우리 정부는 전향하는 자들에게는 어떠한 죄도 묻지 않소. 협조하시오. 당신의 생명과 안전은 보장할 테니 말이오. 그리고 여기 대한민국 국민으로 떳떳하게 살 수 있도록 해 주겠소."라며 회유를 시작했다. 그는 점점 불안한 증세를 나타냈고 완강한 거부 역시 조금씩 누그러지기 시작했다. 나는 매일 중국산 고량주와 소주를 그와 함께하면서 음주 심문을 계속해 나갔다.

거짓은 거짓을 낳고, 결국엔 그 답을 잃어버리는 법. 궁지에 몰리면 그는 입을 다물었다. 그리고 그는 가끔 북에서 내려와 전향한 사람들이 실제로 어떻게 살고 있는지, 정말로 조국에서 그들의 과거를 묻지 않고 살게 해주는 지를 위장된 어설픈 한국어로 나의 의중을 떠보기도 했다.

드디어 2호보다 나이가 많이 들어 심문에 지친 1호 쪽에서 생명보장에 대한 약속을 제시하면서 진실의 신호가 시작되었다. 나를 통해 1호의 진술을 좀 더 과장되게 전해들은 2호는 시기를 놓치면 모든 공을 1호에 뺏긴다는 우리의 압박에 드디어 진실의 입을 열었다.

드디어 그의 행적에 대한 진술이 시작되었다.

간첩 2호의 족적을 추적하다

2호 그는 누구인가? 그는 차분한 어조로 자신의 신분에 관련한 과거를 털어놓았다. 그는 북한 대남공작국 소속으로 재외 공산권 국가의 공관 영사로, 또는 외화벌이로 해외 공산국가에 오랫동안 체재했던 인물이었다. 이번에는 특수 임무로 재중동포로 위장하고 1호를 수행하여 대만에 침투해 북한 공작요원으로 활동했던 것이다.

그의 성분과 과거 동향을 다시 살펴보면 다음과 같다.

음성 출신으로 해방 직후 부모를 따라 월북, 북한을 거쳐 중국 연해주 한인 집단 거주지에 삶의 터를 잠시 잡았던 것은 사실이다. 천재성을 지닌 그는 6.25 전쟁 직후 평양으로 돌아와 '김일성 대학'에 입학하여 중국어와 스페인어를 전공했다. 이후 북한 정부 외무성에 근무했고 라오스·캄보디아 등 영사관에 파견 근무하며 외화벌이에도 앞장섰다.

그는 재 캄보디아 북한영사관 직원으로 근무할 당시 캄보디아 휴양지 ○○에 자리 잡은 보석상의 직원으로도 위장 취업하여 그

보석상의 매니저까지 승진하면서 캄보디아 국적을 획득하기도 했다. 또한 캄보디아에 관광 온 재일 조총련계 한인 교포들을 상대로 관광안내를 하는 등 수많은 재일 한인 교포들과 친분을 유지하면서 장차 일본 입국에 대비해 철저하게 준비했으며, 캄보디아 주재 북한대사관의 음성적인 도움을 받아 그가 근무하는 보석상 근처에 여행사를 위장 설립하고 대남 침투를 위한 사전 공작을 치밀하게 계획해 나갔다. 곧이어 일본에 합작 여행사를 설립하기 위해 그 간 친분이 있던 재일 조총련 김○○ 간부와 연계하여 협정서까지 작성한 즈음에 대만 공작을 위한 조국의 부름을 받았다.

한편 나는 1호의 담당수사관이 아니었으므로 그의 자세한 행적에 대해서는 세세히 모르나 그가 해방 직후 월북하여 '평양사범대학'을 졸업한 후 잠시 고등학교에서 교편을 잡다가 북한 중앙당 대남공작국에 발탁되어 남한 출신으로는 감히 오르기 어려운 부부장 서열(한국 중앙 행정부에서의 차관급)에까지 오른 열성분자로 대남 사업의 최전선에서 장기간 일해 오던 중 이번 대만공작에 2호를 대동하고 임무를 수행하려 했던 주도적 인물이었다는 사실만 파악했다.

대만 대사 옥○○ 포섭 공작

북한 대남공작국의 부름을 받은 2호는 당시 본부 과장의 서열에 올라와 있었고, 본부 부부장인 1호와 국장실에서 동석했다. 국장은 "이번 대만 공작은 우리 국의 위상을 드높일 절호의 기회입니다. 김 부부장이 오랫동안 잘 닦아놓았으니 결말을 보고 와야 합니다. 성과가 없으면 들어올 생각을 말아요. 그리고 박 과장은 김 부부장을 수행하여 대만 여행에 불편이 없게 도와주도록 하시오. 자세한 것은 김 부부장이 박 과장과 상의하여 공작에 대한 철저한 준비를 하되 잘못되면 북·남 간에 큰 불행을 자초할 수 있으니 잘 알아서들 하시오."라고 했다.

그 후 1호와 2호는 모든 준비를 마치고 우선 일본으로 향했다. 재일 조총련 본부에 도착한 이들은 1호는 재일교포 여권으로 2호는 재중교포 여권을 이용 해외교포로 위장하고 대만행 공작에 나섰다. 그들은 대만에 도착하여 주 대만 한국대사관에서 그리 멀지 않은 지역의 호텔에 투숙했다. 그리고 즉시 주 대만 한국대사관 옥○○ 대사 앞으로 꽃을 배달시켰다. 꽃 속에 1호의 본명으로 대사의 안부와 함께 대사관 근처 ○○중화요리 집에서 퇴근 후 만나자는 쪽지를 넣어 보냈다.

그렇다면 그렇게 당당하게 이름을 밝힌 1호와 대사와는 어떤 관계인가? 그들은 처남(대사)과 매부(1호) 사이였다. 다시 말하자면 1호가 해방 직후 월북할 때 남한 고향에 남겨 둔 전처의 막내 남동생이 바로 옥 대사였던 것이다.

약속대로 중화요리 집에서 옥 대사를 만난 1호는 "처남, 잘 지냈는가? 일본에서 만났을 때는 장군이었는데 이제 대사로 또다시 만나게 되니 기쁘네. 대만에 볼 일이 있어서 왔는데 자네 얼굴이나 보고 가려고 만나자고 했네. 여기는 나와 함께 온 재중교포 박 사장이야."라고 2호를 소개하고는 2호에게 "박 사장, 내가 처남과 깊이 할 이야기가 있으니 좀 나가 있어주게." 하며 2호를 밖으로 내보낸 후 "여보게, 옥 대사. 누이도 잘 지내고 있겠지? 내가 죄인일세. 그리고 전에 일본에서 만나 말했듯이 우리 재일 조총련 본부에서는 자네를 조국 통일의 기수로까지 생각하고 있다네. 이제 그만 남조선 옷을 벗고 나와 함께 조국 통일을 위해 일하는 게 어떤가? 나와 함께 일본에 가서 재일 조총련 도움을 받아 북에 가도록 하세. 내가 지난번 조총련 간부들과 함께 북한에 갔다가 고위층을 만났는데 꼭 한 번 옥 대사를 보고 싶어 한다네."라고 했다.

그 말을 들은 옥 대사는 자리에서 벌떡 일어나 1호에게 "여보시오! 정신이 있는 소리요, 없는 소리요? 내가 왜 당신의 처남이오? 일본에서 우연히 만나 이상한 이야기를 듣고는 정신 나간 미친 영감으로 알고 있었더니 지금 여기까지 와서 무슨 망동이오? 즉시 일본으로 돌아가지 않으면 이곳 대만 공안국에 신고할 테니 그렇게 아시오." 하고는 곧바로 나가버렸다.

1호와 2호는 옥 대사가 신고 운운하며 화를 내고 나간 사실에 신변 위협을 느끼고 다음날 출국을 서둘렀으며 저녁 재일 조총련 본부에 암호전화로 사업 실패를 보고했다. 다음 날 재일 조총련 본부를 통해 1호에게는 일본으로 귀국하지 말고 소지한 비상약으로 스스로 목숨을 끊을 것을, 2호에게는 1호의 자진을 확인하고 즉시 귀국하라는 혹독한 지령을 북으로부터 받았다.

1호는 같은 날 오전 옥 대사에게 전화하여 "오후 2시 비행기를 이용하여 일본으로 돌아가네. 마지막으로 한 번만 더 잘 생각해보게."라고 했다.

옥 대사는 즉각 재 대만 한국총영사관에 이와 같은 사실을 알렸고, 관계관 긴급 대책 회의를 열어 협의한 후 대만 공안국과 공항의 협조를 얻어 출국을 위해 공항에 나온 1호와 2호를 무사히 체포했다.

그 당시 그들은 일본인과 중국인임을 주장하고 일본으로의 출국을 대만 정부에 강력히 요구했으나 이미 일본영사관과도 협의한 상태(먼저 한국으로 송환, 조사 후 일본으로의 귀환 조치)였기 때문에 별 국제적 문제 없이 특별기를 이용하여 한국 김포공항에 도착, 남산으로 압송된 것이다.

그 사건 직후에 옥 대사는 귀국하여 대통령을 단독 면담한 후 대사직을 사임했다. 장군 시절에 일본에서 있었던 일이 문제가 되었기 때문이었다.

고국의 품으로

그 후 1호·2호는 담당수사관들의 진정한 회유와 권유로 대한민국에 완전히 전향하게 됨으로써 조국의 품에 안겼다. 조국은 전향한 그들에게 정착금과 주택을 지급했고 나는 2호의 신변 보호자로서 1주일에 한두 번씩 그를 만나 남쪽 생활에 적응하는 데 조그마한 도움을 주었다.

그즈음 나는 상사의 명으로 국영기업체인 ○○공사에 2호를 서기관급으로 취업시켰고 그는 그곳에서 연구원 비슷한 직장생활을 하게 되었다.

내가 대공수사국 생활을 접은 그 다음 해에 1호·2호는 서울에서 각각 재혼했다. 2호는 결혼 후에도 잘 살고 있었으나, 1호는 처가 사람들에게 사기를 당하여 어려운 생활을 하고 있어 담당수사관이 도움을 주고 있다는 이야기를 들었다.

10여 년 후 호주에 정착한 나는 2호인 박○○에게 전화했다. 결혼 후 딸을 얻었고 그 아이가 벌써 초등학교에 다닌다고 즐거워 하며 언젠가 고국에서 꼭 한 번 만났으면 하였다.

그들은 지금 이 땅에 살고 있지 않다. 아니 실은 이 땅에 있다. 노환으로 이승을 떠나 무덤 속에…. 늦게나마 그들의 명복을 진심으로 빌어본다.

그간 오랜 세월 세계 각처를 떠돌아 다니며 북한 대남공작의 최전선에 서서 허우적거리던 참으로 고달픈 생을 접었으니 이젠 태어난 남녘 고향 땅에서 편히 쉬라고 말이다.

제6장_
특명사건

청와대 배경(?)을 가진 김 여인

1978년 10월경 국장실에서 나를 찾았다. 국장은 나에게 "과에 직원 차출 지시를 내렸더니 역시 당신이 선택됐군. 자, 내 이야기를 신중하게 들으시오. 지금부터 내가 하는 이야기는 나와 당신 그리고 또 한 분이 계신다면 부장님만이 아는 사항이오. 알아듣겠죠?" 하시기에 "네. 국장님." 하고 대답했다.

국장은 나에게 200자 원고지 3쪽 분량의 정보가 적힌 종이를 건네주면서 "차후 잘 읽어봐요. 현 대통령 각하가 언급된 이야기요. 이 특명 건은 나를 제외한 어떠한 사람에게도 보고하거나 정보를 흘려서는 안 됩니다. 목이 여러 개 있어도 모자라요. 어떻게 수사해야 할 것인지는 나보다 더 잘 알거라 믿습니다. 철저한 보안으로 정보수집을 하되, 특이사항이 발견될 때만 보고하고 정리만 잘해 놓도록 하시오."라고 당부했다.

당시 국장은 공안검사 출신이었다.

1970년대 중반 싱가포르에 소재한 한인회 자선 축하파티 자리였다. 여자들만의 파티로, 당시 총영사는 참석하지 아니하였고 총영사 부인인 박모 여인을 포함한 30여 명의 쟁쟁한 교포 부인들이 모인 자선행사였다.

헌데 중앙에서 두 여인이 한 판 붙는 소동이 일어났다.

40대의 한 여인이 총영사 부인에게 "네가 영사 부인이면 부인이지 여기가 어디라고 거들먹거려? 상판대기 보니 식모나 해처먹게 생긴 년이!"라고 하자, 영사부인 왈 "출신성분도 잘 모르는 년이 싱가포르를 안방처럼 드나드는 데 도대체 넌 뭐하는 년이냐?"라는 등 상호 막말이 오갔다.

40대의 여인은 영사부인에게 "네 남편이 되게 출세한 것으로 알고 까부는데 네 남편이 여기에 얼마나 붙어 있나 보자. 내가 이번에 한국에 들어가 청와대 좀 다녀올까 하는데 그때 가서 후회나 하지마라!"고 한 후 파티장을 떠났다. 당시 40대 여인이던 그녀의 이름은 김영자(당시 45세)였다.

문제는 그 이후부터였다. 싱가포르에 부임한 지 얼마 되지 않았던 총영사가 곧 귀국길에 올랐고 그 후 개인적인 사유로 옷을 벗게 된 것이다.

공직사회 입방아들이 가만히 있었겠는가? 그래서 싱가포르 등지에서는 김 여인을 '청와대의 여인'이라고 했다 한다.

예쁜 여자의 사진 한 장. 그리고 이름과 나이가 적힌 메모지. 나는 김영자라는 여인을 찾아 나섰다. 대공업무가 없을 때면 김영자라는 여인의 신원과 활동반경을 파악하기 위해 부지런히 돌아다녔다. 그러면서 그 흔한 정보비 하나 못 받고 특명사항을 수행하고 다녔다니 지금 생각하면 바보스러운 짓을 한 것 같다.

그녀의 집은 서울 용산구 한남동에 있는 'B' 아파트 5층 3호. 고 등학교에 다니는 딸이 한 명 있으며 남편은 없었다. 하여튼 어떠 한 남자도 그 아파트에 출입하지 않았다. 출신성분을 캐보니 그 녀는 서울 모처(신당동 소재)의 기생학교 출신(당시 17세)이었다. 30년이 지나간 옛이야기임에도 불구하고 이곳저곳을 찾고 또 찾 다보니 어느 날 기생학교 출신인 문제의 김 여인과 김 여인 선배 라는 사람을 잘 알고 있다는 사람도 만날 수 있었다. 지금도 살아 있는 연예계의 대모 김○미도 그 학교 출신으로 김 여인과 함께 공부할 당시 18세였다고 한다.

기생학교라 하면 요즘 사람들은 이상하게 받아들이겠지만, 그 당시에는 체계적 예능 교육을 담당했던 고급 사설학교로 여겼다.

나는 김 여인의 집에 합법적(?)으로 도청장치를 설치했다. 그 때는 서울 광화문 쪽에 있는 ○○전화국을 이용하면 도청장치를 쉽게 설치할 수 있었고, 본부에서 매일 도청 내용을 확인할 수 있 었다. 요즘 같으면 휴대폰이 있어 모든 추적이 가능했겠으나 김 여인이 가끔 사용하는 집 전화내용으로는 그녀의 집 밖 활동을 알아챌 수 없었다. 또한, 그녀가 해외에 많이 나가 있었기 때문에 그녀의 활동을 완벽히 파악하는 것은 더욱 어려웠다. 그녀가 주 로 다녔던 곳은 홍콩과 싱가포르 등지였는데 그것 역시 홍콩에 그녀 소유의 최고급 의류판매점이 있다는 정보뿐이었다.

극비에 탐문으로 수사해야 하니 보통 어려운 일이 아니었다. 도청 상황으로 보아 그녀는 전화가 도청되고 있다는 사실을 아는 듯이 밖에서 전화하자는 말을 자주 했다. 별별 군데를 다 헤집고 다니니 어디서 들었으려니 싶을 정도였다.

그녀와 청와대가 관련한 어떤 미세한 정보라도 얻으려 노력했으나 나의 역부족인지 아니면 대공일로 너무 바빠서인지 그녀에 대한 소문은 더 이상 없었고 조사 성과 역시 별로 없었다.

그러던 1979년 2월 어느 날, 도청을 통해 서울 마포 소재 ○○여고에 다니는 딸의 졸업식이 있다는 것을 확인한 나는 일찍 ○○여고에 도착하여 교무실에서 학생의 담임선생님을 만나 나의 신분을 밝힌 후, 졸업식장에서 그 학생을 은밀히 지적해 달라고 부탁했다. 그 후 담임은 자연스럽게 김 여인의 딸이라는 학생과 대화하면서 그녀를 지적했다. 나는 졸업식 후 사진을 함께 찍고 있는 모녀의 정다운 모습을 뒤로 하고 학교를 빠져나왔다.

김 여인은 40대 중반의 나이에도 30대 초반으로 보일 만큼 많이 젊어 보였다. 그러던 중 10·26 사태가 터졌고 나 역시 바쁜 일이 많아졌다.

10·26 사태 이후 부산에 체류하다가 서울로 상경한 나는 다시 한 번 도청장치를 가동했다. 그때는 전화가 자주 울렸고 '오늘 저녁 어떤 장군 피로연에 갔다 왔다'라는 등의 전화통화 내용을 통해 나는 그녀가 혁명군부와 깊은 관계를 맺고 있음을 알게 되었다. 합수부 장군들에 대한 이야기가 주로 많았다. 참 재주가 좋은 여인이라고 생각할 수밖에….

10·26 사태로 인해서 특명을 직접 나에게 하달하신 국장도 검찰청 제자리로 돌아가게 되었고 대통령도 김재규 부장도 이 세상

에서 다 사라진 사람이 되었다.

노트 3권 분량의 김영자 여인의 동향 감시철. 이것을 어떻게 한 단 말인가? 나는 새로 부임한 국장에게 서류를 들고 올라가 보고 했다. 나는 서류철 앞부분마다 짤막한 요지를 붙여 놓았었는데 처음 요지문 한 장을 읽던 국장이 갑자기 서류철 표지를 급하게 닫았다. 그리고는 나에게 "이 수사관, 나는 이걸 본 적이 없네. 알 겠지? 나는 이 사건에 대해 듣지도 보고 받지도 않았네. 알아서 하고 가지고 나가게." 하는 것이 아닌가? 난감했지만 생각해보면 관련인 두 분이 죽고 없는데 나 같은 사람에게 이런 게 이제 무슨 필요가 있겠는가 싶었다.

나는 경비실에서 경비 한 명을 차출 받아 남산 대공수사국 뒤 편 산 언덕배기에 있는 휴지 소각장을 찾았다. 혹시 몰라 증인으 로 데려간 경비와 함께 서류 한 장 한 장을 불태워 없앴다.

어쨌든 괜한 글을 많이 쓴 것 같기도 하다. 아무것도 아닌데….

결국 이 사건은 총영사의 사임이 진짜 김 여인의 영향력에 의 한 것인지 아닌지도 밝히지 못하고 끝나고 말았다.

그래도 약 2년 반 동안 가지고 있던 극비서류인데 단 두 번 국 장에게 보고하고 버리다니, 참으로 섭섭했지만 높으신 분들과 함 께 연기처럼 사라져 버린 사건인 것을 어쩌겠는가?

당시 궁정동 안가를 출입하였던 여인들이 여러 명 있었다는데 김 여인도 그 중 한 사람이 아니었겠는가?

하긴 아직까지 살아 있다면 70대 후반에 접어든 노인네가 되어 추억을 되씹으며 살겠지만 말이다.

어느 이발사의 부탁 건

1978년 초순경인가, 국장 보좌관으로부터 국장이 찾는다는 연락이 왔다. 국장은 "아, 이 수사관. 거기 앉아요. 이 수사관이 중구 대공조종을 맡고 있죠?" 하고 물었다. 나는 "네. 그렇습니다만." 했더니 국장은 "이런 일을 내가 부탁해도 되는 건지 잘 모르겠는데, 사적인 부탁이오."라고 말하였다.

내가 "국장님, 뭐든 말씀하십시오. 관내에서 처리 못 할 일이 뭐가 있겠습니까?"라고 하자, 국장께서는 다음과 같은 이야기를 내게 전했다.

국장님은 중부경찰서 근처의 단골 이발소에서 이발하신다고 했다. 며칠 전에도 언제나처럼 이발을 하러 갔는데 그곳의 이발사가 억울한 일을 당했다고 하기에 이야기해 보라고 했더니 자기는 고향이 강원도 횡성인데 어릴 때 서울로 올라와 이발사가 되었다고 했단다. 헌데 자기와 같이 서울에 올라온 고향 친구가 있는데 그는 경찰이 되어 여기 서울 중부경찰서에 근무하고 있다는 것이다.

한편, 이발사에게는 고향에 남동생이 한 명 있었는데 그가 중동에 노무자로 가고 싶어 하기에 경찰서에 근무하는 자기 친구에게 한 번 부탁해 봤다고 한다. 그러자 경찰인 친구가 자기가 책임지고 보내주겠다고 하면서 돈을 요구했다는 것이다. 그래서 첫 번째로 30만 원(당시로써는 거금이다)을 주었는데 한 달 후쯤 돈이 부족하다고 해서 20만 원을 더 주었다고 했다. 헌데 1년이 지나도 취업이 되었다는 소식이 없고 최근에는 아예 전화도 받지 않는다는 것이다.

국장은 내게 "이 수사관이 조용히 처리해서 준 돈을 되돌려 받게 할 수 있겠소?" 하시고는 문제의 경찰 이름과 나이가 써진 쪽지를 나에게 건넸다.

나는 "국장님, 조금도 걱정하지 마십시오. 정말 조용하게 처리하겠습니다." 하고 일어섰다. 국장님은 다시 한 번 "잘 좀 처리해 줘요." 하고 말씀하셨다(국장의 지위에서 평직원에게 존대하는 것은 그가 외부에서 오신 분이기 때문이며 수사국 자체 내에서는 상사가 하급자에게 말을 하대하는 것이 남산에서의 상례였다).

중부경찰서 수사과 소속 경장 박○○(당시 38세).

아무리 박봉에 배가 고프다고 고향 친구의 돈을 그렇게 많이 받아먹다니! 또 먹었으면 일을 똑바로 봐주든가 해야 하건만 이젠 전화조차 받지 않는다니! 국장으로부터 이야기를 전해 들은 나 또한 시골 촌놈이어서인지 화가 부글부글 끓었다.

나는 그날 오후 5시가 넘어 중부경찰서에 전화해 박 경장을 찾았다. 박 경장은 아직도 수사과에 근무하고 있었다.

전화를 통해 "박 경장, 나 거기 출입하는 남산 이 조종관인데 모르겠소?" 하자 그는 "경찰서에서 많이 뵌 것 같은데요."라고 답했다. 내가 "급히 협조받을 일이 있으니 당신 수사과장에게 내 이야기를 하고 여기 남산 대공수사국 면회실로 좀 오시오. 알고 있지요?"라고 하자 그는 당장 오겠다고 대답했다.

나는 면회실에 전화하여 경비실 조 반장을 찾아 "조금 후면 날 찾아오는 경찰이 있을 테니 데리고 들어와 지하실에 집어 넣고 내게 연락해 달라."고 부탁했다.

1시간 쯤 지났을까?

경비실 조 반장의 연락을 받고 즉시 지하실로 내려갔다. 지하실 ○호에 들어서자 박 경장이 일어나 인사를 했다. 나는 다짜고짜 주먹으로 그의 뺨을 후려쳤다. 말없이 또 몇 대 후려쳤다. 깜짝 놀란 그를 무릎을 꿇게 하고 미니 군용침대에서 받침 각목을 빼어 들어 박 경장의 가슴팍을 쥐어박았다.

"야, 이 치사하고 더러운 놈아! 아무리 돈이 궁하고 해 먹을 게 없다고 고향 친구의 돈을 갈취해? 이 새끼 정말 나쁜 놈이네." 하는 나의 말에 박 경장은 "사람으로 못할 짓을 했습니다. 죽을 죄를 지었습니다. 나가서 바로 갚겠습니다. 한 번만 봐 주십시오, 조종관님." 하고 말했다.

내가 "인마, 갚는 게 문제가 아니야. 이 사실을 너희 경찰청 감찰실로 보내면 옷 벗는 거 알고 있어? 이 천하에 나쁜 놈아! 너같이 질 나쁜 놈이 있어서 경찰이 욕먹는 거야. 적은 돈도 아닌 데 어떻게 갚을 거야?" 하자 그는 "급전을 내서라도 바로 갚겠습니다. 한 번만 기회를 주십시오."라며 애걸복걸했다.

나는 "당장 보고하여 조치하고 싶으나 내가 조종관으로 있는 경찰서 직원이고 해서 이번만 용서하는 것이니 지금 당장 나가서 이발소 친구에게 정중하게 사과하고, 반드시 차용증을 써주고 갚도록 해. 당장 말이야!"라고 엄포를 놓고 박 경장을 내보냈다.

그 며칠 후 이발사로부터 만나자는 연락을 받았다. 그는 "해결해 줘서 고맙습니다."라고 하면서 진심으로 감사를 표시했다. 나는 이발사에게 "여보시오. 동생이 아직도 중동에 갈 의사가 있습니까? 그러겠다고 하면 내가 도와줄 테니 이력서 한 통 달라고 하십시오."라고 했다.

그로부터 2~3일 후 이발사로부터 동생의 이력서를 받아 시내에 있던 현대건설(주) 본사 사옥을 방문, 과거 '중동 사우디아라비아 현대건설 노무자 파업 난동 사태' 때 남산으로 불러 조사한 바 있는 현대건설 해외 사업본부 고위간부에게 이발사 동생의 인사를 청탁했다.

10여 일이 지났을까? 또 이발사로부터 만나자는 연락이 왔다. 그는 저녁을 사겠다며 나를 극구 붙들었다. 나는 그와 근처 삼풍상가 옆 포장마차에서 소주를 함께 하면서, "여보, 이발사 양반. 나에게 그렇게 고마워 할 게 아니라 국장님께서 이발 가시면 상세히 말씀드리고 그분에게 감사드려요."라고 말했다.

이야깃거리가 되었는지 모르지만, 수사관 생활 중 가끔 있는 아주 조그마한 일화 중 하나이다.

요즘 지상을 통해서 옛날 그때 모셨던 국장님께서 건강하게 의회활동을 하고 계신 것을 보고 있다. 혹여 이 글을 보시게 된다면 그때 일을 기억이나 하시려나?

호화 고위 공직자와 재벌수사

특명을 통한 청와대의 견제

1976년 가을 몇 년(대략 2년)에 한 번씩 재현되는 청와대 특명 사건으로 호화 별장이나 주택 등을 소유한 고위 공직자와 국내에서 손꼽히는 재벌이면서 국가시책에 역행(?)하는 사업가에 대한 특별 수사가 시작되었다.

'국가시책에 역행'이라 함은 독과점 등으로 엄청난 부를 쌓으면서도 새마을 성금을 내는 데 인색하거나 사회 빈곤층에 대해 봉사하지 않는 것을 말하며, 이들은 특별수사를 통해 남산으로 강제 구인하여 그 실상을 조사하여 보고하고 조치하는 것이라고 설명할 수 있겠다.

고품격의 용어로 말하자면 노블레스 오블리주를 요구한다고나 할까? 고위직은 장관급 정도이고, 재벌은 30대 안에 든 기업을 대상으로 했다.

이 책에서는 내가 맡은 여러 사건 중에서 기억이 좀 더 확실한 두 가지만을 소개하고자 한다.

거실 바닥에 수족관 갖추고 사는 공직자

사우디아라비아 주재 대사 유○○가 그 대상이었다.

중동이 어떤 곳인가? 가난했던 1960년대 말, 월남전 특수로 국가의 재정이 기반을 잡았다고 한다면 중동진출이야말로 국가를 중흥으로 이끈 그야말로 우리 민족에게 있어 행운의 기회가 아닌가? 그로 인해 우리나라는 경제적 기반을 쌓았고, 드디어 1975년을 기점으로 하여 북한 경제를 앞지르기 시작하지 않았던가? 그렇듯 중동은 황금을 캐는 사막이었다.

그 정도로 중요한 지역인 사우디아라비아의 대사직이야말로 최고 통치자인 대통령이 가장 신임하는 측근이 앉는 자리였을 것이다.

박 대통령이 선택한 유 대사는 1948년에 미 군정이 설립한 군사영어학교의 교관을 할 정도로 유창한 영어실력을 갖추고 있었기에 당시 중동에 파견할 적임대사였다고 하겠다.

어쨌거나, 나는 대상인 유 대사의 수사를 맡아 그의 재산을 총체적으로 조사했다. 서울시 용산구 한남동에 자리 잡은 200평 규모의 호화주택. 이것이 유 대사의 집이었다.

기본 조사가 끝난 어느 날 밤 12시. 나와 동료 수사관은 유 대사의 집을 급습하여 거실로 들어섰다. 그런데 이게 무엇인가? 수족관으로 된 집 거실 바닥에서는 횟집을 연상케 하는 큼지막한 고기들이 불빛이 환한 수족관을 헤엄치고 있었다. 멍한 정신으로 구경하고 있는데 그 때 거실 근처 방에서 잠옷 바람으로 한 사람이 나왔다.

아니! 이 친구가 누구인가? 내 친동서의 소개로 알게 되어 몇 년 전부터 친구가 된 재 호주 한인회장 민○식이 아닌가?

"자네가 왜 여기 유 대사 집에 있어?" 하자 그는 "이 형, 여기가 장인 집이야. 내가 한 번도 이야기 하지 않았던가? 내 처가 유 대사님 큰딸이거든."이라고 하지 않는가?

그때 유 대사가 저편에서 천천히 거실을 향해 걸어 나왔다. 나는 유 대사에게 정중히 인사한 후 "대사님, 한밤중에 갑자기 방문하여 죄송합니다. 각하의 명을 받아 왔으니 빨리 옷을 갈아입으시고 나오십시오. 저희는 남산 대공수사국 요원입니다. 가시게 되면 며칠 걸릴 것입니다."라고 했다.

순간 그의 얼굴이 새파랗게 질렸다. 한밤중에 그것도 각하의 뜻으로 남산에서 데리러 왔다면, 이미 그 말로를 짐작하지 않았겠는가? 그는 군인 출신답게 신속히 정장으로 갈아입고 나왔다.

그 사이 약삭빠른 내 친구 민 회장은 나에게 귓속말로 "이 형, 장인은 조사만 받고 곧 나오겠지? 내보낼 때 나 좀 도와주라고 해 줘. 알겠지?" 하고 속삭였다.

내가 왜 그 말을 못 알아들었겠는가? 그는 언젠가 처가가 재벌인데도 불구하고 도와주는 게 없다고 투덜댔다.

유 대사는 "가시죠. 그냥 전화로 불러도 될 터인데 불편하게 해서 미안합니다." 하며 앞장섰다.

그때도 민 회장은 따라나오면서 큰 소리로 "이 형, 우리 장인 좀 잘 부탁해. 응? 이 형만 믿을게."라고 하기에 나는 화답으로 "유 대사님이 내 친구 민 회장 장인인데…. 걱정하지 말고 기다리게. 곧 연락할게." 하며 무척이나 친한 척하고는 유 대사와 함께 남산으로 돌아왔다.

여기는 다시 남산 지하실.

나는 유 대사에게 조사 서류를 보이면서 "유 대사님, 여기 오게 된 것이 각하의 뜻이라는 것쯤은 알고 계시겠지요? 각하께서는 불철주야 국가 산업 발전에 피를 말리고 있는데 주요국 대사라는 사람이 이렇게 재산이나 축적하고 호화주택에 살고 있다니! 당신 정신이 있어요, 없어요?" 하며 처음과 다르게 갑자기 언성을 높이고는 들고 있는 서류로 책상을 내리쳤다. 장군 출신들을 다룰 때는 초반에 기선을 제압해야 하기 때문이었다.

그는 "각하께 면목 없는 짓을 저질렀습니다. 제가 해외에 자주 나가 있어 집안 단속을 제대로 못 한 게 큰 잘못입니다. 모든 재산을 반납하고 처벌을 달게 받겠습니다. 각하께 제 뜻을 전해 주십시오. 죽을 죄를 지었습니다."라고 말했다.(이 글을 쓰는 지금도, 장군은 그때나 그 이후나 착한 성품의 사람이자, 대사였다고 생각한다)

나는 그에게 "유 대사, 누가 당신 보고 재산헌납하라고 했습니까? 각하의 뜻이 그게 아니잖습니까? 국가가 발전해 가는 초기에 못 먹어 굶주리는 사람이 얼마나 많습니까? 혁명의 뜻이 도대체 뭐였습니까? 동료 혁명군들이 모두 부패해 있다면 각하께서 얼마나 비통해 하겠습니까? 크게 반성하시고 지금부터 모든 재산을 낱낱이 이 목록에 적고 평가액도 정확히 적도록 하시오." 하고는 재산 목록표를 건넸다.

그는 성실하게 목록에 모든 사실을 기재했고 반성의 빛이 역력했다.

나는 처음보다 부드럽게 장군을 대했고 가끔 농조로 그에게 "현지 부임하시기 전에 재산 정리도 눈에 띄게 하세요. 꼭 그렇게 호화롭게 살아야 합니까? 그리고 뭐냐, 거 못 사는 호주 사위에게도 재산 좀 떼어 주고 말입니다." 하면 그는 "잘 알겠습니다. 다 정리하겠습니다."라고 대답하곤 했다.

그는 성실하게 조사에 응했고, 나는 4일 후 조사 결과를 상부에 보고한 후 그를 훈방 조치시켰다.

그로부터 얼마 후 호주 민 회장으로부터 전화가 왔다.

"이 형, 여러 가지 고맙네. 요즘 이 형 바쁜 것 같아 못 만나고 호주에 가는데 곧 돌아올 테니 그때 봐." 하는 그에게 나는 "어이, 민 회장. 자네 장인이 뭐 좀 해줬나?" 하고 물었다. "응. 덕분에 모든 게 잘 되어 가는 거야. 다음에 한국 돌아와서 자세히 이야기하세." 하고 답하며 그는 전화를 끊었다.

사건은 종결되었다.

유 대사는 곧이어 대사직을 사임했고 그 이후 공직에서 보이지 않았다. 그가 재산을 정리하여 국가를 위해 또는 어떠한 가치 있는 일을 했는지 그 이후의 일은 우리의 소관이 아니므로 알 수 없었다.

그로부터 10여 년 후 내가 호주에 이민 갔을 때 호주 민 회장의 초대로 호주 시드니 홈부쉬에 있는 그의 커다란 저택을 방문하여 부부로부터 큰 환대를 받았다.

머리카락이 하얗게 변하고 노쇠의 길에 들어선 요즘까지도 인연 같은 그들 또한 보고 싶다.

새마을 성금 꼴찌 사업가의 수난

1975년 당시 나는 삼천리연탄(주) 수사에 돌입했다. 우리나라 연탄 시대에 독과점으로 재벌의 반열에 오른 삼천리연탄. 19공탄이라고도 했던가?

삼천리연탄 홍○○ 사장이 연행되었다.

그는 당시 20대 재벌이면서 30대 재벌보다 새마을 기금 실적이 아주 적은 구두쇠 재벌이었다. 석탄광산에서 탄광부로 출발하여 재벌가가 되었다는 홍 사장은 당시 국가 산업 사회에서 국가를 위해 자신이 할 일이 무엇인가를 전혀 의식하지 못했다. 왜 자신 같은 사람이 이런 지하실에 연행됐는지조차 모르는 사람 같았다. 일부러 능청을 떠는 것인가?

나는 "홍 사장, 아직 당신이 왜 잡혀왔는지 몰라요? 지금 이 나라에서는 전 국민이 새마을 사업을 중심으로 못 입고 못 먹고 못 자면서 국가 산업 발전에 매진하고 있는데, 당신은 당신 식구들 몇 사람만 잘 먹고 잘 살겠다고 재산이나 축적하면서 탈세나 일삼고 말이야, 이게 뭣들 하는 짓거리야! 당신 누구 때문에 연탄 팔아 잘 먹고 잘 사는지 알아? 국가가 지켜주고 또한 없는 국가 재정에 농·어촌부터 부흥시켜 힘없는 백성을 구제하려고 윗분들이 밤잠을 설치고 있기 때문이야. 그런데 당신들은 재산 증식시키는 데에만 혈안이 되어 새마을 성금 하나 제대로 내지 않고, 이거 완전 인간말종 재벌 아닌가!" 하면서 호되게 질책했다.

그는 눈을 껌벅이며 무언가 확실한 감을 잡은 듯 "잘 알겠습니다. 사업체 덩치가 커지다 보니 미처 나라를 위해 생각하지 못한 것이 많아 부끄럽습니다. 나가면 즉각 바로잡고, 저도 국가를 위해 할 수 있는 일에 온 힘을 다하겠습니다."라고 대답하였다.

나는 그의 소유재산 현황과 삼천리연탄회사의 사업상황 등을 진술조서로 조사해 나갔다. 그는 조사하는 동안 다른 대기업이 국가를 위해 어떻게 노력하고 있는지 그 사업지원 현황 등을 문의하기도 하면서 국가가 추진하고 있는 사업에 깊은 관심을 두기 시작했다.

그 사건 이후 삼천리연탄(주)은 국내 사업체로서는 최고의 '새마을 성금'을 정부에 쾌척했을 뿐 아니라, 계속해서 국가 산업발전을 위한 기금이면 무엇이든 앞장을 섰다. 선후 과정이야 어쨌든 국가에 크게 공헌한 분들이었다.

이렇게 부패한 공직자들이나 시대의 변화를 읽지 못하는 재벌가들에게 때로는 채찍으로 때로는 당근으로 어루만지는 것이 당시 통치자의 깊은 뜻이 아니었을까? 나야 정치는 잘 모르지만 말이다.

그 시절 오죽했으면 새마을 성금, 새마을 성금 했겠는가? 오늘날 사업가 뿐만 아니라 유명 연예인·체육인들이 자신의 수익 중 많은 부분을 사회에 환원하는 것을 보면, '이제 우리나라도 진정한 베풂의 꽃이 피기 시작하는구나' 하는 생각이 든다.

남보다 잘살고 있는 자들이여, 그리고 높은 벼슬자리에 있는 자들이여. 좀 더 봉사하라! 지금보다 더 많이 말이다. 나눔은 세상을 밝게 한다. 밤하늘 달빛처럼.

지하실에 계시면 신도 늘어난다던 김승훈 신부

1977년 후반기 어느 날 김승훈 신부께서 동대문 교구에서 남산으로 연행됐다. 상부로부터 조사 지시가 내려진 것이다. 또 하필 종교인가? 왜 또 종교계를 건드린단 말인가?

그것도 김 신부님이라니….

얼마나 시련을 겪을 조사가 될 것인가 하는 생각이 먼저 들었다. 무엇보다도 한심스러운 것은 조사할 내용이 없다(?)는 것이다. 아는 것은 오직 김 신부님이 반공법 위반 등으로 구속된 사람들의 가족으로 만들어진 구속자협의회 등의 모임에 매번 동참하고 있다는 것이 당시 김 신부의 동향이었고 민주화(당시는 유신반대 운동)에도 깊이 관여했다는 것 등이었다.

당시 몇 분 신부님과 목사님들은 예를 들어 앞에서 언급한 크리스천 아카데미 사건과 같은 이념 종교인들의 구속사건이 생기면 반드시 구속자협의회 모임에 참석하는 것이 관례처럼 되어 있었다.

김승훈 신부님이 누구신가? '정의구현전국사제단'의 최고 수장 아니신가! 그런데 그러한 지위의 신부님을 어떻게 상대하라고 피라미(?) 수사관인 나를 붙였느냐 이 말이다. 잠시 남산 지하실에서 쉬었다가 가시라는 것인가!

나는 '구속자협의회 등에서 매번 일으키는 북새통(?)이 사라지면 훈방하라는 것이겠지. 쉽게 생각하자'라는 마음으로 신부님이 연행되어 온 조사실로 들어섰다. 좀 젊은 사람이 들어와서 그런지 신부님은 한참 동안 나를 응시했다.

나는 "신부님을 담당한 이 수사관입니다. 무릇 신부님을 대하는 것이 이곳 지하실에선 처음이니 어떤 결례가 있더라도 용서하십시오." 하며 입을 열었다. 그리고 "어떻게 들어오셨습니까?" 하고 물었더니 신부님은 "글쎄요. 왜 나 같은 사람을 또 데려왔는지 나도 잘 모르겠네요. 무엇 때문인지 모르겠으나 그것을 밝히는 것이 당신들 하는 일 아니요."라고 하셨다.

그러나 상부로부터 무엇을 확인 심문하라는 지시도 없었다. 그냥 지내보면 상부에서 언젠가는 무슨 지시가 있겠지 싶었다.

나는 계속 입을 닫고 있는 것이 멋쩍고 무색하여 신부님에게 "신부님, 이건 제가 궁금해서 묻는 것입니다만 신부님은 신부로서 할 일도 많으실 텐데 왜 꼭 국가가 행하는 대공(이념)사건이나 반정부 투쟁대열에 관여하시는지요?" 하고 물었다.

신부님은 내게 "수사관인 당신이 이렇게 공직에서 주어진 일을 하듯이 나 또한 신부의 신분으로 같은 종교인들이 고통 받고 있고 그들의 요청이 있기 때문에 모임에도 나가고 구국 기도회 같은 것들도 합니다. 그런데 그런다고 나라가 망합니까? 국가의 정체성이 흔들려요?" 하며 신부로서 당연히 해야 할 일을 한다고 하셨다.

별로 물어볼 말도 없고, 그렇다고 상부에서 어떤 지시도 없으니 무료하게 시간만 보내고 있다가 어느 날 저녁 늦게 신부님께 "할 일도 없는데 소주나 한 잔 하시겠습니까?" 하고 말씀드렸다.

그것이 계기가 되어 저녁 때면 의례 "소주나 하시죠?" 하면 신부님은 언제나 웃는 얼굴로 "그럽시다. 물어볼 말도 없다고 하니 대답할 말도 없는 것 아니겠소. 소주나 하지요."라고 하시면서 젊은 나와 대작해 주셨다.

시간이 흐를수록 신부님은 젊은 신부 시절에 신앙인으로서의 고통스러웠던 이야기에 우스갯소리를 섞어가면서 진솔하게 털어놓으시기도 했고 또 하느님께 가까이 가는 길이 참으로 어렵다고도 하셨다. 그리고 때론 '당신 같은 수사관들은 언제 집에 들어가느냐, 가정생활을 이렇게 해도 유지되느냐?' 하는 질문도 하셨다.

3~4일쯤 지났을까?

신부님께서 나에게 "여보, 이 수사관. 언제 나를 내보낼 생각이오?" 하고 물으시기에 "글쎄요. 저도 잘 모르겠으나 앞으로는 대공사건과 관련이 있는 집회 모임에는 나가지 않겠다고 하는 글을 설득력 있게 써보십시오. 이곳은 대공수사국이니 반독재투쟁 운운보다는 대공사건 같은 데는 일체 관여하지 않겠다고 쓰셔야 합니다. 혹시 윗분들이 글을 보시고 마음에 드시면 곧 석방하겠다고 하지 않겠습니까?" 했더니 "오늘이 내가 여기 온 지 4일째 맞지요?" 하시기에 그렇다고 대답했다.

신부님은 혼잣말처럼 "오늘쯤 동대문성당에 가면 아마 신도 수가 평소보다 배가 늘었을거요. 나를 잡아온 당신들 덕분에 잘 나오지 않던 신도들도 다 나왔을 거니까."라고 하시면서 나에게 "반성문(?) 하나 잘 써 볼 테니, 이 수사관이 윗분들이 좋아하는 말을 좀 골라서 해줘 봐요. 반성문 잘 써놓고 밖에 나가서 남산 이 수사관이 불러준 대로 썼다고 하면 되니까. 하여튼 잘 써봅시다. 이곳에 오래 있을 수는 없어요."라며 구태여 당일 중으로 반성문을 쓰겠다고 하셨다.

내가 용지를 드리고 '대략 이러이러한 내용으로 쓰시면 됩니다'라고 설명해 드렸더니 후딱 그대로 쓰시고는 끝에 신부님 이름을 쓰시고 엄지를 인주에 크게 묻혀 꽉 찍으셨다. 많이 해본 솜씨였다.

그로부터 이틀 후 신부님은 방면되셨다.

나가는 정문에서 신부님은 "이 수사관, 고생했어요. 동대문 교구에 한 번 놀러 오시고, 또 내가 잘못되어 잡혀 오면 꼭 이 수사관이 나를 담당해 주시오."라고 하면서 환하게 웃고 돌아가셨다.

신부님을 배웅해 드리고는 '신부님께서 남산에서 처리한 대공사건에는 끼지 마시고 기타 인권운동만 하시면 안 되나?'라고 생각하며 돌아왔다. 그 후에도 신부님을 좀 더 관심 있게 주목해 보니, 대저 사회인권문제 전반에 걸쳐 안 끼신 곳 없이 부지런히 움직이셨다.

나는 당시 열혈 신앙인은 아니었지만 가족을 따라(?) 서울 반포성당엘 가끔 나갔고 그곳 김 모 주임신부님과 사적인 대화도 나누고 했기 때문에 신부님들을 대하는 것이 남달랐을지도 모른다. 어쨌든 다행히도 그 이후로는 김승훈 신부님이 남산에 오지 않으셨고 신부님을 지하실에서 또다시 뵙지 않은 것이 나로서는 참으로 다행이었다.

필자는 2003년 9월 지면을 통해 신부님의 서거 소식을 접하고 그분의 명복을 빌었다.

시대의 양심, 김지하 시인

본명은 김영일. 필자보다 나이가 4년이 위였다. 김 시인이 당시 남산에 온 것이 40세쯤이었을까?

1977년 초순 어느 날(검찰에 송치된 사건이 아니라 정확한 날짜의 기억이 없음) 과장으로부터 "김지하가 지하에 와 있는데 맡아봐."라는 말을 들었다.

"조사할 자료는 지하실에 있습니까?" 하였더니 과장은 자료 같은 건 없고 하니 김지하에게 문제 일으키지 않고 조용히 살겠다고 하는 반성문이나 받아오라고 했다.

나는 과장에게 "자료도 없는데 무얼 조사하여 반성문을 받으라는 것입니까?" 하고 문의했으나, 과장은 "글쎄, 나도 잘 몰라. 김지하가 또 무슨 일을 저지르려고 하는 모양이야. 왜 우리 쪽(간첩전담반)으로 보냈는지 말을 안 해 주니 도통 알 수가 없네. 하여튼 '반성문'을 받으라는 상부의 명령이니 반성문을 받아와."라고 했다.

"무슨 반성문 말씀입니까?" 하고 내가 재차 묻자, 과장은 화를 벌컥 내며 "이봐. 나도 잘 모른다니까. 자네가 알아서 해!"라고 소리를 질렀다.

당시 내가 김 시인에 대해 아는 것이라고는 몇 년 전 「사상계」에 '오적'이라는 담시를 실어 사회에 큰 반향을 일으킨 것밖에 없었다. 시인에게 무조건 반성문을 받으라니….

'그래, 이것도 특명인가 보다. 시키는 대로 해야지. 우리 일이 간첩 심문하는 것 외에도 권력에 도전한다는 종교인, 재야 명망 인물 등 껄끄러운 인물을 특명이라는 미명하에 상대하는 것 아닌가?' 하고는 안전국 기획실과 대공수사국 기획실을 돌며 김지하 시인에 대한 '파일'을 모았다.

모든 자료는 안전국과 대공수사국 기획실에 있었다. 자료에는 '1970년 「오적」으로 구속, 1972년 「비어」로 구속, 1974년 민청학련 사건으로 구속, 1975년 양심선언(정보부 고문 조작 폭로)으로 또 구속' 등이 자세히 수록되어 있었다.

자료를 대강 살펴본 나는 당시에는 '그럼 그렇지. 과거 대공수사국에서 김 시인을 체포·조사했으면, 내가 모를 리 없지.'라고 생각했다. 그러나 그는 내가 모르는 사이 국가보안법·반공법 등으로 대공수사국에서 조사받고 송치되었음이 그 후 확인되었다.

나는 대뜸 "김지하 시인, 아니 김영일 씨. 요즘 사회운동 하고 계신 것 있어요?" 하고 물었다. 그가 "뭐 말이요?" 하기에 "사회에 물의를 일으킬 만한 일을 또 계획하고 있으신지 묻는 것입니다. '시' 작품 활동을 포함해서요." 하고 물었다.

그는 "요즘 몸도 좋지 않아 푹 쉬고 있는데 뭐를 말합니까?"라며 조그만 소리로 퉁명스럽게 되물었다. 내가 "김 시인. 여기는 남산 대공수사국이고 나는 대공수사관인데 어떻게 여길 오게 되었습니까?"라고 하자 그는 "글쎄요. 수사관이 가자고 해서 왔는데 나도 잘 모르겠소."라고 했다.

그날 나는 입을 다물었다. 더는 물어볼 게 없었으니….

지루한 하루가 지났다. 그리고 다음날 나는 김 시인과 이렇게 대화한 것으로 기억한다.

"김영일 씨, 아니 김지하 시인. 기록을 살펴보니 누구보다 고생도 많이 하셨고, 또한 그 정도 '사회정의 구현'을 위해 부패한 자들을 때려주고 반유신 독재에 앞장섰으면 이제 그만 합시다. 이젠 순수 시인으로서 먼 훗날 후세에 영원히 기록될 '시'를 쓰는 시인이 되었으면 좋겠습니다. 저항시(?)나 무슨 선언 같은 거 말고 말입니다. 우리는 상부의 뜻에 따르기는 하나 김시인 같은 분이 이렇게 간첩 수사 전문팀이 사용하는 대공수사국 지하실에 연행된 것을 별로 좋아하지 않습니다. 정말 저희는 이북 김일성하고 싸우는 것도 힘겹습니다."라고 말하자, 그가 "도대체 내가 이곳에서 할 일이 무엇입니까?"라고 물었다.

나는 그저 '반성문' 하나 쓰라고 했던 것 이외는 생각나는 게 없다. 지금 생각해도 소가 웃을 일이다. 사회 저항 시인에게 '반성문'이라니…. 그러나 어쩌겠는가? 빨리 내보내야 하는 것을.

김 시인은 "반성문이요?" 하고 되물었고, 나는 "하여튼 김 시인이 빨리 여기서 나가야 하니 반성문을 쓰시되 그 내용은 '앞으로나 김지하는 시를 쓰는 데에만 전념하되 물의를 일으킬 수 있는

○○선언이나 저항시(?)보다는 문학성을 갖춘 만고불변의 '시', 후세에 길이 남길 '시'를 쓰는 데 전념하겠다' 같은 내용으로 쓰셔야 합니다." 하고 말했다.

그는 한참 생각하는 것 같더니 A4용지 두 장에 반성문이란 것을 썼다. 처음에 반성문을 쓰는데 이름을 김지하라고 썼기에 내가 "김 시인, 이 반성문은 '시'가 아니니 본명으로 써 주십시오." 하였더니 그는 김영일이라고 본명을 썼다. 나는 상부에 김 시인으로부터 '반성문'을 잘 받았노라고 보고하였고, 그로부터 이틀 후 김 시인은 방면되었다.

지하실에 있는 동안 무슨 이념 논쟁이나 사상 논쟁 등을 하지 않아 무슨 말을 더 했는지 기억이 없으며 그 이후에 김 시인이 대공수사국에서 취급하는 대공 요주의 인물에서 벗어났고 하여 오랜 기간 잊고 있었다.

그리고 이후 나는 별정직 공무원의 옷도 벗었다.

30여 년이 더 흘러 이 글을 쓰고 있는 2009년 5월 7일, 모 일간지를 보니 김 시인이 '시위꾼들, 촛불을 숯불, 횃불로 이용'이라는 제목 하에 시위자들을 통렬히 비판하고 있었다.

그렇다. 진정한 민주화 운동가라면 옳은 것은 옳고, 그른 것은 그르다고 해야 한다. 그는 '정부의 4대강 살리기' 등 또한 신랄한 어조로 비판할 만큼 진정 이 시대의 뼈대 있는 양심적 저항 지식인임에 틀림없었다.

30여 년이 훌쩍 지난 지금 신문에서나마 나처럼 확 늙어버린 그의 사진을 접할 수 있어 기뻤다.

저항시인 '솔제니친'은 구소련에서 쫓겨나 몇 년 만에 고향인 조국으로 돌아갔던가? 아마 20년 만일 것이다.

나는 이렇게 말하고 싶다. 그래도 이 조국 대한민국은 김지하 시인을 버리지 않았다고 말이다. 어쨌거나 당시 재벌·고위직 등의 간담을 서늘케 한 「오적」을 모처럼 한번 읊어 보자.

오적(五賊)

김지하

시(時)를 쓰되 좀스럽게 쓰지 말고 똑 이렇게 쓰랏다.
내 어쩌다 붓끝이 험한 죄로 칠전에 끌려가
볼기를 맞은지도 하도 오래라 삭신이 근질근질
방정맞은 조동아리 손목댕이 오물오물 수물수물
뭐든 자꾸 쓰고 싶어 견딜 수가 없으니, 에라 모르것다
볼기가 확확 불이나게 맞을 때는 맞더라도
내 별별 이상한 도둑이야길 하나 쓰것다.
옛날도 먼옛날 상달 초사훗날 백두산 아래 나라 선 뒷날
배꼽으로 보고 똥구멍으로 듣던 중엔 으뜸
아동방(我東方)이 바햐흐로 단군 이래 으뜸
으뜸가는 태평 태평 태평성대라.
그 무슨 가난이 있겠느냐 도둑이 있겠느냐
포식한 농민은 배터져 죽는 게 일쑤요
비단옷 신물나서 사시장철 벗고 사니
고재봉 제 비록 도둑이라곤 하나
공자님 당년에도 도척이 났고
부정부패 가렴주구 처처에 그득하나
요순시절에도 사흉은 있었으니

아마도 현군양상(賢君良相)인들 세 살 버릇 도벽(盜癖)이야
여든까지 차마 어찌할 수 있겠느냐
서울이라 장안 한복판에 다섯 도둑이 모여 살았것다
남녘은 똥덩어리 둥둥
구정물 한강가에 동빙고동 우뚝
북녘은 털 빠진 닭똥구멍 민둥
벗은 산 만장아래 성북동 수유동 뾰쪽
남죽간에 오종종종 판잣집 다닥다닥
게딱지 다닥 코딱지 다닥 그 위에 불쑥
장충동 약수동 솟을대문 저멋대로 와장창
저 솟고 싶은 대로 솟구쳐 올라 삐까번쩍
으리으리 꽃궁궐에 밤낮으로 풍악이 질펀 떡치는 소리 쿵떡
예가 바로 재벌, 국회의원, 고급공무원, 장성, 장차관이라 이름하는,
간뗑이 부어 남산만하고 목질기기 동탁배꼽 같은
천하흉포 오적(五賊)의 소굴이렷다. (중 · 하략)

김지하 시인님. 「오적」 인용을 용서하십시오.

각 정부 부서 길들이기 '보안 검열'

남산에서 가장 서릿발 치는 특명사항으로 '보안 검열'이란 것이 있었다. 국가 행정기관 중 '청' 이상의 부처에 대한 연말 긴급 보안 검열이다. 1970년대 고위 공직 생활을 한 사람이라면 다 겪어 알고 있을 것이다. 검열은 남산 대공수사관 2명이 1조가 되어 약 15일간에 걸쳐 시행되며, 1개 조가 보통 3개 부처를 맡는다. 매년 10월 하순에서 11월 하순 사이에 자정인 24시에서 다음날 03시까지 검열을 실시한다.

그 결과 최우수 부서장에게는 대통령 표창과 금일봉을, 우수부처에는 국무총리 표창과 상금을 주되, 하위로 평가받은 2~3개 부처에 대하여는 별도로 청와대의 가혹한 형벌(?)이 주어졌다.

당시에 미국의 시달림(도청 등)을 받은 박 대통령으로서는 보안에 극도의 예민함을 보였다. 그런 상황에서 '보안 검열'의 결과 보고가 청와대에 직접 전달되기 때문에 각 부처 수뇌부들은 대단히 신경을 썼다.

현실감 있게 필자가 직접 시행했던 보안 검열 중 한 가지를 실례로 이야기해 보겠다.

1978년 11월 하순 '보안 검열' 실시의 특명이 떨어졌다. 그 해 나에게 처음 주어진 부서는 서울교육청이었다. 그날도 밤 11시 30분이 막 넘어 남산을 나섰고, 시내에 있던 교육청에 들어선 시각은 자정 24시 정각이었다.

조용한 숙직실 방문을 열어젖히자 당시 잠자고 있던 숙직실 당직 직원 2명이 벌떡 일어섰다. 그들에게 남산에서 나온 보안 검열 수사관임을 알리고 보니, 방 안에 소주 냄새가 진동했다. 나는 "당신들, 국가기관의 당직자들이 근무 시간에 술이나 퍼마시고 또 잠까지 자요? 이게 어느 나라 부서의 당직실이야?" 하고 고함을 쳤다.

두 사람은 고개를 푹 숙인 채 말을 못했다. 나는 그 중 당직 실장을 대동하고 동료와 함께 기획실장 방부터 검열을 시작했다. 철 캐비닛 20여 개가 벽 쪽으로 줄지어 놓여 있었다.

나와 동료수사관은 캐비닛 손잡이를 힘껏 돌렸다. 20여 개 중 거의 반이 열렸다.

그 중에는 기획실 직원이 소홀히 하여 잠그지 않은 것도 있었지만, 시대가 시대인 만큼 힘껏 열면 곧바로 열리는 낡은 캐비닛도 많았다. 'III급 비밀'이라고 붉게 찍힌 보안 서류 3개가 발견되었다.

곧이어 나는 기획실장의 책상 우측서랍 3개를 열었다. 하나도 잠겨 있지 않았을 뿐만 아니라, 그 두 번째 서랍에서는 'II급 비밀'이라고 붉은 글씨가 선명하게 찍힌 공문서가 발견되었다. 횡재다

(그 당시 그렇게들 말했다)! II급이면 묵직한 걸 건진 것이다.

그리고는 청장실로 들어섰다. 방은 깔끔하게 정돈되어 있었고, 특이하게 여길 점도 없었다.

우리는 당직자들 입회하에 총 4권의 책을 압수한 후 확인서를 남긴 채 청사로 돌아왔다.

이른 새벽부터 교육청 수뇌부가 발칵 뒤집혔을 것은 뻔한 이치였다.

새벽녘에 모든 수사관이 각 부서에서의 보안 검열을 마치고 돌아와서 각자 보고서 작성준비에 여념이 없을 때였다. 남산 수사국 1과에서 함께 근무하고 있던 박 수사관이 나에게 와서 "어이, 이 형. 교육청 어땠어? 뭐 건진 게 있어요?" 하기에 "응 건졌지요. 대어를 낚았어요. 기획실장 방에서 'II급 비밀' 책자 1개, 또 'III급'짜리 3개를 건졌지요." 하고 자랑스레 대답했다.

그는 정색하고 "정말 잘 됐네. 기획실장 그 친구 이번에 목 날아가겠구먼." 하기에 나는 "형, 또 뭔 소리 하려고?" 했더니 그는 "이 형, 내 처가 서울에서 교편 잡고 있는 거 알고 있지? 지난번 인사이동 때 경기도로 밀려났어. 실은 내가 아는 사람을 통해 교육청 인사 담당에게 부탁했는데도 외지로 발령내고 말았단 말이야. 이 형이 이번에 혼 좀 내줘봐." 하기에 나는 "형, 걱정 마. II·III급 회수한 것 직보하면 끝난 거지. 뭐." 하고는 되돌아와 보고서 작성을 마쳤다.

당시 그 '보안 검열' 보고서는 외부로부터의 압력이나 청탁 등을 배제하기 위해 오전 중 종합하여 즉각 청와대에 보고하는 것이 관례이자 수칙이었다.

같은 날 오전 9시쯤 되었을까? 수사단장이 나를 찾는다고 했다. 황 단장은 나에게 "이 수사관, 어젯밤 서울 교육청 다녀왔지?" 하고 물었고 나는 그렇다고 대답했다.

단장이 뭐 좀 건진 게 있느냐고 묻기에, 나는 속으로 '이거 뭔가 외부 압력이나 청탁이 있었구나' 하고 느끼면서 "네. II급 1개, III급 3개 건져 왔습니다만 뭐 특별히 하명 하실 거라도 있으신지요?" 하고 되물었다. 단장은 "사실은 누가 청탁이나 부탁한 게 아니고, 거기 교육청장이 자네도 알다시피 내 서울 ○○고교 동창 아닌가? 알고 있지? 좀 살펴봐 주게. 거 III급만 보고하면 안 되겠나? 그러나 자네가 검열관이니 자네 뜻대로 하게."라고 하였다.

단장실을 나온 나는 잠시 생각했다. 그리고 신속하게 결정을 내렸다.

박 선배 부인(초등학교 교사)은 다음에 좋은 방향으로 처리해 주기로 하고, 우선 단장님의 요청을 들어드리기로 했다. 또 교육청 고위층 한 사람도 살리고 말이다.

나는 제2의 길을 택했고, 결국 교육청은 '경고'만 받으면서 보안 검열은 조용히 마무리되었다. 그 후 단장은 그것에 대해서 다시는 말이 없었다.

그것이 우리 조직의 특성이었다. 나에게 고맙다고 하게 되면 단장은 청탁을 받은 것이 되기 때문이다.

다음 해 1월 말경 교육청에 업무가 있어 기획실장 방에 들렀다. 지역 조종관으로서 기획실장과 이런저런 이야기를 하던 중에,

그에게 교육청장의 출신학교를 물었다. 그랬더니 실장은 자기가 모시는 교육청장은 대구 ○○고등학교 출신이라고 했다. 그러면 그렇지! 우리 단장께서 그 당시 나로서는 당장 확인할 수 없으니 거짓 포장을 잘하신 것이었다.

기획실장에게 "실은 내가 작년 말 교육청 보안 검열 때 검열 나온 이 수사관입니다."라고 했더니, 그는 깜짝 놀라서 나에게 "그때 일을 생각하면 정말 아찔합니다. 정말 감사했습니다. 뭐 도와드릴 일이 없을까요?"라고 하기에 입을 열었다.

"기획실장님께 긴히 말씀드리고 부탁할 일이 있습니다. 저희 대공수사국에 같이 근무하고 있는 선배가 한 분 계시는데 그 선배 부인이 서울 서초구 ○○초등학교에 계시다가 작년 10월에 경기도 평택으로 발령받아 갔습니다. 당시 남편 되시는 박 수사관이 사람을 통해 인사담당에게 부탁했는데 무시당했답니다. 수사관들은 집에 들어가지 않는 날들이 많아서 애들 때문이라도 부인의 직장이 서울이어야만 하기에 부탁한 것이지요. 과거에는 그러한 부탁들이 정상 참작되어 잘 처리 되었는데, 그때 그 일이 잘못되어 박 수사관이 교육청에 대해 불만을 가졌던 모양입니다." 내말을 들은 실장은 "정말 그런 일이 있었습니까? 금시초문입니다. 그분 이름이 무엇이고 지금 계시는 학교는요?" 하며 물었고 나는 자세히 가르쳐 주었다.

그는 '조금만 참고 있어라'라고 전해달라 부탁하면서 6개월만 지나면 다시 서울로 발령낼 수 있다고 말했다. 그 후 박 수사관의 부인은 원래 있었던 학교로 귀임했다.

이 글을 읽는 독자들은 오해 없길 바란다. 당시는 그럴 수 있었고 밤낮없이 남산에서 일하는 수사관들에게는 특전도 있었던 시절이기도 했다.

이렇듯 그 시대에는 '보안 검열'이라는 특명의 칼날이 모든 행정부서의 머리 위에서 빛을 발하고 있었기 때문에 남산과 각 행정부서 간 협조관계(?)에 문제점이 있을 리 없었다.

만사형통!

좀 죄스런 표현이기도 하지만 그때는 그랬었다니까요.

명절 부조리 봉투 건

1970년대 후반기는 우리 국민의 허리띠가 조금씩 풀어지고 있던 시절이었다. 그래서 그런지 '뇌물봉투' 사건이 관가에 횡행했었다.

항상 그렇듯 그해에도 청와대 특명에 의한 부조리 척결지시가 명절 돈 봉투(뇌물)에도 내려졌다.

지금 이야기 하고자 하는 이 시기는 추석 명절을 기해 관가 상납 부조리 척결을 위해서 정보부·검찰 협조 아래 치안본부 특수별동대가 직접 현장에 투입되고 있을 때였다. 이 일화는 덕담이 아니고 나의 남산 재직 시에 있었던 하나의 월권에 대한 고백으로 사죄의 뜻을 담아 기술한다.

그날도 그렇듯 새벽 2시가 넘도록 업무에 매달리고 귀가했더니 처남과 처남댁이 집에 와 있었다. 피곤하여 무심히 인사만 하고는 안방에 가서 자려는데 아내가 할 말이 있다며 따라 들어왔다.

그때 아내가 말하기를, 지난 추석 명절 때 지방 교육청에 근무하던 처남이 돈 봉투를 들고 상위 ○○교육청에 상납 갔다가 교육청 정문 경비실에서 사복경찰로부터 몸수색을 당해 돈 봉투를 빼앗기고 현지에서 간단한 조사를 받았다는 것이었다.

다음날 아침상에서 새파랗게 질린 얼굴을 한 처남과 처남댁을 보면서 나는 "돈 봉투는 몇 개 만들었어요?" 하고 물었다. 그러자 처남은 13개라고 했다.

처남이 방문한 지방 '도'의 교육청에 계장급 이상 간부가 13명 인가보다 생각한 후 처남에게 "걱정하지 말고 돌아가세요. 오늘 확인해 보고 제가 할 수 있는 일이면 좋은 방향으로 처리하겠습니다."라고 말하고 출근했다.

나는 아침 회의가 끝나자마자 경찰 치안본부 특수대를 찾았다. 마침 운 좋게도 조종관 시절에 내 지역 경찰서장을 했던 최○○ 총경이 봉투 뇌물사건의 수사 책임을 맡고 있었다. 반갑게 인사하고 그의 안내로 사무실로 들어갔다.

나는 "최 서장, 내 부탁 좀 들어주시오. 이번 추석 명절 돈 봉투 뇌물사건에 내 처남이 관련되었다고 해요. 시골 지역 교육청에서 경리과장으로 있는 공무원인데 돈 봉투를 가지고 움직이다가 제대로 걸린 모양이오." 하고 말했다.

그는 "자, 가봅시다. 지금 분류하고 있을 겁니다." 하며 나를 옆 사무실로 안내했다. 그 해 추석명절을 기해 각 도청·교육청 뿐만 아니라 전국 관공서 정문에서 거둬들인 봉투들이 '도'와 '지역'별로 잘 정리되어 있었다. 정리된 돈 봉투를 둘러본 뒤 나는 최 총경에게 "이게 내 처남 관련 봉투들입니다."라고 지적했다.

최 총경은 "잘 알았으니 걱정하지 말고 돌아가십시오. 가능한

한 조종관님 처남이 옷은 벗지 않게 할 터이니 너무 걱정 마십시오. 하지만 잘 아시죠? 특명사건이란 거!" 하기에 그에게 "잘 알고 있어요. 며칠 후 소주 한 잔 합시다." 하고는 되돌아왔다.

그리고 처남 건은 잊고 있었다.

가을이 지나고 그해 겨울 정기휴가를 얻어 고향에 갔다. 모처럼 고향 친구들과 함께 식사하던 중 그들로부터 깜짝 놀랄만한 이야기를 전해 들었다. 지난 추석명절 때 돈 봉투 사건으로 교육청 내 처벌이 있었는데 처남은 '시말서' 한 장 쓰고 말았으나, 해당 교육장이 옷을 벗었다는 것이었다. 해당 교육장은 내 고향 선배인데 참으로 가슴이 아팠다. 그 시절의 선배 교육장에게 사죄의 마음을 전하고 싶다.

나의 월권행동도 반성하면서….

제7장_
부산대 침투
여간첩 사건

働(동)자의 사연이 불러온 쾌거

유신헌법이 공표되었던 1972년 10월부터 매년 간헐적으로 반정부 데모를 해오던 부산대학교.

그러나 1975년 9월경 당시 국내에서 학생데모로 가장 문제가 되고 있는 부산대학교에 누군가가 캠퍼스 내 곳곳 '북한 찬양, 유신정권 타도' 등을 내용으로 한 삐라를 수없이 뿌리고 있었다. 누가 이처럼 조직적인 삐라 살포를 감행하고 있는가?

본부에서 동료 이 수사관이 부산지부에 파견되었다. 나는 본부에 남아서 전국 대학에서 올라오는 정보를 수집·분석하고 수시로 데모를 벌이는 서울대·연대·고대를 중심으로 주동자들을 파악·분류했다.

다음은 서울 본부에서 부산지부에 급파된 나의 동기 이○우 수사관의 활동성과 기록이다.

이 수사관은 부산지부 소속 대공과의 지원을 받아 수사팀 3인 1개조를 편성받았다. 경찰들의 협조 속에 부산대학교에 직접 들어갔고 대학교 측의 양해 아래 모든 전단을 종류별로 거둬들여 본부에 보냈다.

전단은 본부 김종환 과장님 방을 거쳐 기획팀에 전해져 분석에 들어갔다. 전단의 모든 내용이 북한이 주장하는 상투적 선전문구들로 신조어라고 할 것이 없었다. 격렬 데모를 주동한 소수의 학생이 경찰에 연행되어 구류에 처해졌음에도 불구하고 전단 살포는 그 수량과 강도가 더해갔다.

수사는 미궁에 빠져드는 듯했다.

그러기를 10여 일, 과장으로부터 긴급회의가 소집되었다. 회의를 시작하는 그의 손에는 한 장의 전단이 들려 있었다. 과장님은 회의 탁자 위에 전단을 펼쳐놓으시면서 "이것 봐, 모두들! 주동자는 재일교포야. 부산대에 침투한 재일교포 간첩이 틀림없어. 국내 과격학생이 아니고 북한의 지시를 직접 받은 간첩이 학생으로 위장 침투했을 거야."라고 말했다.

수사관들이 그 내용을 살펴보니 '우리는 모든 働力(동력)을 働員(동원)하여 하루속히 미제 앞잡이인 박정희를 몰아내고 새 국가를 건설해야 한다'라는 문장이었다. 과장님의 말 그대로였다. 그 구호는 국내 학생들이 작성한 문장이 아니었다.

당시 대공전선에서 또 한 분의 1인자라고 할 수 있는 경찰 출신의 김 과장은 한자어의 생김새(?)를 놓치지 않았다.

'동(働)'이라고 쓴 한자어는 한국에서 쓰는 動(동)자와는 달리, 앞에 '人'이 붙어 있는 일본에서 사용하는 한자였다. 대부분의 수사관이 보지 못하고 지나쳤던 것을 김 과장은 발견하고 재일교포

학생이 주도하여 만든 전단임을 확신한 것이다.

우리는 즉시 부산으로 전문을 보냈고 부산에 파견된 이 수사관이 본격 수사에 돌입했다. 당시 파악된 바로는 부산대에 입학하여 재학 중인 재일교포 학생은 6명으로 남학생 5명과 여학생 1명이었다.

부산지부에서는 위 6명을 대상으로 집중 내사를 시작하여 그 중 2명(여1·남1)에게 특별히 수사력을 집중하였고 본부에서는 이들에 대한 조회를 실시했다.

재일교포 재학생 김오자(3학년, 당시 24세).

김오자의 수사를 맡은 이○우 수사관은 김오자의 국내 숙소를 확인하고는 깜짝 놀랐다. 그녀의 숙소는 놀랍게도 육군 보안사 부산지구대 소속의 육군 중사의 집이었기 때문이었다. 김오자가 보안사 소속의 하사관 집에 자취를 가장하고 있다면 더욱 의심스러운 일이었다.

시간이 급했다. 그녀가 사라지기 전에 체포해야 한다는 강박관념이 불현듯 그의 뇌리를 스쳤다. 다음 날 김오자가 귀가한 사실을 확인한 이 수사관은 동료 2명과 함께 김오자의 자취방을 급습했다. 김오자는 남학생 2명과 함께 있었다. 방 한쪽으로 그들을 몰아세운 이 수사관은 책상에 놓인 책자를 훑었으나 별다른 서적이 눈에 띄지 않았다.

이 수사관은 김오자를 의심스럽게 살펴보다가, 그녀의 눈길이 자꾸 방 한쪽 구석진 곳의 조그만 다락방 문에 가는 것을 알아차렸다. 이 수사관은 동료 수사관에게 눈짓으로 3명의 학생을 잘 제압하고 있으라는 암시를 하고는 급히 다락방 문을 열고 작은 계단이 있는 간이 2층 다락방으로 올랐다.

작고 어두컴컴한 다락방이었다. 방에는 몇 개의 라면상자가 보였고, 이불이 바닥에 넓게 퍼져 있었는데 가운데가 불룩 나와 있었다. 다락방 전등 스위치를 켜는 동시에 이불을 걷어찼다.

인쇄기! 수동 인쇄기가 꺼멓게 먹물을 머금고 있었다.

재빨리 다락방에서 나온 이 수사관은 김오자 등 3명을 머리에 손을 얹고 땅바닥을 향해 엎드리게 한 후 부산지부에 지원군을 요청했다. 부산지부에서 수사계장을 비롯한 지원군이 도착했고 무사히 3명을 연행할 수 있었다.

이 수사관은 증거물로 전단(부산대에 살포되었던) 내용과 같은 전단을 인쇄한 인쇄기와 전단지 수천 매를 압수하여 부산지부로 돌아왔다.

쾌거! 드디어 간첩 혐의자 김오자 일당을 체포한 것이다. 내가 있는 본부에서는 탄성이 터졌고 야간에 축배를 들고 또 들었다. 내 동기 이 수사관이 드디어 대형사고(?)를 터트린 것이다.

이 수사관은 부산지부 수사관의 협조를 얻어 김오자와 관련된 일당 5명을 서울로 압송했다.

여기는 남산 대공수사국 지하실.

김오자는 모든 것을 체념한 듯 눈물을 흘리며 모든 사실을 자백했다.

가난이 부른 북쪽의 유혹

간첩 김오자. 그녀는 재일교포 2세대로 가난한 가정에서 태어나 일찍 아버지를 여의고 한인들이 많이 거주하던 후쿠오카 지역에서 채소 좌판장사를 하는 홀어머니와 함께 살았다. 초·중·고등학교를 우수하게 졸업했으나 어려운 가정형편으로 인해 대학을 포기할 수밖에 없었다.

실의에 빠져 있을 즈음 고등학교 시절 사회학을 가르친 재일교포 선생으로부터 만나자는 연락을 받았다. 선생은 대학 학자금을 지원할 한인 단체가 있는데 그 혜택을 받되 한국에 가서 공부하는 게 어떻겠느냐는 제안을 했다.

그녀는 그 단체가 어려운 가정의 학생을 돕는 사회자선단체로 알고 있었고, 자선단체의 주선으로 한국 유학길에 올라 부산대학교 어학연수원을 거쳐 정식으로 부산대학교 사회학과에 진학하여 누구보다 열심히 공부했다. 이후 부산대학교 2학년에 재학 중이던 1974년 8월 여름방학을 맞아 귀일하여 시장에서 고생하는 어머니를 돕고 있었다.

그러던 어느 날 그녀를 도와준 교사가 만나자고 했다. 그녀는 교사와 함께 자선단체를 방문하여 그 단체의 회장을 만났고, 그간 민단 자선단체로만 알고 있던 후원단체가 실제로 재일 조총련이 후원하는 단체라는 사실을 알았다.

그러나 상황을 돌이킬 수 없는 그녀는 다시 부산대학교로 돌아왔고 2학년 전 과정을 우수한 성적으로 마친 후 1974년 12월 겨울방학을 맞아 다시 일본으로 돌아갔다. 귀일 직후 후원단체 회장을 만났고 그로부터 교육상 여행을 다녀와야 하니 장기간 여행할 준비를 하고 3일 후 조총련 본부를 방문하라는 지시를 받았다.

그녀는 뭔가 잘못되고 있는 게 아닌가 염려스러웠으나 정신만 똑바로 차리면 별 문제가 없을 것 같아 어머니께 여행을 떠난다고 말하고 3일 후 조총련 본부를 방문했다.

1975년 1월 21일 그녀는 기다리고 있던 조총련 본부 장 모 부장의 승용차 편으로 그와 함께 아오모리 현 ○○해안에 도착한 후 근처 모텔에서 머물다가 늦은 밤에 해안선에 대기 중이던 정체 모를 배에 승선하였다. 3시간쯤 지나 어디가 어디인지 구분할 수 없는 공해상에서 다른 큰 배에 올라 다음 날 아침 북한 청진항에 도착했다.

입북 후 그녀는 모란봉 제2초대소라는 북한 공작장소에 10일간 수용되어 사회주의 이론을 비롯한 몇 가지 교육을 받았고, 수시 외출하여 평양 시내 등 관광을 마치고 북한 노동당에 입당한 후 '부산대 내에 통일혁명당 지도부를 구성하고 지하당을 구축하라'는 지령을 받고 공작선 편으로 귀일했다. 당시 북한 대남공작국에서는 재일교포에 대한 공작방법으로 앞에서와 같은 수법을 동일하게 사용했다.

이제는 돌이킬 수 없는 강을 건너버린 그녀는 후원단체가 제공하는 학자금 외에도 조총련으로부터 제법 많은 자금을 받아 조그만 집을 마련하여 어머니께 드렸다. 그리고 그들이 시키는 대로 철저한 조국통일의 전사가 되겠다고 맹세했다.

그녀는 방학을 이용, 사회·공산주의 관련 경제학 서적이 책방에 즐비한 일본에서 수많은 책을 섭렵함으로써 어느덧 그 분야에 해박한 지식을 쌓은 사회주의 경제학 이론가의 경지에 이르렀다. 또한 그녀는 사회학과에서 가장 우수한 교포학생으로 교수들의 사랑을 받았고, 사회·경제학 교내 토론회 등에서 다른 학생들보다 월등한 실력을 나타냄으로써 동료 학생들의 부러움과 존경을 한몸에 받았다.

이미 1975년 2월 북한에서 일본으로 귀환할 당시 그녀는 재일 조총련 장 모 부장과 접촉, 그로부터 '부산대 학생을 대상으로 적극적인 포섭공작을 하라'는 지령을 받았고 3학년 새 학기를 맞아 다시 부산으로 돌아왔다.

그녀는 3학년 초부터 다시 시작된 부산대 유신철폐 및 독재 반대 데모사태를 관망하면서 그동안 포섭대상으로 가까이 지내던 같은 과 학생 김○정(여)과 남학생 노○일, 박○건, 그리고 김○홍 등을 각각 집으로 불러들여 조국통일에 순수하게 동참할 것을 권유하면서 그들을 사상적 동지로 만들었다.

참으로 멍청(?)하게도 위 남학생 3명과 여학생 1명은 같은 해 4

월 북한 김일성의 생일을 맞이하여 '위대한 김일성 동지의 생신을 축하하며 만수무강을 빈다'라는 글귀를 붉은 비단에 각자 써서 김오자에게 전달하기도 하는 등 그녀의 철저한 하수인이 되고 말았다.

또한 그들은 적극적으로 데모에 참여하였고 전단을 만들어 뿌리자는 합의 하에 시내 중고품 상가에서 수동 인쇄기를 구매, 김오자 자취방에서 '북한 찬양, 정부 전복' 등의 문장을 쓴 전단을 만들어 부산대학교 내에 살포함으로써 '유신철폐, 독재반대'의 데모를 극렬한 반정부 · 반체제의 강력한 데모로 유도했다.

1975년 10월 또다시 남산 지하실.

나는 서울 남산으로 압송된 5명의 대공 피의자 중 주범 김오자를 직접 심문하는 주력팀에 참여했다. 당시에는 남산 수사국에 여성 수사관이 없었던 때라 피의 여성을 지하실에서 장기 심문하는 데 여간 고역이 아니었다. 그 중 가장 큰 걱정거리가 여성 피의자를 샤워시킬 때였다.

자해의 위협성이 항상 따르는 간첩혐의자를, 그것도 여성을 외부로 데리고 나가 공중목욕탕으로 안내할 수도 없는 일이 아닌가?

당시로써는 선택할 수 있는 길이 하나뿐이었다. 지하실 내 목욕탕이 딸린 '특호'를 이용하여 샤워하도록 하되 외부에서 감시해야 했다. 마침 지하실 내부나 목욕탕에 설치해 놓은 거울이 외부에서 내부를 볼 수 있는 특수거울이었기 때문에 감시 자체에는 큰 애로가 없었다. 자해를 방지하기 위한 목욕탕이나 화장실 감시는 최하위직 수사관이 맡는 것 또한 상례였다.

어쨌든 당시 남산에 여성 수사관이 없으므로 해서 남성 수사관이 겪어야 하는 불편(?)함이 목욕탕 뿐만 아니라 여러 곳에서 발생했다.

요즘 대공수사국에서의 수사활동은 남녀 혼성 수사팀이 구성되어 움직이고 있으니 그 활동반경이 넓을 뿐만 아니라 남성 수사관들이 겪어야 할 낯 뜨거운 불편함은 없을 것이다.

사건은 피의자 김오자의 적극적인 협조로 조그만 사고도 없이 무사히 종결되었고 이○우 수사관은 대통령 표창을 받았다.

서울지검으로 송치된 주범 김오자는 간첩으로 재판에서 무기형을 선도 받았고 종범들 모두 중형이 선고되었다. 참으로 안타깝고 가슴 아픈 일이 아니었던가.(이후 김오자는 전향하여 형 집행정지로 출소하여 일본으로 돌아갔다)

당시 김오자는 주범으로 마땅히 무기라는 중벌을 받아야 했지만, 그녀로 인해 중형을 선고받은 관련 대학생들, 그들은 우리 조국의 자식들이 아니었던가? 구제받을 수도 없고 다시 되돌릴 수도 없는, 말 그대로 젊음을 허비하고 인생을 내다 버린 그들도 힘없고 선량한 우리 백성인 것을!

그러나 그 당시나 현 국가 체제에서는 국가가 그들에게 해줄 것이 없지 않은가? 다시 말하지만 슬픈 일이었다. 슬픈 민족의 비극이었다.

제8장_
황당(?)한
사건들

라면땅 사건

1976년 상반기 대공 상담소에 제보자가 왔다고 했다. 사무실을 나와 중구청 옆에 있었던 대공 상담소로 즉시 향했다.

어느 젊은 사람이 작업복을 입고 책상 앞 의자에 앉아 있는데, 그 앞 책상 위에는 '라면땅'이라고 쓰인 과자 봉지 3개가 놓여 있었다. '이 사람은 라면땅 과자를 무척 좋아하나보다'라고 생각하며 그와 마주 앉았다.

나는 그에게 "내가 대공수사관인데 무슨 제보인지 말씀해 주시겠습니까?"라고 했더니, 그는 "저는 서울 성북구 수유리에 있는 ○○제과 공장에서 일하는 사람인데 우리 사장님이 좀 이상해서 신고하러 왔습니다."라고 말했다.

자세히 더 말해보라고 하자 그는 "우리 사장님은 욕을 잘하는 분으로 평소에 저희보고 '이 자본주의 새끼들아! 그렇게 게으름 피우려면 나가 죽어라. 너희 놈들 이북 가면 다 굶어 죽는다. 이북 아이들은 너희보다 몇 배 더 일해도 너희 급료의 반도 못 받아. 이 자식들아! 그래도 이북 아이들은 불평 없이 일들 잘한다. 그래서 배불리 잘 먹고 잘 사는 거야. 저기 쌓아둔 삐라 좀 봐' 하며 북한 선전이 가득한 유인물을 보라고 하는가 하면, 거둬들인 전단은 하나도 버리지 않고 모두 쌓아 둡니다."라고 자세히 설명했다.

또 다른 이야기가 있느냐는 나의 질문에 그는 아까 내가 보았던 '라면땅' 과자봉지를 내보이면서 "이 과자봉지 인쇄 좀 보세요. 사장이 직접 도안해서 만든 것인데 김일성이 칼을 높이 들고 있고 그의 발이 이북 땅을 밟고 있지 않습니까?" 하고 말했다.

자세히 과자봉지를 들여다보니 과연 우리나라 지도가 그려져 있고 북쪽은 붉은색, 남쪽은 파란색으로 태극기 색깔이 채워져 있었다. 대저 망토를 드리운 잘생긴 놈이 칼을 쳐들고 있는데, 두 발이 이북 땅을 밟고 서 있는 게 사실이었다.

그에게 좀 더 자세히 설명해 보라고 하였더니 "보세요. 이놈의 생김새가 삐라에 나오는 김일성이 하고 닮았잖아요. 그런데다가 이북 땅에 서서 통일을 외치고 있는 거 아닙니까? 이게 무엇을 뜻합니까? 김일성이 남쪽을 해방하러 가자고 하는 의미 아니겠습니까? 이런 것을 만들고 있는데 수사기관에서 그냥 둡니까? 조사해서 잡아 가둬야죠."라고 하였다.

그렇게 보면 정말 그런 것도 같고, 어쨌거나 신고자가 정신이 상자는 아닌 것 같아 주소와 연락처를 적어두고는 돌려보냈다.

제보를 받았으니 다녀와야 할 것 같아 동료와 함께 성북경찰서를 방문, 대공과 박 모 경사를 데리고 문제의 수유리 소재의 과자공장을 찾아갔다.

슬레이트 지붕을 한 100여 평의 공장 안에 7~8명의 직공이 작업하고 있었고 기계 소리에 공장이 매우 시끄러웠다.

나는 함께 일하고 있던 60대 남자 김 사장을 밖에 있는 그의 사무실로 불러 몇 가지 사항을 질문했다. 사무실 한 쪽에는 제보자의 말대로 북에서 날아온 선전 전단이 차곡차곡 쌓여 있었다.

나는 "여보시오, 김 사장. 북에서 날아온 불온전단은 모두 회수해서 불태우라고 경찰서에서 방송했을 텐데 왜 이렇게 쌓아두었소?"라고 하자 그는 "전단지 종이가 두껍고 좋아서 어디 포장지로 쓸 데가 없는지 연구 중입니다."라고 말했다.

이번엔 '라면땅' 포장에 대해서 설명해 보라고 하자 "아이들이 먹는 것이라 아이들이 놀 때 그들 중 대장을 맡은 놈이 막대기를 들고 '나를 따르라' 하고 졸개들을 데리고 다니지 않습니까? 그래서 멋을 부려 만들어 본 것입니다."라고 대답했다.

나는 그에게 "여기 직원들 이야기가 사장님이 이북 공산주의가 어떻고 해가면서 듣기 싫은 이야기들을 많이 하고, 또 라면땅 봉지에 있는 그림이 김일성이라고 하는데 어떻게 생각합니까?" 했더니 그는 "요새 불경기로 장사도 안 되고 그래서 몇 명을 해고했더니 그놈들이 나가서 나를 모함하는 모양입니다."라고 하였다.

사장 말을 듣고 보니 그것도 일리 있는 이야기였다.

나는 동행한 성북경찰서 박 경사에게 "앞으로 박 경사가 책임지고 김 사장과 상의해서 말썽이 된 과자봉지의 인쇄를 바꾸고 전국에 퍼져 있는 '라면땅' 과자를 회수함은 물론 모든 북괴 불온전단을 불태우도록 하시오. 그런 다음에 내게 결과를 보고해 주시오."라고 부탁했다.

그 사건이 있은 지 두 달쯤 되었을까? 경찰서 대공과 박 경사로부터 전화보고가 있었다. 괴팍스런 사장이 전단과 함께 '라면땅' 봉지까지 모두 불태우고는 공장을 폐쇄한 후 사라졌다는 것이다.

그때 나는 그놈의 영감이 진짜 무슨 이념을 가진 사상가였나 하고 머리를 갸우뚱했다.

미아리 처녀의 간첩신고 사건

금방 비가 쏟아질 듯이 후텁지근하고 끈적끈적한 기후가 계속되던 1977년 8월 어느 날 서울 대공 상담소장으로부터 전화가 우리 '계'로 직접 걸려 왔다.

A급 제보가 들어왔다는 것이다. A급 제보라는 말에 계장에게 전화를 돌려 이야기를 나누게 했고 곧바로 나는 한 계장과 함께 대공 상담소로 향했다.

여기는 대공 상담소 소장실. 20대 초반의 어여쁜 처녀가 두 손을 무릎 위에 모으고 다소곳이 앉아 있었다. 대공 상담소장은 그녀에게 "여기 전문 수사관들이 오셨으니 편히 이야기 하세요."라고 소개하였다.

그러자 그녀는 다음과 같은 이야기를 시작했다. 자기 집은 미아리 언덕배기 도로변에 있는데 약 5일 전 새벽녘에 6 · 25 전쟁 때 월북했다는 큰아버지가 찾아왔다는 것이다. 자신은 알지 못했지만, 아버지께서 큰아버님께 인사드리라고 말씀하셔서 인사드리면서 큰 아버님을 봤다고 했다. 그런데 아버지와 많이 닮은 큰 아버지는 수염이 덥수룩했고, 또한 큰 배낭을 메고 왔다고 했다.

아버지는 큰방 다락방에 큰아버지를 머물게 했고, 큰아버지는 매일 이른 새벽에 밖에 나갔다가 날이 어둑어둑 해서야 집에 들어오곤 했단다.

그녀는 어제 낮에 큰아버지에 대해 궁금하기도 해서 부모님과 오빠가 마을 근처에 있는 밭에 일을 나간 틈을 타서 다락방에 들어가 큰아버지가 가져온 가방을 살펴보았단다. 가방엔 자물쇠가 채워져 있어 손으로 배낭을 두들겨보니 그 안에서 쇠 부딪치는 소리가 나서 안에 들어 있는 것이 총이 아닌가 하고 생각했다고 한다.

또한 밤늦게 화장실을 가려고 방을 나섰는데 큰아버지가 있는 다락방에서 라디오 소리인지 사람 소리인지 이상한 소리가 났다고도 했다.

그리고 오늘 아침 일찍 밥을 지으려고 부엌에 있다가 아버지와 큰아버지가 하는 이야기를 듣게 되었는데, 큰아버지가 아버지에게 "동생, 임무가 다 끝나가니 내일 저녁 서울에서 출발하여 강원도 삼척 해안에서 배로 복귀할까 하네."라고 말했다는 것이다.

위 내용이 그녀가 진술한 내용의 요지였다.

한 계장의 얼굴에 미소가 피어올랐고 나 또한 흥분이 몰려왔다. 오랜만에 무장간첩 사건을 다룰 수 있겠다 싶었다. '계' 전원이 무장했고, 사전에 성북경찰서에 연락하여 대공과 일부 요원을 집 근처에 위장 배치했다.

초저녁부터 문제의 처녀 집으로부터 조금 떨어진 곳에서 미리
대기하고 있던 우리는 밤 9시 정각을 기해 처녀의 집을 급습했다.
강력한 빛을 발하는 손전등을 켜고 안방으로 들어간 우리를 보고
잠자리에 들었던 처녀의 부모는 기겁하며 손을 번쩍 쳐들었다.

우리가 처녀의 아버지에게 "다락방이 어디야? 당신 형은 지금
어디에 있어?" 하고 다그치자 처녀의 아버지는 갑자기 방바닥에
엎드려 바닥을 치면서 "아이고, 저 미친년이 또 사고를 쳤구먼.
이번엔 또 무슨 짓을 저질렀기에 이렇게 사람들이 많이 오게 했
단 말인고!" 하지 않는가? 집을 둘러보니 문제의 다락방은 없었다.

참으로 황당한 사건이 터진 것이다.

아버지라는 사람은 옆방에 자고 있던 딸(그녀)을 데리고 와 꿇
어 앉히고는 "야, 이년아! 잘못했다고 얼른 빌어. 아이고, 내 팔자
야."하고는 처녀의 머리를 계속 쥐어박았다.

경찰력을 모두 철수시킨 후에야 우리는 그녀의 아버지로부터
처녀의 병력을 들을 수 있었다. 자신의 딸은 어릴 때 모든 것이
정상이었으나 커가면서 가끔 어떤 부분에만 미쳐 있다고 했다.

자기 딸이 이번 사건의 내용과 비슷한, 당시에 KBS에서 방영한
대공실화를 빼놓지 않고 자주 보곤 했다는 사실과 "아빠, 우리 집
에는 북한 간 사람 없어요? 있을 것 같은데…." 하며 헛소리를 했
다는 것, 그리고 1년 전에도 파출소에 거동 수상자가 나타났다고
신고한 전력이 있다는 사실을 털어놓았다.

중앙정보부 대공 상담소. 그곳의 성과가 영 없었던 것은 아니

지만 파견된 직원 숫자나 규모보다 성과가 저조한 것은 분명했다.

　우리는 가끔 비가 오려고 후텁지근 하거나 또는 비가 청승맞게 부슬부슬 내릴 때면 '야! 전국에 있는 대공 상담소 요원들이 제보 받느라 바쁘겠구나' 하며 농담을 하기도 했다.

　문제의 그날 밤. 씁쓰레한 마음으로 우리는 쓰린 속을 달래려고 얼마나 많은 소주병을 비웠던가?

조총련 관련 김방수 사건

1978년 초 재 일본총영사관으로부터 한 젊은이가 한국으로 강제송환 되어 왔다.

그는 전남 여수 출신의 김방수(당시 33세)로 여수 고등학교를 졸업하여, 여수에서 어부 등으로 전전하다가 밀항선을 타고 도일, 동경 등지에서 무전취식 하던 어느 날 갑자기 재 일본 조총련 본부를 제 발로 찾아가 입북을 요청한 황당 사나이이다.

그는 조총련 간부 직원에게 "나는 한국 전남대 정치외교학과를 나와 정치에 입문하였으나 한국은 나의 정치철학과 맞지 않아 사상 전향을 하기 위해서 일본에 왔습니다. 입북을 원하니 북으로 보내 주십시오."라고 말했다고 한다.

처음 조총련 본부에서는 환영의 뜻을 표했고, 그 후 그에 대해서 신원조사를 했을 것은 당연지사였다. 그러나 전남대학교 졸업, 정치 운운한 사실 모두가 거짓으로 들통 났기에 미친놈으로 취급하고 쫓아내려 했으나 계속 본부 청사에 머무르면서 입북을 원하므로 골치를 앓다가 급기야 재일 한국총영사관에 연락을 취했고 한국영사관 직원이 그를 인수하여 강제로 한국에 보내진 것이다.

그는 귀국과 동시에 남산 지하실로 불려 왔다. 어처구니없는 사건이지만 우리 팀에 김방수에 대한 수사지시가 떨어졌고, 일벌백계하라는 상사 뜻에 따라서 당시 부산지부에서 서울 본국으로 갓 돌아온 내 동료 김 수사관이 그를 맡아 수사했다.

김방수는 당시의 반공법 6조 (탈출·잠입 죄) 등으로 기소, 재판에 회부되었다.

당시 김 수사관은 부장상도 받았고 서울 본국에 처음 와서 대공사건을 무사히 마무리 하는 첫 경험을 함으로써 훗날 부산에서 대공 명수사관으로 이름을 떨치게 될 계기를 만들었다.

반공법. 지금 이 시대에 생각하면 위 김방수 사건은 웃기는 사건으로 치부될 테지만 당시엔 법적으로 얼마든지 반공법으로 기소가 가능한 사건이었다.

어느 시대 어느 국가를 막론하고 한 시대·한 국가를 통치하는 데는 그 상황에 따른 특별법이 항상 있었다. 우리에게 반공법이 존재했었다면 그 시대에 그 법이 꼭 필요했기 때문이 아니었겠는가? 만약 그 시대에 그러한 특별법이 있어 그 국가와 민족이 생존·번영할 수 있었다고 한다면 지나친 역설인가?

아니다. 그건 역설이 아니고 사실이다. 나는 묻고 싶다. 좌파성향의 그대에게. 오늘날 국가보안법 철폐를 주장하는 그대가 이 나라 최고 통치권자로 국민에게 선택받아 그 자리에 앉았다면 과연 북한이 그렇게도 철폐를 부르짖는 국보법을 그대 손으로 철폐하겠는가? 대답해보라. 이 위선자여!

제9장_

재일교포
이토 겐타로
사건

때론 의식을 마비시키는 돈의 위력

1975년 2월경 첩보가 날아들었다. 어떤 경로를 통해서 전달되었는지 모르겠으나 제보자 김 모를 시내 ○○호텔 커피숍에서 만나 대공 상담소로 안내했다.

제보자 김 모에게 이상근(당시 60세)이라는 외사촌형이 있었다. 김 모는 같이 정릉에 사는 이상근의 집을 자주 드나들었는데 1974년 가을에 그의 집에서 이상근의 고향인 충남 서산 출신으로 그와 사촌인 재일교포 이토 겐타로(한국명: 이동현, 이하 이토로 칭함)를 소개받았다.

헌데 작년 겨울 이토가 한국에 왔을 때 이상근의 집에 묵으면서 형에게 사진 5~6매를 보여주면서 "이 사진이 이북 함남 대흥 지역에 있는 내 부모님 묘소라네. 내가 잘 아는 재일 조총련 교포 간부에게 은밀히 부탁하여 그에게서 전해 받은 것으로 일본 집에도 여러 장 있으니 이것은 자네가 갖고 있게나."라고 하였다는 것이다.

그 당시에 이토는 생활비 명목으로 이상근에게 제법 큰돈을 주고 갔다고도 했다.

그뿐이 아니었다.

이토는 정릉에 사는 자신의 고향 후배 장성봉(58세)에게도 약간의 생활비를 주기도 하였다는 것이다.

물론 제보자 자신도 2차례 경제적 도움을 받기도 하였지만 사진 등을 전해준 이토의 행위가 좀 미심쩍은 데가 있어 친척 형인 이상근에게 이토가 좀 이상하지 않으냐고 말한 바 있었으나 그는 별로 귀담아 듣지 않고 도리어 "경제적 도움을 주는 분에게 동생까지 그렇게 모함을 하느냐?"라며 도리어 자신을 질책했다고 말했다.

이것이 제보 내용의 전부였다. 나는 제보자 김 모에게 대공사건임을 전제, 철저히 보안을 유지토록 교육한 후 돌려보냈다.

우리는 즉시 수사팀을 가동했다. 이토에 대한 그 간의 출입국 관계를 확인하고 재일 한국총영사관에 극비 지시를 하달하는 한편 법무부 출입국관리소에 이토에 대한 사전 입국 통보를 의뢰하는 등 제반 수사 초기 조치를 취했다.

그 후 1975년 4월, 법무부 출입국관리소로부터 이토의 입국예정 통보가 날아들었다.

여기는 공항. 문제의 이상근과 제보자 김 모 그리고 또 한 명(장성봉)의 이토 영접객이 나와 있었다.

당시 이토는 단체 관광으로 일행 20여 명과 함께 입국했다.

이토를 포함한 일행 4명은 이상근이 운전하는 승용차에 함께 올라 어딘가를 향했다. 우리 수사팀 3명은 후미에서 문제의 승용차를 미행했다.

이토를 태운 승용차는 시내를 거쳐 광화문 앞을 통과하고 구중앙청을 끼고 돌아 정릉 쪽으로 가고 있었다. 그들이 산언덕을 올라 꼭대기쯤에 있는 정릉 팔각정에 차를 주차시키고 팔각정 찻집에서 차를 나누고 있을 즈음, 우리 차는 의심을 받지 않기 위해 그로부터 멀리 안쪽으로 떨어져 주차한 후 팔각정 안의 이토 일행을 감시했다. 잠시 후 이토를 포함한 일행은 다시 승용차에 올라 팔각정 정문으로 향했다.

그때 최고 선임자인 김○욱 선배가 "이기동 씨는 빨리 정문으로 달려가 이토의 차가 어느 방향으로 가는 지 확인하고 거기 대기하고 있으라."고 하여 나는 급히 정문으로 향했다. 그런데 중장비 크레인 한 대가 마침 정문으로 작업 차 들어오고 있어 정문 밖으로 나가는 데 2~3분 정도 시간이 지체되고 말았다. 밖으로 황급히 뛰쳐나갔으나 이토의 차가 정릉 쪽으로 갔는지 시내 쪽으로 다시 되돌아갔는지 알 수 없었고 나는 김 선배로부터 호된 질책을 받았다.

우선 정릉 쪽을 향해 10여 분을 달렸으나 이토가 탄 차량을 발견할 수 없었다(며칠 후 안 사실이지만 그때 이토의 차량은 정릉 쪽으로 갔고, 제보자 집을 방문했다고 한다).

본부로부터 무전으로 계속 상황을 보고하라는 신호가 오는데 미행 차량을 놓쳤다고 할 수가 없자 선배 김 수사관은 운전기사에게 "수신기 꺼버려." 하며 화를 냈다. 참으로 민망하고 부끄러운 자리였다.

　시내를 무작정 달리는 차 안에서 김 수사관은 "이토가 단체관광으로 들어왔으니 시내 몇 개 호텔을 살펴보자. 오늘 입국한 일본 단체 손님을 받은 곳이 몇 개인지 확인해 보자고." 하며 차를 세웠다.

　역시 노련한 선배였다. 우리는 김 선배의 기지로 약 2시간 후 이토 일행이 한강변에 위치한 워커힐 호텔에 투숙한 것을 알아냈다. 즉시 워커힐 호텔에 도착한 우리는 금일 투숙한 일본인 관광객 25명이 저녁 7시경에 서울 시내 관광을 위해 호텔 커피숍에 집결할 것이라는 소식을 접했고 그때야 본부에 상황을 보고했다.

　상부로부터 상황보고가 늦었다고 꾸짖음을 당한 것은 당연지사였다.

　저녁 7시경 호텔 커피숍 구석진 곳에 각각 떨어져 초조히 기다리는 우리 앞에 드디어 공항에서 보았던 머리가 희끗희끗한 이토가 나타났다. 이토는 미리 와 있는 동행한 재일 관광객과 이야기를 나누다 서울 시내를 구경하기 위한 관광버스에 올랐고 우리는 이토의 투숙 객실을 확인한 후 홀가분한 마음으로 남산으로 귀청했다.

　저녁 수사관 회의에서 이토를 즉시 연행해야 한다는 결론을 내리고 다음날, 새벽 5시 30분 이토를 조용히 남산으로 연행했다.

부모 '묘소'로 인한 비운의 길

여기는 남산 대공수사국 지하실.(참고로 대공수사국이 사용하는 지하실과 안전국이 사용하는 지하실은 서로 층이 다르다)

이토는 수사관의 심문에 조용한 어조로 모든 것을 진실되게 털어놓았다.

이토 겐타로(당시 68세). 교포 1세대인 재일 실업가로 일본 도쿄 미츠비시 시에서 아사히상사라는 명의로 부동산 사업을 했다. 6·25 전쟁 당시 충남 서산에서 부모를 따라 월북, 함경남도에 정착하였으나 곧 부모를 일찍 여의고 묘소를 집 근처인 함남 대흥지방 산골에 안장시켰다. 그 후 중국을 거쳐 일본에 정착하여 사업에 성공했다. 그는 일본에 거주하며 항상 부모를 그리워 하였으나 재일 민단 교포 신분으로 이북에 갈 수 없는 형편임을 애통해 하였다.

그러던 1965년 5월경 재일 조총련계의 이북 함남 대흥지방 출신을 연고로 알게 되었고 그에게 부모 묘소를 이장할 수 있도록 도와달라고 부탁하였다. 그로부터 부모 묘소 이전 약속을 받고 소개받은 사람이 재일 조총련계 대남공작원 카네다 다이히치였다.

그렇게 하여 이북과의 악연(?)이 시작된 것이다. 공작원 카네다 다이히치는 이토에게 "이 사장, 그게 그렇게 간단하지 않아요. 직접 북에 가서 관계 기관의 협조를 받아야 하고, 또한 조국에 무언가 경제적인 도움을 줘야 합니다."라고 말했다.

그 말을 들은 이토는 약 1년간 망설이다가 부모님을 향한 그리움에 위험을 무릅쓰기로 하고, 1969년 8월 중순 일본 큐슈지역에서 밀항선을 타고 공해로 나가 북한 공작선을 타고 청진항을 통해 북한에 들어갔다. 북한에서 그를 반갑게 맞이한 사람은 묘지를 관장하는 부서가 아니라 북한 대남공작국에서 직접 나온 정모 부부장이었다. 이토는 대남공작국에서 부부장이 직접 나와 대접해주는 것이 기쁘기도 하였으나 한편으로는 불안했다.

그러나 그는 묘 이장 문제에 대한 이야기는 제대로 논의해 보지도 못한 채 그들이 안내한 안전가옥에서 10여 일 간을 투숙하며 김일성의 정치철학 이념 강의, 관광, 영화 관람 등을 하였고 북한 체제 찬양을 위한 행사에도 참여했다.

10여 일 후 안전가옥에 다시 나타난 부부장으로부터 "이 선생이 가져온 돈은 잘 접수 되었습니다. 묘지 문제는 윗분들의 결재가 요구되는 사안인 만큼 이번에는 조국의 따뜻한 품만 느끼고 돌아가셨다가 몇 달 뒤 다시 오시면 모든 것을 해결해 놓고 기다리고 있겠습니다."라는 말만을 듣고 할 수 없이 일본으로 되돌아왔다.

그로부터 약 2개월 후인 1970년 1월경 공작원 카네다 다이히치로부터 또 만나자는 연락이 왔다. 약속 장소로 나가자 카네다는 "곧 조국으로 들어오라는 연락이 왔다."고 자기 일처럼 기뻐하며 소식을 전했다.

같은 방법으로 입북한 이토는 이전에 만났던 대남공작국 정 모 부부장으로부터 "이 선생, 참 안됐습니다. 결재를 못 얻었어요. 상부에서는 이토 선생께서 먼저 조국 통일을 위해 큰 일을 하나만 해 주셨으면 합니다."라는 말을 들었다.

그에게 "무슨 일을 하면 묘소를 이장해 주실 수 있다는 것입니까?" 하자 부부장은 "이 선생께서는 남조선에 친인척이 많은 것으로 알고 있는데 통일에 대비해서 가장 가까운 친척을 주체자로 하여 한국에 무역회사를 설립해 주셨으면 합니다. 언젠가 조국이 통일될 터인데 그때 가서 그 무역회사를 중심으로 남북통일 사업을 크게 벌였으면 합니다. 묘지는 우리가 알아서 잘 관리하고 있다가 남조선에 회사가 설립된 후에 곧바로 이 선생께 인도할 테니 조금도 염려 마십시오. 이 방안이 상부에서 말하는 최상의 방책입니다."라고 하므로 이토로서는 더는 할 말이 없었다.

속았다는 생각에 울분이 솟아올랐으나 말을 듣지 않았다가는 부모의 묘소도 유지하지 못할 것은 자명한 일이었다.

이토는 이북에서의 체재 기간을 이용, 부부장의 허락을 받아 부모의 묘소를 방문하여 인근 마을에서 묘소 관리인 한 사람을 선정하였고 부모 묘소를 잘 정리하여 사진을 찍고 난 후 묘소 관리인에게 충분한 수고비를 전하고는 귀일했다.

귀일 후 한국에 3~4차례 왕래하며 이상근·장성봉 등을 수차

례 접촉하였으나 부모 묘소의 사진만 보여주고는 이렇다 할 이야기를 꺼내지 못하다가 1975년 4월 7일, 이상근에게 국내에 입국하겠다고 사전 연락을 취하고 입국하였다가 쉐라톤 워커힐 호텔에서 연행된 것이다.

다시 지하실.

앞서 말했듯이 이토는 모든 것을 체념한 듯이 자세히 상황을 진술했고 대한민국 조국이 자기를 버리지 않고 용서해 준다면 모든 재산을 조국에 바치고 참회하며 살겠다고 눈물을 흘렸다.

그렇다. 그가 조국에 무슨 큰 죄를 지었단 말인가? 조국의 분단이 그를 그런 궁지에 몰아넣었을 뿐.

1976년 5월 그는 재판에 회부되어 '국가보안법' 등 위반죄로 무기형을 선고받았다. 그러나 6개월 후 그는 일본에 있는 재산 일부를 변호사를 통해 재일 거류민단본부에 헌납하고 1976년 12월 형집행정지로 출소하여 일본으로 무사히 돌아갔다.

참으로 얼마나 다행한 일인가!

그러나 불행하게도 국내 연계자 이상근 등은 불고지죄(반공법) 등으로 송치되어 1년 6개월의 실형을 선고받았다. 이 또한 그 시대가 낳은 불행이고 이 시대까지 이어지고 있는 분단의 비극이 아니던가?

그 후 수사에 참여했던 몇 분 수사관이 업무 차 일본에 가 이토를 만난 적이 있었는데, 그는 "당신들이 나를 살려 보냈다."라며 울먹였고 수사관들에게 후한 접대를 하더라고 했다.

제10장_
남산 관련
조그만 **이야기**

당시 대공과 언론과의 관계

1970년대는 유신(1972년)으로 인하여 정부와 언론과의 관계가 무척이나 껄끄러웠던 시절이었다.

어떤 사건이 발생하여 대공수사가 종결되고 사건이 검찰에 송치되어 언론에 발표할 즈음에는, 우선 남산 대공수사국 강당으로 각 언론사 기자들을 불러 모았고 연락받은 언론사는 한 명도 빠지지 않고 모두 참석했다.

남산의 막강한 권력의 힘(?)으로? 아니, 천만의 말씀이시다.

언론사의 전원 참석은 돈 봉투의 힘으로 이뤄진 것이다.

요즘 들으면 웃기는 이야기라 하겠으나 천하의 권력을 휘두르고 집행하는 남산 대공수사국이 실제로 돈 봉투를 만들어 기자들을 유인했던 것이다.

30개 이상의 돈 봉투를 촌지란 이름으로 그것도 1급·2급·3급으로 분류하여 기자들에게 나누어 주었다. 우선 강당에 기자들이 모이면 대공수사국 총무국장이 '엠바고'라 쓰인 대공사건 개요 소책자를 그들에게 돌려 간단한 사건 설명을 하고 곧바로 봉투를 서열(?)별로 나누어 주면서 신문지면 1면 기사화를 정중히 부탁하곤 했다.

그 당시 항상 어긋나던 곳이 동아일보. 돈 봉투는 1급으로 분류되어 돈은 제일 많이 받아가면서도 기사는 꼭 2면 우측이나 하단에 싣곤 했다.

우리 수사관으로서는 신문 어디에 기사가 나든지 표창 받고 포상금은 법에 따라 타기에 별로 개의치 않았으나 윗분들이 보면 동아일보가 꽤 괘씸했을 터였다. 이런저런 것들이 쌓이고 쌓여 '동아일보 광고 중단사태'라는 초강수가 두어지지 않았을까?

그러나 우리 수사관들은 그런데 관심도 없었고 언론사를 조금도 두려워 하지 않았다. 왜냐하면 언론이라고 해도 대공 문제만큼은 피해 갈 수 없었으니까….

당시 남산 대공수사국에는 언론을 담당하는 별도의 부서가 없었기 때문에 언론사들이 추구하는 현안에 대해 구체적인 활동 등은 없었다.

그러나 정보부 내에는 언론담당 부서가 별도로 있었고 해당 언론사에 대한 조종관도 있었기 때문에 그곳에서 언론매체에 대한 모든 정보를 취급하고 그에 따른 조치를 취했다. 그러한 연유로 남산 수사국은 언론과의 관계에서 대공관련 보도 이외에 특별한 관계가 없었다 말할 수 있다.

당시 남산과 검찰·법원과의 관계

당시 대공사건을 종결하고 검찰에 송치할 때에는 담당 검찰 공안부에 반드시 남산의 쪽지가 전달되었다. 그것은 송치 피의자들의 구형량을 미리 적은 쪽지였다.

요즘 검사들이 알면 어떤 표정을 지을지 모르겠으나 1970년대 공안검사를 거친 분들 대부분이 그 쪽지를 받았음은 두말할 나위도 없다. 그 당시 공안검사들이 그 후 검찰총장 또는 법무부장관이 되었고 지금도 생존해 있으니 물어보나 마나 한 사실이다.

그러나 항상 쪽지 내용과 검사의 구형이 같았던 것은 아니었다. 남산에서 주문한 구형과 달랐을 때, 그 해당 검사는 남산을 한 번 다녀가야 했고 잠시 출세에 지장을 받은 분들도 있었다. 잠시라는 말이 좀 괴이하게 들릴지 모르겠으나 그 당시 남산에 항명했던 분들이 정권이 바뀐 훗날 소신 있는 검사라 하여 크게 출세하지 않았던가?

그러나 당시 공안검사들 대부분이 남산 대공수사관들의 국가보안법·반공법 적용에 의한 형량 매김에 이론적으로 많은 인정을 한 것은 사실이었다.

검사들과는 달리 오직 국가보안법과 반공법만을 주로 연구하는 남산 대공수사관들은 해방 이후부터의 공안사건 판례들을 보고 또 보며 많은 연구를 했기 때문이다.

그러나 법원은 예외였다.

대공수사국에서는 검찰 기소에 모든 초점을 맞추어 짜깁기하지만 법원판결에는 관심을 두지 않았다.

실제로 상부에서도 검찰 기소에 중요한 비중을 두었었다.

남산과 검찰간에 갈등이 있어 모 공안검사가 외지로 전출되었다는 소식은 접할 수 있었으나 판사가 판결 선고를 잘못하여 전보되었다는 이야기는 들어보지 못했다.

제11장_
간첩 **강우규**
사건

영리한 제보자와의 공작

1976년 12월 대공 상담소를 찾아온 제보자가 있었다. 제보 내용은 상당히 구체적이었고 혐의가 짙은 용공내용이었으니 모처럼 대공 상담소가 제 역할을 할 것 같았다.

제보자 이○희(당시 37세). 그는 서울 성북구 돈암동 저 깊숙한 곳 서민 주택가에서 쌀·연탄 장사를 소규모로 하던 가난한 장사꾼이었다.

제보자 자신이 1년 전인 1975년 겨울 여의도 ○○법무사 사무장으로 있을 당시에 업무 관계로 알게 된 재일교포가 있는데, 이름은 강우규이고 일본에서 음식점과 다방 등을 경영하고 있고 한국에도 투자사업체가 있다고 하였다.

강우규는 한국에 오면 항상 제보자를 찾아 주었고, 법무사 사무장을 그만두고 경제적으로 어려운 시기에 많은 경제적 도움을 주기도 했다고 말했다.

헌데 20여 일 전인 1976년 11월 그가 일본에서 전화로 '한국에 장기적으로 머물며 사업 구상을 해야겠으니 자기가 잘 아는 여의도 근처에 아파트를 구해달라'고 하여 그가 시키는 대로 여의도 근처○○맨션을 전세로 얻었고, 10여 일 전에 그가 한국에 들어와 지금까지 그 곳에 머물고 있다고 하였다.

그런데 3일 전 강우규가 할 이야기가 있으니 자기 아파트에서 하루쯤 같이 지내자고 요청하여 그로부터 사업 구상이나 들어보자 싶어 찾아갔다고 한다.

강우규는 일본에서의 여러 가지 생활을 이야기 하던 중 "사실 내가 일본에서 하는 사업은 자네가 알다시피 음식점 등인데 실은 조총련에서 자금을 지원해 주어 크게 키운 사업이라네. 과거 한 때 내가 사업 부진으로 고통 받고 있을 때, 그동안 나에게 신세를 졌던 민단 놈들은 모두 고개를 돌리더군. 헌데 조총련 애들은 그러지 않았어. 이번 귀국에도 그들은 자금을 얼마든지 밀어줄 테니 한국과의 교역을 트라고 하더군. 그래서 남한에 있는 사업체에 투자도 하지 않았나! 지난 번 남한에 다녀가서 이 사장 자네 이야기도 했지. 과장해서 사업을 제법 크게 하고 있다고 했더니 이번에 한국에 가면 함께 들어오라는 거야. 자넨 머리도 좋고 아는 것도 많은데 그까짓 구멍가게 뭐 하려 하나? 쌀·연탄 가게 당장 집어치우고 큰 사업구상을 해보게. 내가 앞으로 10여 일 정도 더 이곳에 체류할 테니 좋은 구상 만들어 와봐. 함께 일본에 다녀오세."라고 했다는 것이다.

즉각 수사팀이 구성되고 나는 동료와 함께 강우규의 거처인 여의도 ○○맨션을 답사했다. 복도식 10층 아파트로 그는 8층 5호에 살고 있었다.

헌데 아파트 앞이 훤히 트인 공터여서 우리가 그곳에 체재하기가 보안상 곤란했다. 주변을 맴돌다가 드럼통 고구마 장사를 발견했다. 우리는 고구마 장사에게 약간의 돈을 내고 고구마구이 손수레를 함께 움직여 8층 5호가 잘 보이는 장소에 설치했다. 고구마 파는 장사꾼으로 위장한 동료와 나는 교대해 가며 3일을 지켰으나 아무도 강우규의 집을 방문하는 자가 없었다. 그동안 강우규는 딱 한 번 집을 나와 근처 슈퍼에서 시장을 봐 들어갈 뿐이었다.

우리 수사팀은 더는 지체할 필요가 없다는 판단 아래 체포수사 공작에 들어갔다.

즉각 제보자 이○희를 불렀다.

나는 그에게 "오늘 밤늦은 시각에 강우규 아파트에 가서 사업이야기를 좀 더 구체적으로 나누고 늦었다는 핑계로 그 곳에 투숙하시오. 우리 수사팀이 새벽 5시 30분경에 아파트 경비원을 위장하고 벨을 누를 테니 신속히 문을 열면 됩니다."라고 엄격 지시하고 그날 밤 이○희를 강우규 아파트에 투입했다.

남산에서 거의 뜬 눈으로 밤을 지새운 우리는 계획대로 아파트를 급습, 강우규를 체포해 남산 지하실로 연행했다.

그는 심문에 강력히 저항했다. 우리는 그의 입북 사실을 알고 있는 것처럼 다그쳤다. 그러나 그는 이북에 간 사실이 없다고 완강히 부인했다.

시일이 계속 흘렀다. 그의 왼쪽 발은 의족이었다. 발목이 없었다. 그는 심문하는 동안 거의 의족을 차고 있었다.

그렇게 심문이 계속되던 어느 날 저녁, 담당 수사관이 졸고 있는 사이 강우규는 의족에 숨겨둔 면도칼을 꺼내 왼쪽 손목의 동맥을 자르려고 수없이 긁다가 수사관에 의해 조기 발견, 제지당했다. 확인 결과 의족(구두)의 연결부분의 실밥과 실밥 사이의 공간에 쑤셔 넣은 소형 면도날이 3개나 더 발견되었다.

또 어느 날 밤에는 자는 척하고 수사관을 안심시키고는 침대 아래쪽에 있는 노끈을 뜯어내 목을 감고 양쪽 손으로 잡아당겨 질식사를 시도하기도 했다.

악질, 진짜 반동 악질이었다. 경비는 1명에서 2명으로 늘어났고, 저녁에는 그에게서 눈을 떼지 않도록 조치했다.

그러던 어느 날 저녁 또 대형사고가 터졌다. 그가 쓰러져 숨을 헐떡거리며 의식을 잃고 있었다.

이게 무슨 변고인가? 비상이 걸렸다.

극비로 의료진을 불렀다. 상부에서 알게 되면 큰일이었다. 수사관 모두 음독한 물질의 증거물을 찾기 시작했다.

담배였다. 쓰레기통에서 담배 필터 4개를 발견한 것이다. 정상적인 사람도 담배 3개비면 목숨을 부지하기 어려운데 그는 4개를 털어 넣었다. 그의 요구로 담배를 제공했을 뿐인데 그는 살인도구로 이용하였으니 알면서 당한 것이었다. 의료진의 각고의 노력으로 강우규는 4일 만에 깨어났다.

악독한 놈, 죽으면 안 된다. 사형대에 세울 때까지!

수사관의 긴장은 최고에 달했고 강도 높은 심문이 계속 되었다. 그는 드디어 죽음을 각오한 듯 진실을 털어놓기 시작했다.

미신고로 고통 받는 간첩 주변인들

　강우규, 그는 젊은 시절 경남 통영에서 밀항으로 일본에 건너가 일본 철도사무소에서 일했다. 힘이 장사인 그는 현장에서 철로를 나르는 등 힘쓰는 데는 아무도 당할 자가 없었다. 돈도 많이 벌었고 자기가 사는 지역 민단지부에 제법 큰돈을 희사하기도 했다.

　그러던 그가 35세 때 철도 이설작업을 하다 사고를 당해 발을 잃게 되었다. 술로 세월을 보내던 그가 회사를 그만두고 사업을 시작했다. 그 사업이 '고물' 장사였다.

　철도사무소에 근무했던 관계로 철도사무소 현장에서 나오는 헌 철물을 싸게 인수하여 되파는 사업이었다. 한때는 철도사무소에서 동료가 연결해주어 사업이 꽤 잘되었으나 점차 직원 중 안면 있는 사람이 없어지면서 사업도 시들해졌고 그동안 지나치게 확장을 한 탓에 심한 자금 압박을 받기도 했다.

　그는 자신이 오랫동안 관계했던 민단 신용은행에 구제 요청을 했으나 번번이 거절당했다. 실은 당시 민단이 운영하던 신용은행이란 것이 자금 여유가 많지 않아 누구에게나 자금 지원을 해줄 수 없는 열악한 형편이었다.

그러나 성격이 불같던 그는 자신이 병신이 되고 하니 민단조직이 무시한다고 착각, 사사건건 민단지부 간부 등과 다툼을 벌이고 민단지부 기물을 파손하기도 했다. 술로 인해 가정도 깨졌고 점차 폐인의 지경에 이르던 때, 그에게 은밀히 손을 내민 조직이 있었으니 그게 바로 조총련 조직이었다.

당시로써는 민단조직보다 자금력이 훨씬 좋은 그들은 강우규의 사업을 도왔고 그가 새로이 시작한 음식점 사업은 점차 활기를 찾았다. 그때부터 20여 년간 동경 등지에서 주점·음식점 등을 운영하여 돈도 많이 벌었다.

경제적 여유가 생기자 조총련 본부에서는 자금지원을 빌미로 그를 포섭하였고, 민단에 대한 배신감에 가득 찬 그는 쉽게 그들에게 이용당했다.

그는 1969년 2월 재일 조총련 제1부의장 김병식에 포섭되어 그로부터 '남반부에서의 통일 사업을 수행하라'는 지시와 함께 그의 주선으로 2회에 걸쳐 북한에 다녀왔다. 그들 공작원은 강우규에게 한국과 연계사업을 하라고 계속 종용했고, 그 또한 거절할 처지도 못 되는지라 민단 신분으로 한국을 왕래하며 연계 대상 업체와 인물을 물색했다.

1972년 12월 국내에 처음 입국하여 서울 소재 대영플라스틱(주)을 동향인 이모 명의로 설립·투자하고 동 회사 감사라는 직함을 갖고 이후 수시로 국내에 입국하여 동향인인 고재원(대원건설 사장) 등을 포섭하였다.

강우규는 그 후 1975년 3월~1977년 1월까지 7차에 걸쳐 국내에 입국, 주변인물인 김○오·김○기·김○백 등 10여 명을 포섭 대상으로 하여 지하 조직 결성공작을 시도하였다.

한편, 1975년 12월경 회사 설립관계로 알게 된 여의도 소재 ○○법무사 사무실에서 사무장 이○희 또한 주요 포섭대상으로 삼았었다. 그가 바로 제보자 이○희였고 그가 사무장을 그만둔 후 가정형편이 어려워지자 접근하여 계획적으로 그를 도왔다.

영리하고 약삭빠른 이○희로부터 환심을 사게 된 강우규는 어느 정도 시기가 무르익었다고 판단, 재일 조총련 본부에 상주하던 북한 공작원의 지시를 받고 이○희를 일본으로 데려가기로 작정한 것이다.

죽기를 각오한 피의자 강우규를 어르고 달래는 오랜 심문 끝에 진실은 밝혀지고 사건은 종결되었다.

이 사건으로 불고지죄(반공법)로 송치되어 4년 징역형에 2년 집행유예를 선고받아 확정된 비운의 피고인 한 사람-내가 심문을 맡았던 김○기씨-에 대한 이야기를 한 토막 해보고자 한다. '반공법'이 없어진 지금 세태에선 무죄가 확정되고도 남을 가벼운 사안이었다.

그에게는 중학교 3학년이던 외아들이 있었다. 피의자 김○기의 꿈은 그의 아들이 육사에 진학하여 군 장교가 되는 것이었다. 헌데 아버지인 그가 대공사건에 연루되어 실형을 받으면 당시의 '연좌제' 때문에 아들이 육사에 입학하지 못할 것에 대해 크게 염려하며 낙담했다.

그의 애달픈 호소에 참으로 가슴이 아팠으나 수사관으로서 그를 무죄로 만들 수 있는 처지도 상황도 못되었다. 그 후 집행유예로 풀려난 그와 나는 가끔 그의 사업체(을지로 5가) 근처에서 소주잔을 기울이기도 했다.

그런데 그 해 말엔가? 좋은 소식이 전해졌다. 박 대통령의 특별 지시로 '연좌제'가 폐지된 것이다.

김○기. 그는 무척 기뻐했다. 그러나 그 이후의 소식은 듣지 못했다. 아마도 아니 틀림없이 그의 아들은 국군 장교가 되어 나라를 지키는 기둥이 되었을 것이다.

위 사건으로 강우규는 간첩으로 지검에 송치되었고 이후 전향을 거부한 그에게는 사형이 확정되어 그 해 말 사형대의 이슬로 사라졌다. 전향했으면 살 수 있었는데 그는 끝까지 죽음을 택했다. 왜 그런 선택을 했던 것일까? 그건 아무도 모른다.

이로 인해 정부는 제보자 이○희에게 포상금을 지급하였고 모든 일이 일단락되었다.

가난한 제보자, 출셋길이 열리다

사건 후 어느 날 제보자 이○희로부터 만나자는 연락을 받았다. 나와 제일 근접해서 공작에 참여한 그의 요청이었기에 무작정 뿌리칠 수는 없었다.

이○희는 "이 수사관님, 모든 일이 잘되었으니 이제 저 취직 좀 시켜 주십시오. 포상금으로 몇 달을 버티겠습니까?"라고 하지 않은가?

약은 친구였지만 이왕이면 끝까지 돌봐주자는 생각에 "어디에 취직하고 싶으냐?"고 물었더니, 그는 "제가 원래 법무사 사무실에서 사무장을 몇 년 했으니 '성업공사'가 좋겠고 직급은 대리로 해 줬으면 합니다."라고 똑 부러지게 부탁했다.

참 영리하고 똑똑한 사람이었다.

나는 곧바로 상보하여 허락을 받은 뒤, 이○희를 데리고 그 당시 강남에 있던 국영기업체 '성업공사'를 찾아 사장실을 방문했다. 나는 사장에게 신분을 밝히고 "사장님, 이 사람은 국가유공자인데 이곳에 취직을 시켜야겠습니다. 부장님의 특별 지시이니 즉각 취업시키되 직급은 '대리'로 해 주십시오." 하자 사장은 "지금 당장 이력서를 써내고 보증은 정보부가 한 것이니 내일부터 출근하도록 하시오."라고 하여, 그는 정말 다음 날부터 성업공사에 출근하게 되었다.

그는 곧이어 과장으로 승진했고 수시로 나를 찾아와 "이 수사관님, 그렇게 술만 드시지 마시고 돈이 있으면 있는 대로 저한테 맡겨 주십시오. 회사에 좋은 물건(부동산)이 많으니 투자해 놓으면 1년 내에 10배로 자본을 불려줄 테니까, 제발 훗날에 대비하십시오." 하고 말하기도 했다.

그때마다 나는 "어이, 이○희 씨. 일이나 부지런히 해서 부장되고 이사 되고 해야지 무슨 뚱딴지같은 소리야. 나는 정년까지 이 놈의 직업 해먹을 텐데 돈이 뭐 필요 있겠는가? 늙으면 국가에서 그동안 고생했다고 잘 먹여주겠지." 하며 질책만 했다.

그 당시 이 말을 들은 누군가는 일생에 한 번 올까 말까 한 기회를 놓쳤다고 말했다.

우리 직에 오래 종사한 어느 선배는 취중에 후배들에게 자주 말하길, "국가는 무슨 개 같은 국가냐! 누가 누굴 먹여줘? 이 사람들아, 기대 같은 거 애당초 하지들 말아." 하곤 했다.

한때 내가 상사로 모셨던 김종환 과장은 앞서 기술한 여대생 간첩 김오자 사건 때 큰 불상사를 당했다. 항상 일찍 일어나 자신의 방과 직원 사무실을 분주히 오가던 과장님이 그날따라 기척이 없었다. 기획관은 과장이 기척이 없자 과장실을 노크했으나 답이 없어 문을 열었다.

그때 문 앞에 과장이 쓰러져 가쁜 숨을 몰아쉬고 있었다. 밤낮이 없는 고된 업무로 지병이던 고혈압 증세가 재발했던 것이다. 회복을 못한 과장은 정년을 5년여 남기고 퇴임하였다.

가끔 댁으로 문안을 간 필자에게 과장은 입이 틀어져 어눌한 목소리로 국가에 대한 서운함을 토로하셨고, 사모님께서는 국가보상에 대한 분노가 대단하셨다. 김 과장은 필자에게 "이 수사관, 너무 업무에 무리하지 말고 건강에 유의하게. 자네가 건강해야 가정이 유지되는 게야. 내 말 알아듣겠나?"라고 하셨다.

김 과장은 투병생활 2년여 만에 저 세상으로 가셨다. 출상하던 날 과장을 모셨던 직원들 모두는 목이 메는 아픔을 느꼈으나 무얼 도울 수 있겠는가?

당시 필자에게 애정 어린 충고를 하던 과장도 선배도 이제는 모두 이승을 떠났다. 빨리 가버린 주변인들의 명복을 이 기회에 다시 한 번 빌어 본다.

권주가

송강 정철

한잔 먹세그려 또 한잔 먹세그려
꽃 꺾어 술잔 세며 한없이 먹세그려
죽은 후엔 거적에 꽁꽁 묶여 지게 위에 실려가나,
만인이 울며 따르는 고운 상여 타고 가기는 매한가지,
억새풀, 속새풀 우거진 숲에 한번 가면
그 누가 한 잔 먹자 하겠는가?
무덤 위에 원숭이가 놀러와 휘파람 불 때
뉘우친들 무슨 소용 있겠는가?

제12장_

미 CIA를
사칭한 폴 장

평화 메시지를 가져온 선글라스 사나이

1978년 봄 검은색 선글라스를 낀 잘 생기고 체격 좋은 중년 신사가 미국 CIA 직원 자격으로 북한을 방문했다. 그는 북한에서 노동당 대남공작국 부서장 등 주요 인사들을 면담하고 일본을 거쳐 서울에 나타났다.

그는 한국 언론에 미 CIA 요원임을 천명하고 '평화 메시지를 한국에 전달하러 왔다'고 하며 한국 정부의 고위층 면담을 요청했다.

고위층? 누구를 말함인가?

즉각 정보부 남산이 개입했고 그 또한 예외 없이 남산 지하실로 인도되었다.

그는 누구인가? 폴 장(당시 39세)이라고 하는 재미교포였다.

수사팀이 갖춰지고 나 또한 그 자의 직접 심문에 참여하는 수사관이 되었다. 기본적인 영어실력은 갖추어야 하지 않겠는가?

미 CIA 요원이라며 위풍당당(?)한 자세로 007 가방 하나 덜렁 들고 나타나 지하실로 연행된 폴 장.(한국명: 장○국)

그는 확실한 신원을 요구하는 나에게 자신은 미 CIA 정직원이라며 미 CIA에 문의하라고 하고는 007 가방에서 몇 가지 서류를 꺼내 그 서류가 미 CIA 요원임을 증명한다고 했다. 나를 위시하여 대공 수사관 중 그 누구도 미 CIA 신분증명서를 직접 본 적이 없는데 어떻게 할 것인가?

당시는 남북 관계에 큰 문제가 있었던 것도 아니고 요즘처럼 북한과 껄끄러운 상태도 아닌 그저 냉전시대에 무슨 평화정책 대안을 가져왔다는 것인가?

그는 계속하여 고위층을 만나 미국의 뜻을 전달하러 왔다고만 했다. 나는 그에게 고위층에게 전달할 테니 한국어든 영어든 그것을 구체적으로 표현하라고 하였으나 그는 어떤 정책 제시도 없이 한국의 최고위층 타령만 했다. 위세로 보아 가히 청와대를 지칭하는 것으로 보였다.

그의 요구대로 본부에서는 한국 중앙정보부의 이름으로 미 CIA에 정식으로 폴 장의 신원에 대해 문의했다.

그로부터 약 10일 후 미 CIA로부터 회답이 있었다. 그 내용은?

It's your business. We don't have duty to answer about your question. 이건 너희 일이다. 우리는 너희 문의에 답해줄 수 없다.

제기랄! 이렇게 참담할 수가….

미국이라는 대국이 자기 몫 챙길 때는 우리를 우방이니 동맹국이니 하면서 '폴 장이 너희 CIA 직원이냐, 아니냐?'를 묻는 우리 정부의 단순한 질의에 답해 줄 수가 없다니!

이렇게 자존심 상할 수 있단 말인가? 어찌 보면 그 당시 우리나라의 비참한 국제적 위상과 후진국의 설움이지 않았겠는가?

신문지상에 폴 장에 대한 기사가 이미 났는데도 묵묵부답인 청
와대와 우리 행정부, 남산 수사국에서는 수사관 회의만 계속 열
렸으나 그 대책은 없었고 참으로 답답한 2~3일이 흘렀다.

옛 '남산식'으로 가자

'남산식'. 바깥세상에서 그렇게 말하고 있고 옛 선배들의 악명 (?)으로 인해 연행된 피의자 스스로 남산이라 하면 순순히 자백했 다던 예나 지금이나 똑같은 지하실. 사람도(수사관) 변했고 전설 처럼 내려오는─ 옛날에 있었다던 ─ 고문 기계(?)도 없으나 지하 실은 변한 게 없었다. 세면대 1개, 책상 1개, 그리고 1인용 야전 침대 하나.

폭행에 사용할 수 있는 유일한 야전 침대. 그 침대를 지지하고 있는 1m 정도의 양쪽 지지 각목.

나는 침대 각목을 빼들었다. 잘못 되면 옷을 벗는 것으로 책임 지자. 나는 두들겼다. 무식하게 두들겨 팼다는 말이다. 코피가 터 지고, 눈물을 짜내고 그리고 그는 쓰러졌다.

나는 그에게 "네가 가지고 왔다는 미합중국의 평화 메시지가 무엇인가 말하든지 아니면 거짓이라고 자백하든지 둘 중 하나를 택하라. 그렇지 않으면 여기서 귀신이 되어 나갈 것이다. 알겠느 냐?"라고 했다.

그는 몸집에 비해 특히 겁이 많아 보였다. 폭행이 가해진 지 2~3일 후 그는 항복했다. 진실을 자백했다는 말이다.

그는 나에게 가방 속의 서류를 하나하나 꺼내보이며 자신이 위조했음을 실토했다. 왜 이따위 짓을 모국인 한국에서 했느냐고 묻자 그는 "미국에서 살면서 가장 하고 싶은 게 검은 선글라스를 낀 미국 CIA 첩보원이 되는 게 소원이었습니다." 하며 조국인 한국은 후진국이라 통할(?) 줄 알았다는 것이다.

참으로 한심한 일이었다. 나라가 가난하고 힘이 약하다 보니 별 이상한 놈이 나라를 어지럽히다니….

그 당시 미국주재 한국총영사관에서 날아온 전문에 의하면 LA 교포사회에서 그는 CIA 맨으로 통했다는 것이다. 당시 힘 약한 교포사회에서 그 누가 사실을 확인한다고 덤볐겠는가? 먹고 살기도 어려운 때인데….

어쨌든 우리는 폴 장을 국가와 국가기관을 우롱한 죄, 이북을 드나들며 간첩질 한 죄, 사문서 위조죄 등을 묶어 일단 검찰에 송치하기로 하고 제반 서류를 갖추었다.

하지만 약소국가의 설움인가?

정상적으로 모든 송치준비를 끝냈으나 상부의 그 누구도 우리 수사팀에 힘을 실어주지 않았다. 결국은 그로 인해 상전국가인 미국의 비위를 자극할까 염려했던 것이다.

우리는 며칠간 폴 장의 상처가 완전히 치유될 때까지를 기다렸다. 그 며칠 후 우리는 상부의 뜻에 따라 조용히, 정말 쥐도 새도 모르게 조용히 폴 장을 출국시킴으로써 사건을 일단락시켰다.

그러나 청와대나 행정부 그 어느 곳에서도 이에 대한 언급이 없었다. 그렇다. 일이 잘 처리되면 청와대나 행정부서의 공이었고, 국제적으로 특히 미국과의 관계에서 어떠한 외교적 마찰이 생길 때면 그 책임을 예외 없이 남산이 떠안고 사건의 담당자는 그에 대한 책임으로 옷을 벗기도 했다.

　　옷만 벗었는가? 아니다. 그런 예가 어디 한두 사건이었겠는가?

　　어쨌든 그 후 미국 내 우리 정보통에 의하면 재미교포 사회에서 폴 장이라는 이름은 영원히 사라졌다고 했다.

　　우리는 이런 것들을 그 당시의 표현으로 '남산식'이라고 했다. 그리곤 내심 '남산 만세'라 외치곤 했다.

　　세상은 넓고 사람들도 하도 많다 보니 수사국엔 별의별 희한한 사건들이 많이 터지고 생겨났다. 이 사건 또한 그 중의 하나였을 뿐….

제13장_
신라각

재일 조총련 모국방문과 신라각

메추리 알에도 노른자위는 있다(?). 아직 가난에서 벗어나지 못했던 1975년 당시 중앙정보부 차장보로 재직하던 조일제가 정보부장 신직수의 특명으로 일본 오사카 총영사로 부임하여 국가로서는 숙원사업이던 재일 조총련계 모국방문 추진에 앞장섰고(박 대통령께서는 원천적으로 반대의견을 피력), 국내에서는 당시 박정희 대통령의 총애를 받았던 김영광 남산 기획판단국장이 천신만고(?) 끝에 박 대통령의 재가를 받아 동 사업을 강력히 추진해 나갔다.

여기서 잠시 김영광이란 사람에 대해 짚고 넘어가야겠다. 박 대통령께서는 그렇게 반대하던 재일 조총련 모국방문단 사업을 왜 김영광 국장을 통해 재가했는가?

거슬러 또 저 먼 옛날로 가보자.

김영광 국장이 사무관(정보부 조직에서 사무관은 독자에게는 죄송한 표현이지만 그 하는 일이 졸개역에 해당함)을 달고 있던 젊은 시절이었다.

어느 땐가 박 대통령께서 남산을 방문하였을 때의 일이다.

남산 상황실에서 신 부장은 대통령에게 현 국가가 처하고 있던 시국 동향을 보고하게 되어 있었다. 헌데 당일 박 대통령 도착 몇 시간을 앞두고 브리핑을 책임진 기획판단국장이 갑자기 맹장 수술을 하게 되었다. 대통령께서 도착할 시간이 1~2시간 밖에 남지 않았는데 이런 일이 터졌으니 남산이 발칵 뒤집힐 수밖에 없지 않은가?

신직수 부장은 대로하여 기획판단국 계장급 이상 간부들을 긴급 소집, 회의를 했으나 그들 중 브리핑 내용에 대해 자세히 아는 간부가 없었다. 깜짝 놀란 신 부장이 간부들에게 누가 브리핑할 초안과 본안 그리고 차트를 만들었느냐고 하여 그 장본인을 찾아 보니 일개(?) 김영광 사무관이었다. 부장은 기가 막혔으나 별도리 없이 김 사무관에게 막중한 브리핑 책임을 부여했다.

드디어 대통령께서 남산 상황실에 도착하시고 브리핑이 시작되었다.

풍채 좋고, 잘생기고, 능변가인 김영광은 그 기회를 놓치지 않고 정말 멋있게 브리핑을 진행하고 있었다. 그 때 박 대통령은 신직수 부장에게 귀엣말로 "신 부장, 저 친구 어디 소속 무슨 계급이야?" 하셨고, 갑작스러운 질문에 새파랗게 질린 신 부장은 "네, 각하. 저 친구는 기획판단국 판단과장 김영광이라는 자입니다."라고 엉겁결에 대답했다.

어찌 대통령에게 졸병(사무관)이라 하겠는가?

박 대통령은 "그래요? 쓸 만한 친구구먼. 신 부장 청와대에 들어올 때 저 친구 한 번 데리고 와요." 하셨다.

김영광 사무관에게 출세의 길이 열린 것이다. 그리고 정보부 남산에서 전설적인 인물이 탄생한 것이다.

그 직후 신 부장은 기획판단국의 인사를 단행, 김영광을 2계급 특진시켜(별정직 공무원이므로 특진에 문제가 없음) 기획판단국 총무과장(부이사관)으로 승진 발령했다.

어디 그뿐인가?

신 부장은 청와대 방문시 수시로 김 과장을 수행시켰고, 그를 더욱 키우기 위해 또 한 번 승진시켜 실전 경험을 쌓으라는 뜻으로 중앙정보부 부산지부 지부장(관리관)으로 승진 발령했다. 일단 현장 부서장으로 발령하여 미래를 위한 사전 포석을 했다고나 할까?

그 당시 필자는 공무 출장으로 한 계장과 함께 부산지부로 향하고 있었다. 본부에서는 위 김영광 부산 지부장으로부터 '재일 조총련 관련 용공 혐의자를 체포해 놓았으니 심문할 수사관을 지원해 달라'는 요청을 받았기 때문이다.

여기는 당시 부산지부 김영광 지부장실.

남산의 전설적 인물인 김영광 지부장에 대한 이야기는 들었으나 나는 처음 대하는 좌석으로, 정말 소문대로 잘 생긴 무척 젊은 분이었다.

김 지부장은 "본부에서 오시느라 고생 많았습니다. 여기 대공과장이 틀림없이 용공불순분자를 잡긴 잡았는데 내가 실전경험이 부족한 데다가 이곳에 조사할 수사관이 없다고 하여 대공수사국장에게 내가 지원요청을 했지요. 내가 승진하여 첫 임지인 부산지부에서 간첩사건 한 건 했다고 윗분에게 자랑 좀 하게 해주시오." 하며 금일봉을 내놓으셨다.

김 지부장은 대공수사국 같은 일선에서 차고 매서운 바람을 못 맞아 그런지 무척이나 여리고 순박한 행정가 스타일이었다.

어쨌거나 한 계장과 나는 재일 조총련 접촉 대상 관련자에 대한 5일간의 심문을 마치고 반공법 위반으로 피의자를 송치할 수 있는 완벽한 서류를 만들어 지부장실로 들어섰다.

대공업무에는 전혀 무지한 김 지부장은 서류 앞장에 붙어 있는 부전지(요지)를 읽고선 깜짝 놀라며 "한 계장, 이거 부산지부에서 한 건 성과 올린 거 아닙니까? 정말 수고들 하셨습니다." 하고는 벨을 눌러 비서관을 찾더니 그에게 귓속말로 무언가를 지시했다.

조금 후 비서관이 결재판을 들고 들어왔는데 그 결재판 속에 특별수고비가 들어 있었다.

김 지부장은 "한 계장, 이거 얼마 안 되지만 두 분이 밖에 나가셔서 회포나 풀도록 하세요." 하며 큰(?) 봉투를 건넸다. 당시 나는 '이 분이 배포가 대단히 크신 분이구나….' 하고 생각하면서 먼 훗날을 예견할 수 있었다.

그는 몇 달 후 본부(남산) 최고 노른자위 부서인 기획판단국장 자리로 영전되었다. 그 이후 신 부장을 수행하고 청와대를 수시 방문했음은 더 말해 무엇하겠는가?

이렇듯 김 국장은 박 대통령과의 깊은 인연을 가졌기에 공산당

관련하면 자다가도 벌떡 일어나셨다는 박 대통령을 설득하여 조총련 모국방문사업에 대한 재가를 얻게 된 것이다.

잠시 부언하자면 그는 남산 정보부의 고위직을 거쳐 정치에 입문하고 국회의원까지 하였으나 어느 날 갑자기 정치를 그만두고 은거하였다.

필자는 알 것 같았다.

정도를 걸었던 김 국장께서 정치에 입문해보니 국회의원이란 자들이(일부에 지나지 않지만) 국가 발전이나 국민의 안위는 뒤로 하고 오직 저희가 살 정략에만 눈이 뒤집혀 부도덕하고 치사한 작당과 행동 등을 서슴지 않는 것을 보고 한때 일국의 통치자와 마주 앉아 나라를 걱정하던 그로서는 감내하기 어려운 고통이 있었으리라고.

"참으로 잘 은퇴하셨습니다."

각설하고, 이렇듯 청와대와 정부 그리고 각 해당 기관들의 노력으로 1975년 9월 15일 재일 조총련 모국방문단 일행의 서울 방문이 실현되었다.

그동안 국보법·반공법 등으로 재일 조총련 접촉이 엄격히 통제·금지되었던 유일의 반공 국가 한국─이곳 대한민국 서울 땅─에 조총련 교포 700명이라는 참으로 대규모의 조총련 모국방문단이 1차로 서울에 왔다.

이 감격이 얼마 만인가?

나는 김포공항에서 모국방문단을 인도하는 선도차에 올라 그들을 안내하여 시내 '신라각'으로 향하고 있었다. 신라각이 가까워져 오자 도로 양쪽 인도에는 울긋불긋 한복차림의 처녀들이 꽃을 흔들며 모국방문단을 환영했다.

최근 박 대통령께서 어떠한 대회건 환영대회에 학생들을 동원하지 말라고 했는데 누가 이 많은 여학생을 동원했을까?

아니다. 내가 잘못 짚었다. 그들은 학생들이 아니었다. 한국 최대 유흥주점 신라각 소속의 접대 여직원들이었다. 많은 유흥주점을 섭렵해온 나도 수백 명이 되는 여자들이 유흥주점 소속이라하니 놀랄 수밖에 없었다.

나로서는 신라각이 처음 와 보는 곳이라 그 규모에 더욱 놀랄수밖에 없었다. 어쨌건 푸짐한 음식과 술, 그리고 춤추는 여인(기생)들과 방문단이 함께 어우러져 여흥이 벌어졌다. 나는 여흥을 뒤로하고 정보부 소속 다른 안내자들과 함께 신라각 지배인이 우리 조정관들을 위해 마련한 좌석에 앉아 참으로 오랜만에 부담없는 술잔을 기울였다. 조그만 메추리 알에도 노른자위가 있듯이아직도 가난한 이 나라의 수도 서울에 이런 엄청난 유흥주점이있었다는데 또 한 번 감탄했다.

여흥을 마친 모국방문단은 숙소인 한강변 쉐라톤 워커힐 호텔로 직행하여 이미 연락을 받고 와서 대기하고 있던 그들의 국내친·인척들과 상봉하여 함께 각자의 호텔방으로 들어들 갔다.

다음 날 아침 그 깨끗했던 호텔 로비가 반찬 등 음식냄새로 코를 진동케 했다. 조총련 모국방문단이 고국에 있는 못 살고(?) 불쌍한 친·인척들에게 주려고 일본에서 보따리 싸서 가져온 김

밥·어묵·해산물 등이 산더미처럼 쌓여 있었다. 국내 친·인척들로서는 그들 친·인척인 재일 조총련들이 일본에서 가져와 전달해 주는 이러한 선물 등을 안 받을 수 없어 호텔방에서 가지고 나온 후 모두 로비에 버리고 간 것이다.

타 장소로 이동하기 위해 로비에 내려온 재일 조총련 모국방문단 일행도 자기들이 정성껏 가져와 전해준 선물이 이곳 로비에 쓰레기더미로 변해 있으니 놀랄 수밖에….

조국 대한민국이 월남전 특수에 힘입어서 그리고 수출 등의 경제 발전으로 생활 수준 자체가 조금씩 나아지기 시작한 것을 일본에서 그때까지도 가난하게 살던 재일 조총련계 동포들로서는 모를 수밖에 없었다.

참으로 격세지감! 그들은 그 옛날 고국을 떠날 때의 배고프고 굶주렸던 시절만을 생각하고 있었던 것이다.

오호, 통재라, 가난과 분단의 비극이여!

재벌 모임과 신라각

당시 서울 신라각에서는 2주에 한 번씩 한국 전경련 소속 재벌 총수들의 모임이 있었다. 대결의 시대에서 상호 협조의 시대적 정신으로 함께 모여 국가 시책도 비판하고 건의도 도출해내는 가치 있는 모임이었다.

어느 금요일 12인의 모임이 있었다. 항상 그렇듯 재벌 사이사이에는 신라각 마담 레벨의 숙녀들이 각각 자리를 잡았다. 헌데 L재벌만이 지명여인이 앉아 있지 않았다.

매니저로부터 지명여인이 출근 도중 복통을 일으켜 금일 저녁에는 참석지 못한다는 전갈을 받은 L사장은 마침 그때 음식을 들고 나타난 젊은 여인에게 손짓으로 와서 옆에 앉으라고 권했다.

매니저의 허락을 받고 그 자리에 영광스럽게 앉은 그녀는 이제 갓 18세로 그해 봄 강릉 K여고를 졸업하고 곧바로 상경한 이영희라는 처녀였다. 지금부터의 이 이야기는 이영희가 재일교포 상대 콜걸이 되어 훗날 서울 중부 조종관인 나에게 직접 전해준 실화이다.

L재벌 옆에 앉은 이영희는 겸손한 자세로 L사장을 극진히 모셨으며 그로 인해 귀여움을 샀고 좌석이 끝난 후 재벌들이 각자 헤어질 때 L사장의 승용차에 동승하는 영광을 얻었다. 별장으로 함께 간 그녀는 2박 3일간 L사장을 모셨다.

L사장은 이영희가 오빠의 눈을 고쳐 주려고(오빠는 시골에서 장작을 쪼개다 나무 가시가 눈동자에 박혔다) 돈을 벌기 위해 상경하여 고향 선배의 도움으로 신라각에 들어가게 되었다는 이야기를 듣고 제법 큰 액수의 수표를 한 장 건넸다.

3일 후 신라각으로 출근한 이영희는 원래 L사장 옆자리를 차지했던 마담 언니로부터 눈탱이가 밤탱이가 되도록 얻어맞고 신라각에서 쫓겨났다.

그녀는 그 이후에도 L사장과의 관계를 몇 개월 유지했고, 그의 도움을 받아 실명할 뻔한 오빠의 눈을 고치고 부모는 초라한 시골 양철지붕 집에서 기와집으로 이사하게 되는 행운을 누렸다고도 했다.

정보사회에서는 어디나 그렇듯, 재벌총수 옆에서 시중들던 여인들은 재벌모임이 끝나면 매니저 방에 모두 모여 그날 저녁 자기가 모셨던 재벌이 한 이야기를 잘 기억했다가 매니저에게 보고하는 형식을 취하고, 매니저가 이를 순서대로 다시 기록했다가 관할 지역 정보 조종관에게 전달함으로써 그 메모가 남산의 정규 보고서로 탄생, 언제나 그 다음 날이면 B급 정보로 분류된 후 청와대 새벽 보고서에 가끔 포함되었다.

실로 가공할 만한 정보력이 아닌가?

나 또한 B급 보고서 정도는 접해 본 적이 있었는데 참으로 자세하게 재벌들의 언동이 보고되었다. 그러므로 당시 통치자는 마음만 먹으면 언제든지 재벌들의 사적인 언행이나 동향까지도 파악할 수 있었다. B급 정도의 보고를 통치자가 직접 보는지 안 보는지 나로서는 알 수 없지만 말이다.

이렇듯 신라각은 수년간 서울의 명물로 자리하며 그 영욕의 시간을 맛보고 있었다. 최고의 기생집으로 말이다.

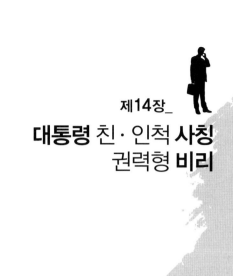

제14장_

대통령 친·인척 사칭 권력형 비리

대통령 6촌이라 불러다오

1976년 10월경 '직무유기와 용공의심자'로 현직 경찰서장을 고발한 초유의 고발장이 접수되었다. 정보부에만 고발된 것이 아니라 청와대에도 진정서가 접수되었다. 물론 청와대에 접수된 진정서는 다시 남산으로 합쳐지지만, 예삿일이 아니었다.

서울 북부경찰서(현 강북경찰서) 유○종 서장이 서장으로서 당연히 참석해야 할 지역발전협의회 모임에 불참했을 뿐 아니라, 특히 반공의 날 관할지역(북부) 반공대회에도 불참한 바 있어 사상적으로 의심되는 인물이므로 철저한 용공 조사를 하여 처벌해야 한다는 것이 고발 내용의 요지였다.

고발자는 북부 ○○지역 반공협의회 회장 박○○이었다. 고약한 냄새(?)가 심하게 풍겼다.

나는 고발장을 접수한 직후 해당 지역을 돌며 그 지역 유지들을 위시한 일반인과 지역 구청, 경찰서 하급 직원들을 상대로 고발자에 대한 탐문 수사를 벌였다.

그런데 놀라운 사실을 발견했다.

지역에 거주하는 주민이나 공직에 있는 사람 대부분이 박○○ 회장을 박정희 대통령의 가까운 인척으로 알고 있었고, 그로 인해 이 지역 단체장들이 모두 그에게 굽실거린다는 것이었다. 뿐만 아니라 구청 등 지역 기관을 돌며 기관장을 만나 반공협의회에 찬조금을 많이 낼 것을 종용하고 취업·취직을 부탁하는 등 그가 하는 일은 안 통하는 데가 없다고 했다. 그는 말끝마다 청와대를 운운하며 은연중 박 대통령과 아주 가까운 인척인 양 언질도 한다고 했다.

나는 우선 박 회장이란 자의 신원파악을 시작했다. 확인해 보니 6촌은 불문하고 10촌이라도 되는지 안 되는지 하여튼 그는 대통령의 일가와는 거리가 멀었다. 계속하여 지역 구청장 등도 접견하고 박 회장이 청탁한 인사 청탁에 대한 내용도 접수 받았다. 지역 단체장들로부터 반공협의회 찬조금을 반강제로 징수했다는 확실한 언질도 확보했다.

'이 자가 정신병자가 아닌 바에야 이럴 수가 있나?' 하고 분노가 끓었다.

다음 날 유○종 서장을 서장실에서 만났다. 그는 전남 출신으로, 청렴 하나로 서울 북부지역의 서장을 맡은 분이었다. 그때 그 시절에는 특별히 뛰어나지 않는 한 서울지역의 서장을 하기 어려운 상황이었다.

나로부터 고발내용을 전해 들은 유 서장은 깜짝 놀라며 자리에서 일어나 상석을 권했다. 나는 사양한 후 메모를 꺼내놓고 그의 진술을 녹취했다.

그때가 북부경찰서 서장에 보직 받은 지 3~4개월 남짓한 때로 부임한 후 문제의 박 회장을 위시한 그 지역 유지들에게 관례에 따른 인사는 했으나 박 회장을 특별히 찾는 인사는 하지 않았다는 것이다. 우선 이것이 박 회장이란 자가 서장을 겨냥한 첫째 이유이고, 그 후 본청에서 소집하는 서장 긴급회의에 참석하느라고 지역 반공대회에 경무과장을 대신 보냈는데 지금 그것을 문제 삼는 것이라고 진술했다.

나는 유 서장 부임 이전 오래 전에 북부경찰서 서장으로 재직하다가 퇴임한 K 전 서장을 만났다. 그는 "조종관님, 그 자 때문에 재임 기간 2년을 시달렸습니다. 각하의 6촌이라고 하며 별별 압력과 청탁을 다하는 데 견딜 수가 없더라고요." 하면서 이런 것이 실로 권력형 부조리가 아니겠느냐고도 했다.

모든 정황이 밝혀지고 박 회장이란 자가 대통령의 인척임을 사칭하고 지역의 제왕으로 군림했다고 결론짓고 상부에 보고했다. 현직 경찰서장을 고발한 초미의 사태에 관심을 뒀던 윗분들은 모두 다 한결같이 "각하의 인척임을 사칭하고 행패를 부리다니…. 이 수사관, 오랜만에 그 놈 뜨거운 맛 좀 보여주지."라며 무고죄로 감옥에 처넣어 버리라고 했다.

박 회장님, 좀 뵙시다요

상부의 뜻을 안 나는 박 회장에게 북부경찰서 부근에서 만나자고 연락했다. 그와 만난 나는 "박 회장님, 회장님이 청와대와 정보부에 낸 고발장은 잘 접수되었고, 제가 그 사건 담당자 이 수사관입니다. 헌데 높은 데서 박 회장님의 진술을 직접 받으라고 하니 저희 청사에 함께 가도록 하십시다. 사실이 밝혀지는 대로 처벌할 것은 처벌하고 혼낼 것은 혼내도록 합시다."라고 하자 그는 "네, 수사관님. 이제야 제대로 지역이 살아날 것 같습니다. 어서 앞서시지요."라고 했다. 그를 차에 태운 나는 남산을 오르기 전 "이건 관행이니 조금만 참고 기다리십시오." 하고는 차에 갖고 다니는 검정 띠로 그의 눈을 질끈 동여매자 무슨 불길한 예감이 들었는지 입을 굳게 다물었다.

남산 지하실.
그의 눈에 질끈 동여맨 검정 띠를 풀자마자 나는 쥐고 있던 군용 침대 받침 각목으로 어깨를 한 번 힘껏 내려쳤다.

"이 새끼! 각하를 6촌이라고 수년간 팔고 다녔어? 너 이 새끼 맞아 죽어야겠구먼." 하자 그는 벌떡 일어나 내 앞에 와서 무릎을 꿇고 싹싹 빌면서 "아닙니다. 사칭하지 않았습니다. 지역 사람들이 스스로 그렇게들 생각한 겁니다."라고 하여 "야, 이놈아! 여기가 어딘 줄 알고 간교하게 거짓말을 해? 눈을 띠로 동여매고 왔으니 여기가 어딘 줄 아직 모르겠지. 여기가 사람이 죽어서 나간다는 남산 지하실이다. 진실하게 불어, 이 새끼야! 수많은 지역 단체장을 울리고 특히 각하 인척임을 사칭하며 이제는 현직 경찰서장까지 무고한 놈을 살려 둘 수는 없지." 하며 가슴팍을 몇 번 찔렀다. 뒤로 넘어진 그는 벌떡 일어나 "죽을 죄를 지었습니다. 한 번만 용서해 주십시오." 하여 나는 "어떻게 용서를 해, 이놈아." 하며 책상을 몇 번 내리쳤다.

체구가 왜소하고 50대 후반인 그에게 더는 육체적 가해를 할 수 없었다. 나는 겁을 주려고 책상을 몇 번 더 각목으로 소리나게 내려쳤다.

그는 "잘못했습니다. 살려주십시오. 감옥에만 보내지 않는다면 모든 직에서 사직하고 서울을 떠나 고향인 경상도로 내려가 살겠습니다."라며 눈물을 철철 흘렸다.

나쁜 놈! 얼마나 많은 공직자를 괴롭혔을까?

심문 책상으로 단장님이 찾는다는 신호가 들어 왔다. 단장은 "그놈, 정신 들었겠지? 하여튼 잘 혼냈고, 모든 직에서 물러나 고향에 가서 살겠다고 하면 각서 받고 보내주지 그래. 그 놈 하나 잡아넣었다고 뭐 세상이 달라지겠나? 세상이라는 게 그런 놈 사라지면 또 다른 놈이 나타나곤 하지."라고 하셨다.

각하 인척이라는 자가 지하실에 와 있으니 CCTV를 본 모양이
었다.

나는 지하실로 돌아와 그에게 '첫째, 모든 공·사직에서 사임할
것. 둘째, 약속대로 서울을 떠나 고향에서 여생을 보낼 것. 셋째,
유 서장에게 즉시 찾아가 사죄할 것' 등 3가지를 각서로 쓰게 하
여 제출받고 귀가시켰다. 그 후 그는 공·사직에서는 물러났는데
고향으로 갔는지 그냥 그곳에서 살았는지는 모른다. 꼭 알 필요
도 없었고.

그 직후 북부경찰서 유 서장으로부터 고맙다는 전화가 왔다.

작으나 크나 항상 하는 이야기지만 사실을 사실대로 밝히고 폭
력을 만든 그 사태도 왜 그랬는지 실상을 밝히고 사죄할 수밖
에….

제15장_
국가보안법 위반
조○록 사건

형제가 형제를 죽이는 사상과 이념이라는 것

1975년 초 어느 날 퇴근 후 친구들과 술 한 잔을 하고 있었다. 그때 서울 대형 건설회사에 근무하고 있던 친구 김수찬이 "야, 요즘 간첩 소식 없냐? 간첩 다 없어졌어?" 하기에 "요즘 왜 간첩이 없겠냐? 요즘 간첩은 북에서 직접 내려온 놈은 없고 북한 공작원 놈들이 일본 교포들을 포섭해서 국내에 잠입시킨단 말이야. 주변을 잘 봐, 이 사람들아." 했더니 대뜸 그는 "그래? 그럼 정보 하나 줄 테니 잡으면 날마다 술 사." 하기에 "무슨 농담이야?" 했더니 그는 "우리 고향에 지난 번 국회의원 선거에 최연소로 출마했다가 돈만 많이 쓰고 떨어진 젊은 친구가 있어. 헌데 고향 어른들 말이 일본에서 그의 형이 크게 출세를 해서 돈도 많은데 조총련계라는 거야. 헌데 국회의원 선거에 나왔던 그 친구가 지금 일본 모 대학에 다니며 박사논문 준비한다고 하더라." 하였다.

나는 친구들에게 "그래? 이런 게 좋은 첩보야. 내가 간첩 잡아 놓고 숨기더라도 신문에 그 친구 이름이 나면 모두 남산 밑으로 모여. 한턱 크게 낼 테니 말이야." 해서 모두 함께 웃었다.

나는 다음 날 문제의 대상자 조○록의 형이 재일 조총련계 ○○지부 재정부장으로 있는 것을 쉽게 파악했고 간단한 요지로 첩보를 작성 상보했다. 조○록에 대한 첩보는 정식 내사사건으로 등재되었다.

그가 일본 대학에 재학 중인 학생이고 가족이 한국에 있으니 귀국하리라는 생각으로 법무부에 대상자 입국통보를 의뢰하였다.

그로부터 1년 후 겨울방학 때 드디어 조○록이 단신으로 입국했고 공항에는 조○록보다 나이가 많은 듯한 남자 한 명이 마중 나와 있었다. 그의 한국 주소는 서울 성북구 돈암동 소재. 조○록은 그 남자의 승용차로 김포공항을 출발하여 집 앞에 도착한 후, 조○록만 내리고 그 남자는 돌아갔다.

차량번호는 서울 가 ○○○○번. 차주는 서울 관악구 봉천동에서 모래·벽돌 판매사업을 하는 (주)영창의 대표이사 김○무였다.

그날 이후 조○록이 출국하기 전 10일을 조○록 주거지 입구에 여관방을 잡아놓고 투숙하며 감시하였으나 그의 집에 새로운 인물의 출입은 없었고 조○록만 움직였다.

조○록이 일본으로 돌아간 직후 서울 관악구 봉천동에서 사업하는 김○무를 만나 광화문 사거리 초원다방으로 안내하였다. 다방 구석진 데 앉아 그에게 조○록과의 관계를 자연스럽게 물었다.

그는 과거 서울에서 조○록이 건축사업을 할 때 자신의 공장에서 벽돌·모래 등 자재를 현장에 투입하면서 알게 되어 의형제를 맺고 지금까지 친밀을 유지하고 있다고 하며 나에게 "수사기관에서 왜 그럽니까? 그는 국회의원에도 출마한 증명된 사람 아닙니까?" 하여 나는 "최연소 국회의원에 출마하였기에 정보수집 차원에서 신원을 물어보는 것이니 신경 쓰지 말고 이야기해 달라"라고 하며 "어떻게 대학을 다니느냐?"라고 하였더니 그는 친형이 재일교포 사업가로 성공하였는데 그 자신은 공부를 많이 못 해서 대신 동생인 조○록을 "대학에 보내 박사까지 만들고 국회의원도 만들겠다."라 했다 한다.

나는 김○무에게 다음에 조○록이 귀국하면 극비에 당신만 좀 만났으면 한다고 말한 후 나의 이름은 이재우(수사명)라고 알려주고 헤어졌다.

반년이 지나 여름방학이 왔고 조○록이 한국을 다녀갔으나 어찌 된 일인지 김○무로부터는 일체의 소식이 없었다.

일촉즉발의 순간에 운이 통하다

어느 날 2시경 감찰실에서 나를 찾는 전화가 왔다. 감찰실 직원은 전화로 대뜸 "당신 수사명이 이재우 씨죠?" 하여 "그렇다."라고 대답하자 "청와대 경호실에서 전화가 왔는데 당신(이재우) 사무실 전화번호를 묻기에 가르쳐줄 수 없다고 하자 경호실에서 자기번호를 알려주더라." 하며 경호실 전화번호와 이름을 불러 주었다.

'청와대 경호실(전화 771-○○○○) 장○○ 경호계장.' 그는 나를 모르지만 나는 그가 내 친구와 동서간이라는 것을 알고 있었다. 퇴근 무렵 장 계장에게 전화를 걸어 "내가 이 수사관인데 무슨 일이십니까?"라고 했더니 퇴근 후에 만나자고 했다. 무슨 일로 그러느냐고 묻자 그는 "조○록이라고 하는 의동생이 있는데 정보부에서 그 사람 뒷조사를 한다고 해서 무슨 일인지 좀 알아보려고 한다."는 것이다.

'아차! 김○무에게서 보안이 누설되고 말았구나' 하고 생각했으나 이미 엎질러진 물 아닌가? 나는 장 계장과 을지로 2가 당시 동아일보사 건너편 일식집에서 만났다. 그는 경호실 직원답게 당당한 체구로 눈을 부라리며 일어나 "내가 장 계장이오. 어서 오시오. 대공수사국에 있다는 말을 들었소. 이야기 좀 나눕시다." 하여 "그럽시다." 하고는 그에게 "누구에게 들었느냐?"라고 했더니 지난번 조〇록이 한국에 왔을 때 만났는데 그가 말하기를 "제가 잘 아는 김〇무 사장으로부터 남산 대공수사관이 자기(김〇무)를 찾아와 저(조〇록)에 대해 자세히 문의하였다고 하여 형님(장 계장)에게 좀 뵙자고 한 것입니다." 하기에 그 당시 조〇록을 만나 자초지종 이야기를 들었고 그는 며칠 전 일본으로 다시 돌아갔다고 하며 나에게 "이 수사관님, 조〇록에게 무슨 문제점이 있는지요?"라고 물어왔다.

나는 정색을 하고 "장 계장님, 지금부터 내 이야기를 잘 들으셔야 합니다. 지금 저희 남산 대공수사국에서는 조〇록을 용공혐의자로 내사하고 있고 증거를 확보하는 중인데 만약 1년 후 그를 대공혐의로 검거한다면 장 계장의 공직 생활은 물론 신변에 큰 화를 당할 것이니 지금부터는 그와 일체의 전화연결이나 접촉이 있어서는 안 될 것입니다." 했더니 그는 나의 손을 덥석 잡으며 "이 수사관, 정말 잘 만났습니다. 이렇게 이야기해 준 은혜는 꼭 갚겠소." 하기에 그에게 "지금부터 이 이야기는 잊어버리십시오. 훗날 결과를 알려드리죠." 했더니 고맙다고 2차에 걸쳐 술을 샀다.

어쩌면, 장 계장은 나 같은 사람을 만난 운 좋은 공직자였는지도 모른다. 사람의 생과 사가 순간에 바뀌는 것도 어떻게 보면 인생사 아니겠는가? 나는 위 김〇무의 보안누설에 책임을 물어 남산 지하실로 그를 데려왔다.

간첩 혐의자에 대한 보안 누설로 그는 지하실에서 태어나 처음 당하는 무서운 고초를 당했음은 말해 무엇하겠는가? 그 이후 김○무는 공무상 그를 찾게 되면 순식간에 달려오곤 했다.

세월이 흘러 1년. 보안이 누설됨으로써 사건은 일단 덮어 두었고 다른 수많은 대공사건으로 바쁘게 생활하고 있었다.

그러던 1976년 8월 중순 어느 날 새벽 5시경 김○무로부터 국내에 귀국한 조○록을 어젯밤 만났다고 하며 "이 수사관님을 빨리 만나야겠습니다."라는 떨리는 전화 목소리가 들여왔다.

그로부터 한 시간 후, 강남 고속버스 터미널 근처 24시간 해장국 집에서 그와 조우했다. 그는 "이 수사관님, 어젯밤 한시도 못 잤습니다." 하며 어제 조○록으로부터 여러 가지 이야기를 듣는데 속이 부들부들 떨렸다고도 했다.

그 내용은 전날 밤 10시경 급히 만나자는 조○록의 전화를 받고 그의 집 근처 조용한 중국집 2층에서 만났는데 조○록으로부터 엄청난 이야기를 들었다고 했다.

조○록은 그에게 "형, 내 말을 잘 듣고 꼭 시행에 옮겨야 합니다. 알다시피 일본에 있는 형이 조총련 재정부장으로 있어 경제적으로 여유가 많아요. 일본 형에게 형(김○무) 이야기를 했더니 데리고 같이 일본에 들어오라고 하네요. 한국과 일본에서 교역하는 사업체를 하나 차려준다고 하시며 이제는 조국 통일을 위해 더욱 큰일을 해야 한다고 합디다. 형과 내가 힘을 합쳐 일하면 돈도 많이 벌 것이니 일본 형이 바라는 조국 통일을 위해서도 함께 노력합시다. 내가 2~3일 후 먼저 일본으로 돌아갈 테니 형은 봉천동에 있는 사업체를 정리해서 갚을 것은 갚고 나머지는 형이 집을 비운 사이에 먹고 살 수 있게 형수에게 주시고, 형은 내가 보낸 비행기 표로 일본에 오기만 하면 됩니다. 이건 내가 형과 함께 그리고 모든 가족이 미래에 잘 살 수 있는 기회입니다."라고 했다며 찬물을 꿀꺽꿀꺽 마시는 등 정신을 못 차렸다.

나는 "여보시오, 김 사장. 제발 흥분하지 말고 내 말을 잘 들어요. 내일 오전에 조○록과 만나기로 했다면서요? 우선 내일 오전에 조○록에게 전화해서 서울 근교에 볼일이 있어 나왔으니 오전에는 못 만나겠다고 하고 오후 2시에 광화문 사거리 초원다방에서 만나자고 해요. 지난번 나하고 만났던 초원다방 말이요. 이번에 일이 잘못되면 김 사장 미래는 우리가 보장 못 합니다. 알았지요? 그와 내일 오전 중에 전화로 약속되면 사무실로 나에게 즉시 전화해요." 하고는 잠시 그를 진정시킨 후 돌려보냈다.

나는 사무실로 돌아와 상부에 보고한 후 초조하게 내일을 기다렸다.

나도 함께 체포해 주세요

다음 날 11시경 드디어 김 사장으로부터 전화가 왔다. 오늘 오후에 약속했으니 같은 장소에서 조○록과 함께 자기도 똑같이 체포해 달라는 것이었다. 걱정하지 말고 침착하게 행동하라는 말을 하고 전화를 끊었다.

당일 오후 1시 40분경 나를 위시한 3명의 수사관이 초원다방에 포진했고 같은 날 오후 2시경 두 사람을 무사히 체포하여 남산으로 이동했다.

김○무는 간단한 참고인 진술을 받고 돌려보냈다.

내가 직접 낸 첩보 보고서로 처음 체포한 간첩 혐의자 조○록. 그는 북한 왕래를 극구 부인했고 북한을 왕래했다는 아무런 물증 또한 없으므로 입북은 밝혀내지 못했다.

조○록. 그에게 일본에서 당시 무슨 일이 있었는가?

그는 동경대학원 2년 차에 올라가기 직전인 겨울방학 초기에 형의 친구인 재일 조총련 박 모 간부를 만났는데 최근 형의 사업이 부진하여 조총련 자금을 계속 쓰고 있는데 상부에서 일부라도 자금을 갚으라고 독촉한다는 것이었다.

그는 조○록에게 "자네는 형으로부터 계속 학비를 받아 온 처지이니 형에게 도움을 좀 주게." 하여 조○록이 "어떻게 하면 형을 도울 수 있느냐?"라고 하자 그는 "동생인 자네는 남한에 가족이 있어 학기마다 왕래하고 있으니 우선 좋은 학벌과 주변인물 등을 토대로 친목계 같은 조직체를 한국에다 만들고, 정치에도 입문했으니 그 조직을 정치세력화하면 된다네. 형의 사업자금은 조국(북한)에서 오는 자금으로 해결해 나갈 테니 그건 걱정하지 마라."고 하였다.

조○록은 형을 위하고 자신을 위해 무엇인가를 해야겠다는 확실한 신념을 갖고 겨울방학을 맞아 귀국했고, 평소 알고 있던 청와대 경호실 장 계장을 만나 일본에서 박사과정을 잘 밟고 있다는 언동과 함께 몇 번 식사도 하는 한편 김○무와도 좀 더 친밀한 유대를 유지하고 난 후 귀일했고, 귀일 후 조총련 박 모 부장에게 청와대 장 계장과의 만남과 그와 친밀함을 과장되게 보고하고 김○무와의 유대관계 또한 보고했다.

박 모 부장은 다음 여름방학 때는 김○무를 일본으로 데려오도록 하라는 지시를 했다. 그러나 조○록이 여름방학에 입국했을 때 김○무로부터 중정 대공수사국 이 수사관으로부터 자신의 신원이 추적당하고 있다는 말을 듣고 김○무의 도일 공작을 잠시 중지하였다가, 금번에 입국하여 중국집 2층에서 김○무를 대상으로 회유공작을 함으로써 체포되는 결정적 계기가 되었다.

조○록은 국가보안법으로 구속 송치되어 재판에 회부되고 무기형을 선고받았다.

조○록 이외에는 구속 송치된 사람은 한 사람도 없었다. 조기에 그를 체포함으로써 관련 혐의 피의자가 없었던 것은 참으로 다행한 일이었다.

조○록 사건이 마무리될 무렵에 나는 그의 집을 방문, 그의 처에게 구속 사실을 알렸다. 당시 조○록의 처는 집 마당에서 돌 무렵의 아이를 안고 있었는데 나를 쳐다보던 아이의 그 까만 눈동자를 지금도 잊을 수가 없다. 나는 조○록과 아무런 원한도 없었지만 한편으론 가슴 아픈 사건이었다. 더욱 안타까운 것은 몇 년 전 정부가 그에게 전향을 권유하였으나 거절했다고 한다. 전향했으면 출소했을 텐데 왜 전향을 하지 않았는지 참으로 가슴 아픈 일이 아닐 수 없었다.

이 모든 것이 분단의 아픔이 아니던가!

제16장_
사람들이
다 함께 살아가는
이야기

김찬국 교수, 눈물 보이다

1979년 7월 유신 말기로 긴급조치 9호 등이 발동되어 온 나라가 뒤숭숭하던 시기. 지하실에 Y대학교 신학대학에 재직하셨던 김찬국 교수가 연행되어 와 있었다. 언제부터인가 대학을 떠나 재야인사로 반유신·반독재투쟁 집회에 참여하고 계셨던 분이었다.

나는 기획실에 보관된 김 교수의 과거 행적을 살펴보았다. 김 교수는 민청학련 사건으로 1974년 4월 구속되어 긴급조치 1~4호 위반죄로 징역 5년, 자격정지 5년 형을 선고받고 복역 중 1975년 2월 17일 형 집행정지로 석방된 바 있었다.

또 한 번 난감한 일에 부딪친 것이다.

지하실에서 김 교수와 마주했다. 나는 "김 교수님, 또 무슨 일들을 하고 계시기에 안전국도 아니고 간첩 다루는 대공수사국 지하실까지 오신 겁니까? 정말 왜 그러십니까?" 하자 김 교수는 "아! 여기가 대공수사국 지하실이에요? 저야 어디가 어딘지 잘 모르지요." 하기에 나는 "지금 교수님께서 활동하고 계시는 내용과 앞으로의 활동 계획에 대해 자세히 말씀을 좀 해주십시오."라고 하였다.

김 교수는 난감한 표정으로 이야기를 시작하였다.

"정보기관에서 더 잘 알고 있다시피 내가 신학대학에 몸담은 학자로서 종교계 인사들이 어떤 이유에서였던 구속되거나 박해를 받으면 안 나설 수가 없었지요. 정보부가 그런 나를 대학에서 쫓아내지 않았습니까? 대학에서 강의를 못하는데 내가 갈 곳은 뻔하지요. 이 사회 권력으로부터 박해받는 재야 집단, 예를 들어 ○○구속자협의회 등에서 회합에 참여해 달라고 하면 거절할 수가 없어요. 가기 싫어도 가야 한다는 말입니다. 그러한 생활이 지금 몇 년인 줄 아십니까? 지금 내 생활이 대학에 다니고 고등학교에 다니는 애들 학교에도 못 보낼 처지입니다. 제발 수사관께서 윗분들에게 이야기 하여 저를 대학에 복직시켜 주십시오. 복직된다면 다시는 사회운동에 참여하지 않고 오직 학생들 가르치고 학문을 연구하는 데에만 전념하는 교수가 되겠습니다." 하며 눈물을 글썽였다.

생활고! 배고픔은 결코 어떠한 사상이나 이념으로도 대신할 수 없는 것 아닌가?

나는 김 교수에게 "그렇다면 교수님. 제가 힘이 부족하지만 노력해서 윗분들이 교수님의 뜻을 수용토록 할 터이니 '복직하시면 어떻게 하시겠다'라고 상세히 글로 써 주십시오. 그게 있어야 제가 상사들을 설득하지요."라고 하였다.

김 교수는 고맙다고 하며 대학에 복직하면 학문에만 전념하겠다는 내용의 글을 하나하나 구체적으로 적시하였다.

정문까지 그를 배웅한 나는 악수를 하면서 왼손으로 양복 앞자락을 추켜올렸다. 둥그런 Y대학교 허리띠 버클을 보여 드리면서 "교수님에게 동문후배로서 못된 짓을 한 것 같습니다." 하자 김 교수는 두 손으로 내 오른손을 덥석 움켜쥐면서 "당신이 나에게 왜 이렇게 잘 대해주나 했더니 동문이구려. 정말 고맙고 반갑소. 꼭 내 청을 좀 들어주시오."라고 하셨다.

그렇다. 나는 그러한 표현방법으로 교수님에게 약속했다. 그리고 상부에 그대로 보고 했고 긍정적인 답을 얻었다.

그 후 10 · 26 사태가 터졌고 그 직후 교수님은 다시 강단에 섰던 것으로 알고 있다. 나의 노력으로 강단에 다시 섰던 건 아니고 10 · 26 사태 덕분이었겠지만 말이다. 나는 그 이후 김 교수님이 대학 강단을 떠나 무슨 사회단체에서 활동했다는 이야기를 풍문으로나마 들은 적이 없다.

생각건대 교수님께서 지금 생존해 계셨더라면 이 글을 보시면서 빙그레 웃으셨겠지.(김찬국 교수님께서는 본 실화 집필 중이던 2009년 8월 안타깝게도 작고하셨다)

시골 친구 농기계 사연

1977년 초봄 시골 고향 한동네 친구인 허윤규(당시 군수 비서실 직원)로부터 남산 사무실로 전화가 왔다.

"어이, 기동이. 부탁이 있네. 이번 정부에서 전국 시·군 단위에 농기계(이앙기)를 2~3대씩 무료로 보급하는데 우리 지역은 워낙 소지역이라 3~4년 후에나 보급된다고 하네. 이거 해결할 사람은 자네 밖에 없을 것 같아 연락하니 힘 좀 써주게." 하여 그에게 "어디서 들었어? 그리고 정부 어느 부서에서 하는 거야?" 하였더니 그는 "어제 점심 때 군수와 부군수가 이야기 하면서 걱정하더구먼. 그래서 내가 자네에게 부탁해 보겠다고 했지. 소관은 농림부래." 하였다.

나는 즉시 수화기를 들었다. 농림부 장관실로 전화했더니 장관이 없어 차관실로 돌렸다. 나는 농림부 차관에게 대뜸 "차관님, 여기 남산 김재규 부장 비서실입니다. 부장님 처가 쪽인 전남 ○○군에서 연락한 모양인데 부장님이 관심이 많으므로 이번에 보급되는 농기계를 그 지역에 신속히 보내고 결과 보고 하도록 하십시오." 하고는 부장님 비서실 전화가 아니라 내 남산 사무실 전화 777-○○○○을 알려드렸다.

그 후 20분이나 지났을까?

농림부 차관께서 친히 전화를 하셨다. "농림부 차관인데 지금 조치가 되어 농기계 2대를 준비시켜 놓았으니 ○○군에 연락하시어 오늘 중으로 가져가시면 됩니다." 하지 않는가? 나는 '모처럼 시골 고향을 위해 한 건 했구나' 하고 쾌재를 부르면서 고향 친구에게 "어이, 친구. 지금 영등포 기아 자동차 중장비 센터에 연락해 확인하고 농기계 2대 인수해 가게." 하였더니 그는 깜짝 놀라면서 "기적이네, 기적이야." 하였다.

30여 년이 지나간 지금도 그 친구는 여러 사람이 함께 모이면 옛날 그 이야기를 꺼내곤 한다.

월권(?)이지만 지금 생각해도 참으로 흐뭇한 일이었고 내가 다시 그 시절로 되돌아간다 해도 고향을 위해 그렇게 조치했을 것이다.

산·학 협동의 실마리

옛날에 시골마을 우리집 뒷집에 살았던 누님에게는 정영수라
는 아들이 있었다. 그 시절 시골에 사는 대부분 이들이 그랬던 것
처럼 정영수도 초등학교만 졸업하고 돈이 없어 중학교 진학을 포
기했다. 그러나 정영수는 낮에는 어머니의 농사일을 거들고 밤에
는 야학으로 중학교 졸업 자격증을 따냈다.

당시가 1976년 말 아니 1977년 초였든가?

그는 중학교 졸업 후 어린 나이에도 쌀 1말을 메고 기차에 올라
나를 찾아 서울에 왔었다. 그 후 그는 서울 영등포에 있는 규모가
대단한 ○○판금공장에 취직하여 낮에는 공장에서 일하고 밤에
는 열심히 독학하여 고등학교 검정고시에 합격하였다.

1977년 말 추운 겨울 그 정영수란 아이가 훌쩍 커서 나를 찾아
왔다. 그는 "삼촌, 지난번 대학에 시험을 봐서 붙었어요. 홍익대
학교 기계과에 붙었는데 다른 회사도 대부분 그렇지만 우리 회사
도 대학(야간)엘 못 가요. 매일 일과가 저녁 10시에 끝날 뿐 아니
라 회사 입사 규정에 대학진학을 못하게 되어 있어요. 저뿐 아니

라 대학에 합격한 아이들이 몇 명 있는데 모두 실의에 빠져 있어요."라고 하였다.

나는 눈이 번쩍 뜨였다.

왜냐하면, 그 당시로부터 몇 개월 전인가 박 대통령께서 국무회의에서 '산·학 일체'를 언급하시면서 모든 공장을 포함한 직장에서 그 회사 직원이 대학에 합격하고 입학하기를 원한다면 산업체에선 그들을 지원해야 한다고 하셨던 말씀이 떠올랐기 때문이었다. 나는 그 조카에게 기회가 올 테니 기다려보라고 하고 돌려보냈다.

다음 날 오전 출근한 나는 조카가 근무하는 서울 영등포에 소재한 ○○판금회사 사장에게 전화했다. "남산 정보부 대공수사관 이기동입니다. 듣자하니 당신네 회사에서는 직원들이 야간대학에 가는 것을 회사규정으로 막고 있다는데 그거 누가 만든 규정이오? 몇 달 전 대통령 각하께서 뭐라고 엄명하셨습니까? 모든 산업체는 직원들이 대학에 진학하는 것을 지원하라고 하지 않았소이까? 헌데 회사 사장이란 사람이 정책에 앞장서지는 못할 망정 발목을 잡아서야 됩니까? 각하의 뜻을 받들어 부장님을 비롯한 우리 남산에서도 산업 전사들이 마음껏 배울 수 있도록 산업체에 협조를 구하고 있으니 사장도 그에 걸맞은 조치를 곧 취하도록 하시오. 내 며칠 후 사장을 한 번 뵈러 가겠습니다."라고 엄포 아닌 엄포를 놓았다.

다음 날 오후 그 판금회사에 다니는 조카한테서 전화가 왔다.

"삼촌, 사내 게시판에 '알림'이 붙었는데 대학에 합격한 사람은 모두 총무과에 신고하라고 하면서 앞으로 대학 합격자에게 특혜를 주겠다고 했어요."라며 기뻐했다.

그 정영수라는 조카는 홍익대학교 기계과(야간)를 우수한 성적으로 졸업하여 현대전자(주) 과장을 거쳐 현재는 교사로 재직 중이다.

지금 생각하면 그 당시 박 대통령께서는 미래를 예견하신 현명한 지혜로 '산·학 협력'의 발판을 마련하셨던 것이다.

한 시대의 위대한 지도자이셨다고 지금도 생각한다.

어느 천재 아가씨의 시련

1976년 가을쯤이던가? 정보부장 앞으로 진정서가 날아왔다. 첨부되어 '대통령 각하'라고 한 청원서까지 곁들여서 말이다.

김자연(당시 22세). 미 하버드대 경제과 우등졸업(박사).

사건인즉, 천재 아가씨 김양이 원하는 건 국립대학교 교수로 재직하고자 하는 청원이고 또 진정서였다.

나는 서울 시내 삼풍상가 커피숍에서 그녀를 만났다. 그녀는 약 3개월 전에 국내에 들어와 전국 국립대학에 취업 원서를 냈으나 나이가 어리다는 이유로 모두 거절당했다는 것이다. 그녀는 '맥나마라 국방장관'이 몇 살에 하버드에서 박사 학위를 받았고 또 몇 살에 하버드대학 강단에 섰는데 한국이 도대체 뭐 대단한 나라이기에 사람을 나이로 차별하느냐 하는 것이었다.

나로서는 '국립대학 교수 채용 규정'에 대해 전혀 아는 바가 없어 그녀에게 1주일만 시간을 달라고 하고 돌려보냈다.

나는 그 며칠 후 문교부 내 해당 부서를 방문하여 담당 국장에게 위 사실을 이야기 하였다. 해당 국장은 나이 제한이 있는 게 사실이라고 하며, 문제가 있지만 국립대학 교수 채용 규정을 당장 고칠 수는 없다고 하면서 지방 사립대에선 강의할 수 있다고 하며 나에게 "그 분을 제게 보내 주시면 안정된 지방대학을 소개해 주겠다."고 하였다.

그 직후 나는 150cm나 될까말까 한 조그만 체구의 김자연 박사를 만났다.

나는 그녀에게 문교부 국장에게서 받은 명함을 건네주며 "이 분을 찾아가면 좋은 지방대학을 소개해 주겠다고 하더라."고 했더니 그녀는 벌컥 화를 내면서 "고국의 후학을 위해 일해 보려고 귀국했더니 조국의 모양새가 왜 이러냐?"는 당찬 말을 하고는 다시 미국으로 돌아가겠다고 하며 일어서 커피숍을 나가더니 다시 나에게 돌아와서는 "저를 위해 아저씨께서 고생하셨는데 보답을 못 해 드려 죄송합니다. 기회 있으면 주신 전화로 연락하겠습니다."라고 하였다.

그 후 약 2개월이 흘렀을까? 사무실에서 몇 번만에 그녀에게서 온 전화를 받을 수 있었다. 당시 그녀는 미국으로 돌아가 그녀의 모교인 하버드대학에서 연구위원으로 있으면서 강의도 맡고 있다고 했다.

왜 그때 우리의 국립대학들은 그랬을까? 하여튼 내 전공분야가 아니라서 잘 모르겠지만, 지금은 그러지 않겠지….

또 그때를 가만히 생각해 보면 참으로 세계적인 석학이 될 인물을 당시 우리의 국립대학이 놓친 건 아닌지 자성해 볼 만한 일이다.

연좌제 폐지 전 마패도장, 「중·통」

1976년 가을쯤이었던가? 10여 년 전 대학 2학년 시절 농촌봉사 활동을 할 당시 알게 된 강원도 ○○지역 농촌기반공사의 과장(박○○ 과장)이었던 사람이 지사장이 되어 오랜만에 서울로 나를 찾아왔다.

박 지사장은 그 지역 명문가의 자식으로 중앙에 모 기관 청장까지 지낸 분의 동생이기도 했다. 당시 그는 그 지역에서 많은 벼농사를 짓고 있었고, 집이 대궐 같아 우리가 봉사활동을 하며 그 댁에서 숙식을 해결했고 그때 나는 당시 박 과장과 형님, 동생 하며 지냈다. 그는 이후에도 나에게 계속 연락을 취했고, 서울에 오면 꼭 나를 찾곤 했다. 퇴근 후 그를 만나 저녁식사를 함께 하는데 부탁이 있어 찾아왔다고 했다.

나는 "부탁이 있으면 예전처럼 전화로 하시지 그랬습니까?" 했더니 그는 직접 만나야 할 긴한 부탁이 있다고 하였다. 그는 "자네가 알다시피 형 아들인 조카가 있는데 지금 서울지방법원 판사로 있네. 약 2년 전 그 조카가 같은 사법시험 합격 동기생 여판사와 결혼을 했는데 궁합이 안 맞아 그런지 부부 사이가 영 좋지 않다네. 여 판사의 시골 집안이 궁금해서 그런지 집안 간에도 사이가 좋지 않아 조카가 처가에도 가지 않는다더군. 어쨌든 조카는 이혼했으면 하는데 이혼 명분이 없어 고민하고 있다는 게야. 형님 이야기로는 아들이 자기한테 와서도 이혼하고 싶다고 한 모양이야. 그래서 지난번 형님이 나를 급히 찾아 상경하여 뵈었는데 그때 형님께서 '네가 잘 아는 분이 정보부에 근무한다고 했지?' 하시기에 '네, 남산 대공국에 근무하고 있는데요' 했더니 '그 분을 네가 좀 찾아뵙고 부탁 좀 하여 아들놈 문제 해결책을 찾아보라'"고 하여 나를 찾았다고 하며 당시 그의 형님 말로는 "며느리가 사시에 합격하고 판사를 지망했을 때 당시 임명에 문제가 좀 있었다고 하더군. 집안 친척 한 사람이 6·25 전쟁 때 월북한 사실이 있었다는 게야." 하기에 나는 "어쨌든 판사로 임명까지 되었으면…." 하면서 그에게 "형, 우리끼리 얘기지만 조카에게 다른 여자가 생긴 거 아닙니까?" 했더니 그는 "실은 조카가 같은 부서에 있는 처 후배 여판사와 좋은 관계를 갖고 청장인 자기 아버지한테도 데려가 인사시켰대. 그러니 형님으로서는 보통 걱정이 아니겠는가?"라고 하였다.

제기랄! '옛날이나 지금이나 돈 없고 빽 없는 사람은 참으로 고달픈 세상이구나'라고 생각하면서 그에게 "그럼 부부 두 사람은 별거 중인가요?" 했더니 "조카는 집을 나와 법원 근처 오피스텔에서 기거하고 있는 모양이야. 아! 그리고 조카 처(판사)가 보름 후 연수차 미국에 나간대. 그러니 형이 더 성화지." 하기에 "아니, 나는 새도 떨어뜨린다는 '청장인 아버지'도 해결 못 하는 데 내가 무슨 수로 그들을 이혼시킵니까? 형도 참!" 하고 말했으나 섬광처럼 머리를 스치는 무언가가 있었다.

나는 그에게 "형. 나에게 시간을 좀 주시고 내려가십시오. 묘안이 떠오르면 내일이라도 연락할게요." 하자 "청장 형님이 자네에게 꼭 좀 잘 부탁하라고 하셨어." 하고는 자리에서 일어나 고향으로 돌아갔다.

그렇다. 신원조회의 '중·통'이 있지 않은가? '중앙정보부 통보' 말이다.

다음 날 나는 청사에서 보안과(대공수사국 내) 동기생인 이○용에게 전화하여 저녁 약속을 잡았다. 그와 나는 정보부 공채 입사 동기생으로 당시 서울 영등포구 개봉동에 있는 아파트촌에서 함께 살았다.

퇴근 후 서울 중구 퇴계로 2가 부산복집에서 술잔을 기울였다. 나는 "중요한 사적 부탁이 있으니 듣고 좀 도와줘. 너 보안과 소속이니 보안엔 염려 없고 말이지." 하자 그는 "뭐야? 천하의 이기동이가 내게 부탁할 게 있다니. 말해봐." 하여 그에게 문제의 판사 신원이 적힌 쪽지를 건네주면서 "이 판사 말이야, 보름 후 해외 연수 떠나는데 외무부에서 너희 과에 조회가 와 있을 거 아닌가? 이 판사 집안에 당숙 정도 되는 사람이 6·25 전쟁 때 월북을 한 관계로 판사 임명 때 문제가 좀 있었대. 너 그거 좀 맡아 처리해 줘." 했더니 그는 "그래? 뭐 현재 판사고 하니 별것 있겠냐? 경미한 걸로 처리해서 보내지 뭐." 하기에 "야! 그게 아니고 반대야 반대.” 하자 그는 “뭐가 반대란 말이야? 해외 연수 나가게 하면 될 것 아니냐?” 하기에 “그게 아니고 ‘중 · 통(불가)’ 빨간 도장 찍어 외무부에 보내달라고. 해외 나가지 못하게 하란 말이야. 이 친구야!” 했더니 그는 깜짝 놀라면서 “보안과 근무 3년에 신원조회 좀 잘 처리해서 해외여행에 결격사유 없도록 해 달라는 청탁은 받아 봤으나 문제를 문제(?) 삼아 달라는 소리는 처음 듣는다. 어쨌든 서류를 보지 못했으니 지금 결론 낼 수는 없고 네 말대로 해주면 넌 나에게 뭐해 줄래?” 하였다.

나는 그에게 “일이 잘되면 서울 장안에서 최고의 요릿집이라고 하는데 안내하고 네 곁에 최고 미녀 앉히고 술 사지. 정말이다. 어쨌든 부탁은 부탁이고 우선 이거 먹고 2차 가자. 우리 같은 동네에 사니까 함께 택시로 가자.”라고 하고 명동으로 자리를 옮겨 잡았다.

다음 날 오후 3시경 보안과 이 보안관으로부터 전화가 왔다. 오늘 저녁 술 살 준비하라고. 저녁 서울 무교동 ㄱ한식집에서 그와 함께 자리했다. “야, 친구야! 낮에 그 판사 서류 검토했는데 전혀 문제가 없었던 건 아니야. 아직도 우리나라 연좌제가 날개 달고 있지 않은가 말이다. 그래서 묶었다, 묶었어. 이런 경우는 살려줘서 문제가 되는 경우는 있지만, 서류 죽이면(중 · 통 : 불허를 뜻함) 문제 될 게 없다, 그 말이야. 그 판사 해외연수는 없었던 일로 될 게야. 알았지? 그건 그렇고 큰 판 오늘 여는 거야, 다음이야?” 하기에 나는 “약속대로 하려면 보너스를 타야지. 술 사는 보너스 말이야.” 하고는 함께 웃었다.

웃다니⋯. 한 사람의 인생을 훼방 놓다니, 참으로 한심한 일이었다. 그로부터 약 1개월 후 지사장으로부터 고맙다는 인사와 함께 거나하게 저녁 식사를 대접받았다.

그의 조카 판사는 처(판사)의 집안사상을 문제 삼아 이혼하고 곧바로 처의 후배 판사인 황 판사와 계획대로(?) 재혼했다.

그 다음해 1977년 초 박정희 대통령의 특별 지시로 연좌제가 폐지되었고 이혼 당한 판사는 2년 늦게 해외 연수길에 올랐다고 한다. 그 후 내가 확인할 때까지 그녀는 계속 법복을 입고 있었고 고법 판사로 재직했었다.

그것으로 나의 조그만 가슴 속 양심의 가책에서 벗어났다.

휴-! 참으로 다행이었다.

중동 현대건설 노무자 폭동 사건

1975년경부터 시작된 중동 특수는 우리나라로서는 월남전 특수(국군 파병과 고물상 사업) 이후 그야말로 국운이 걸린 또 하나의 해외진출 대규모 개발 프로젝트였다. 이렇듯 국가중흥의 시점에서 1977년 3월 13일에 중동 사우디아라비아 주베일 산업항 현장에서 터진 현대건설(주) 노무자 파업 폭동 사건은 한국 경제도약에 찬물을 끼얹는 중대 사안으로 국가산업 비상사태를 가져왔다.

중동 사우디아라비아가 어떤 국가인가? 석유로 부를 쌓고 있던 왕도정치의 모델 국가로서 자국 내에서 어떠한 종류의 시위나 폭동도 용납될 수 없는 나라였다. 하물며 자기 나라에 진출한 외국기업의 파업·폭동 사태야말로 그 나라의 비상사태이기도 하였다.

이러한 곳에서 3천여 명이라는 엄청난 외국인 노동자의 폭동 사태가 일어났으니 가히 일이 잘못되면 중동에서 쫓겨날 뿐 아니라 국교단절까지도 불사할 나라였다. 사태에 대해 사우디 주재 한국 대사관·총영사관을 위시하여 모든 해외사업 관련 정부부처 책임자 등이 현지에 급파, 그 진압에 총력을 기울였고 당시 박 대통령은 대로했다. 대통령은 사우디아라비아 대사와 관계관을 즉시 소환, 특별 훈련과 함께 사우디아라비아 국왕에게 보내는 친서를 전달토록 하고 계속하여 보고를 받았다고 했다. 결국, 박 대통령께서는 이를 국가의 중대한 사태로 단정 짓고 남산에 특별 수사를 지시하였다.

박 대통령이 누구이신가?

그는 대통령에 취임 직후 '빈곤과 모순, 그리고 무지가 없는 조국의 미래를 향해서 나아가자', '우리는 자제와 책임을 수반하는 참다운 민주주의 국가를 건설하여야 한다'라고 했다. 대통령의 확고한 통치철학은 드디어 1970년 중반기 이 땅이 경제적 자립과 부국의 앞날을 창조하는데 커다란 밑바탕이 되었다.

어쨌든 중동사태의 시초는 당시 사우디아라비아 주베일 지역 산업항 현장에서 발단이 되었다. 사고가 터지던 날, 현장 점심 시간대에 현장 사무직이었던 김○○ 대리가 장비 운전사 박○○ 기사가 자기의 지시를 따르지 않는다 하여(장비 주차를 식당으로부터 너무 가까이 했다는 이유로) 따귀를 때린 것이 발단이 되어 싸움이 시작됐고, 마침 점심을 먹기 위해 사무실 옆 식당 쪽으로 운집하던 노무자들이 이를 목격하고 흥분하여 몰려들었고 화가 난 장비 기사는 트랙터를 몰고 사무실로 돌진, 사무실을 파괴하면서 폭동이 시작되었다.

흥분한 노무자들이 부서진 사무실에 불을 지르고 사무실 직원들을 구타하여 사무실 직원들은 사태를 피해 외부로 도망쳤다.

사건은 이렇게 발단되었으나 사실 대부분의 노무자가 회사(사무실 직원) 측의 노무자 현장 배치 운영에 불만을 품고 있었고 무엇보다도 자신들이 낮은 노임으로 중동에 팔려왔다는 데 불만들을 갖고 있었다.

또한 그들은 당시 한국 노무자 계약 노임(시급)이 함께 일하는 외국인의 노임에 비해 절반도 못 되게 책정되었다는 사실을 현지에서 알게 되었다. 이는 의식화(?)된 몇 명의 한국 노무자들이 현장에서 저임금 사실을 유포시킴으로써 노무자들의 불평과 분노가 시작되었다. 그러나 그 불만을 응집·발산시킬 명분(계약서가 있기 때문에)과 구심점이 없었는데 당시 같은 동료 노무자인 중장비 운전기사가 사무실 직원으로부터 구타당한 현장을 목격하자 곧바로 폭동으로 이어졌던 것이다.

현대건설(주) 주재 현장 세 곳에서 연이어 무법 폭동이 일어났고, 참여인원은 3천 명에 달했다.

한국 정부와 사우디 정부 간에 대책 협의가 이뤄지면서 현장에서는 사우디 경찰의 방어선이 구축되었다. 그리고 며칠간에 걸쳐 우리 정부 대표단과 현대건설(주) 정주영 회장을 비롯한 중역들의 대 노무자 설득과 타협안으로 사건 15일 만에 폭동이 진압되었다.

사우디 정부의 강력한 공권력 투입조치에 대다수의 순박한 노무자들 또한 위기감을 느끼고 전원 현장으로 복귀하였다.

위 사태로 인하여 주동자로 낙인찍힌 노무자 20여 명이 현지에서 추방되어 강제 귀국길에 올랐다.

가난한 집안의 가장으로서 가족을 위해 피땀 흘리고 돈 벌어보자고 이국땅 사막 지대에까지 온 노무자들이 동포끼리의 사소한 감정 충돌로 추방되어 돌아오다니 얼마나 가슴 아팠겠는가?

정부는 당시 그들의 행위가 국가 발전에 극도의 해악을 가져왔다고 판단했다. 그리고 그들 귀국 노무자 전원은 청와대의 지시로 남산 대공수사국으로 보내졌다. 주어진 대공사건으로 바쁜 와중에도 그들에 대한 수사팀이 만들어졌고 나 또한 예외 없이 그 수사팀에 합류했다.

헌데 주동자로 일부 자인한 2~3명을 제외하고 나머지 송환자들 모두가 폭력 주동자와는 무관한 노무자였음이 조사과정에서 점차 드러났다. 현지에서 주동자 색출을 한 사무실 직원들이 평소 자신들의 명령을 순순히 따르지 않았거나 업무지시 때 다른 의견들을 제시했던 노무자들을 폭력데모 주동자로 몰아 강제 송환시킨 것이다.

그 중에는 폭력데모 시 현장에 있지도 않았던 노무자가 엉뚱하게 송환되어 울음을 터뜨린 자도 몇 명 있었다.

모든 참여 수사관들은 송환자 선별에 문제가 있었음을 간파하고 과장 주재 하에 긴급 수사관 회의를 했다. 그리고 노동자 편에서서 사건을 마무리 짓자는 수사방향에 대한 결론을 내렸다.

첫째, 본 사건은 대공사건과는 무관하므로 주동자 구속을 최소화하자.(불구속 수사원칙)

둘째, 문제는 노무자가 아니라 최저 임금을 책정한 회사에 근본책임이 있는 만큼 해외 건설 사업 관련, 현대건설(주) 중역 전

원을 남산으로 연행·조사하여 그에 따른 조치를 하자.(임금 인상 조치)

셋째, 불구속 노무자 전원을 중동 현지로 재출국 시키되 이번 사태로 인한 입·출국 비행기 비용은 전액 현대가 책임진다.(당시엔 노무자에게 문제 발생시 입·출국 경비를 모두 노무자가 부담)

수사팀은 현대건설(주) 해외 건설 담당 중역 5명(본부장 포함)을 남산으로 연행했다. 수사관들은 그들에게 강도 높은 조사와 함께 노동자 노임 착취에 대한 진솔한 진술과 폭동의 전적인 책임을 현대가 감수할 것을 강요했다. 당시 현대 책임자들은 남산에서 제시한 제반 조건을 수락함으로써 그 이행 각서를 받은 후 돌려보냈다.

수사는 종결되었다.

폭력 시위에 적극적으로 가담하였음을 일부 시인한 노무자 3명을 가벼운 조서로 검찰에 송치하기로 하고 나머지 노무자들은 모두 현대건설(주) 본사로 이송했다.

결론적으로 남산의 의지가 모두 관철되었으며 그로부터 약 10여 일 후 국내 중앙지에 아무런 설명과 해명도 없이 중동에 진출한 노무자들의 노임이 약 40%가량 인상되었다고 발표되었다.

그 이후 검찰에 송치된 노무자 3명 중 실형을 선고받은 사람은 전남 목포 출신 김 모 씨로 그는 지하실에서 나에게 당시 중동에 파견된 외국인 노동자와 우리 노동자들의 시급 계산방법과 그 차이를 설명하면서 건설회사가 엄청난 노임 중간착취를 하고 있다고 설명하며 "수사관님, 저만 주동자로 처벌해 주세요. 노무자 시급 문제를 가지고 회사에 따진 건 저입니다. 다른 노무자들은 아무 죄도 없습니다. 그렇게 해주세요."라고 하였다.

배고픈 시대의 아픔이었다. 우리 모두가 가난했지만 그 와중에서도 늘 자신을 희생시키며 더 힘없는 주변을 아끼는 모습이 진정 우리 고유의 민족성이 아니던가?

그는 약 1년의 실형을 살고 출소한 것으로 안다.

그 사태 이후 중동에서는 어떠한 형태의 노사분규도 없었다.

남산이 약자 편에 서서 대기업을 질타하면서 서민을 위해 노력했던 사건으로 지금 생각해도 가슴 뿌듯했던 일화다.

당시 정부는 중동사태에 대한 지상보도를 엄격 통제했다. 다시 말해 월남전 특수(?) 이래 찾아온 경제도약의 발판이 될 중동 진출이 물거품이 되면 안 되기 때문이었다. 그랬기에 여·야 모두가 침묵으로 일관하였고, 그 결과 중동 여타 국가와의 교역에도 문제가 없었다.

국민의 알 권리보다 국가 부흥이 먼저였던 가난한 시대였다고나 할까?

그때는 지금처럼 일부 폭력부터 앞세우는 악랄하고 투쟁적인 노조는 없었으니까 그래도 노동자 전체에게는 편안한 세상이었다.

어느 악랄하고 괴팍스런 논리로 겨우 먹고사는 S대학 김 모라는 좌파논객이 위 중동사태를 재벌이 정부와 야합하여 진실을 땅에 묻어버린 사건이라고 하며 그 당시 시대상황으로 보아 중동에서 남산으로 연행된 노동자들이 지하실에서 처참한 고통을 당했을 것이라고 어느 인터넷에 당당히 피력했다.

처참한 고통을 당했을 것이라고?

필자는 그 불행한 좌파논객에게 묻고 싶다.

그대가 보았는가, 아니면 겪었는가(?) 하고 말이다.

필자가 도리어 당당히 묻고 싶다.

그 당시 연행된 노무자 23명 중 남산 지하실에서 단 한 차례라도 구타 등을 당한 노무자가 있었느냐고?

물론 없었다.

필자는 단호하게 그런 일이 단 한 사람에게도 일어나지 않았다고 이 세상을 향해 단언한다.

만약 당시의 노무자 중 어떤 분이 누구에겐가 회유당해 그런 언동을 하였다면 당시의 노무자 중 생존해 있는 모든 분들과 함께 언제 어디서든 공개하여 그 진실을 밝히자고 이 책을 통해 주장한다.

그래서 그 진실이 밝혀지면 당연히 위 좌파논객은 만천하에 그의 잘못을 시인하고 용서를 빌어야 함은 물론 이 사회의 글을 쓰는 세계에서도 격리되어 살아야 할 것이다.

아직도 불행을 안고 살아가고 있는 불쌍한 좌파논객이여!

제17장_
제 발로 자수한
남파간첩

정신이상자라고 쫓아낸 파출소

1974년 10월 주룩주룩 가을비가 내리던 어느 날 오후 정보부 대구지부 대공 상담소에 전화가 걸려왔다.

경북 대구 외곽지역 ○○파출소 소장에게서 온 전화였다. 파출소 소장과 대공 상담소 박○ 수사관과는 고등학교 동기생으로 친구였다.

제보 내용은 50대 노인이 스스로 파출소에 찾아와 자신이 북에서 온 간첩이라고 하며 대한민국 정부에 자수하러 왔다고 했다. 당시 그 곳 파출소 경찰은 정신 나간 노인이라고 판단하고 쫓아냈는데 그는 약 1시간 후 또 찾아왔다고 한다. 그리고 재일교포 여권을 꺼내 보이며 북조선에서 일본을 거쳐 간첩으로 한국에 들어왔다고 하며 파출소 의자에 앉아 나가지 않고 책임 있는 사람과 면담하고 싶다고 했다는 제보였다.

신고를 접한 대공 상담소 소장으로부터 보고를 받은 본부 대공 수사국 1과(5계)에서는 즉시 김○○ 수사관 일행을 대구로 급파시켰다. 그리고는 50대의 조그마한 체구를 가진 남자를 남산으로 안내(?)했다.

여기는 대공수사국 지하실.

담당 김 수사관의 몇 가지 질문에 응답한 그는 진짜 북에서 일본을 통해 직접 남파된 간첩이 틀림없었다. 그 당시 본부 수사관들은 피의 대상자에 대해 몇 가지 질문만으로도 대공에 관한한 정확한 판단을 할 수 있는 식견과 능력을 모두 갖추고 있었다.

그렇다면 그는 어떻게 남한에 침투했고 왜 자수를 하게 되었는가?

김일동(당시 53세). 1950년 10월 6·25 전쟁 발발로 북괴군이 남침을 감행하였을 시기에 그는 당시 갓 결혼한 처를 고향인 경북 칠곡군 ○○면에 남겨둔 채 일부 퇴각하는 인민군을 따라 월북했다. 고향에서의 가난이 그로 하여금 월북을 결심하게 한 것이다.

북으로 간 그는 6·25 전쟁 직후 평양에서 남한에서는 가난으로 다니지 못했던 고보(고등학교)에 늦깎이로 입학하여 우수한 성적으로 학교를 졸업한 후 공개 채용 시험을 거쳐 이북 개성시에 있던 철도성 지방 공무원으로 임명받았다. 타고난 부지런함과 성실함으로 과장직(한국 철도청 지방 소장급)까지 승진했고 이북에서 재혼한 그는 아들 하나(당시 김일성대학 재학 중)를 두었다.

1974년 당시는 북한 김일성이 후계구도를 정착시키는 과정의 하나로 모든 정부 부처에서 남한 출신자들을 숙청하기 시작한 시기였다.

성실히 직장에서 근무하고 있던 어느 날, 김일동은 노동당 중앙당 대남공작국의 부름을 받았다. 대남공작국에 소환 당한 김일동은 대남공작국 제1부장(남한 침투 공작 부서)으로부터 "김 과장 동무, 1950년 북조선에 올 당시 남조선에는 가족이 누구누구 있었소?"라는 질문을 받고 "네, 부장님. 당시 고향에는 부모님과 결혼한 처 그리고 미혼인 남동생이 한 명 있었습니다."라고 하자 부장은 "고거, 잘됐구먼. 금번 위대하신 수령 김일성 장군께서 남조선 출신들에게 조국해방을 위해 위대한 과업을 하사키로 하였소. 영광스럽게도 김 동지께서 위대한 수령님의 과업을 수행하게 되었소이다. 이 얼마나 영광스러운 일이오. 오늘은 일단 집에 돌아가 식구들에게는 해외 과업을 위해 약 1년간 일본에 가 있겠다고 하고 3일 내에 다시 이곳으로 나오시오."라는 명을 받았다.

명을 받고 아찔한 현기증을 느낀 김일동은 '남조선 출신인 내가 이곳에서 더는 쓸모없는 사람이 되었구나!' 하는 참담한 생각이 들었으나 누구의 명령인가? 목숨을 바쳐 따를 수밖에 없는 체제 아니던가?

집에서 간단한 여행 준비를 마치고 당시 아내에게 "약 1년간 해외 출장을 다녀오겠다."라고 기약 없는 언질을 한 후 집을 떠났다.

대남공작국으로 복귀한 김일동은 당일로 평양 근교에 있던 '모란봉 제2초대소'에 수용되었다. 당시 모란봉 초대소는 남파간첩을 위한 밀봉교육 장소였다.

그는 그곳에서 '난수표 해독방법' 및 '심야 평양방송 암호 해독법' 등 남조선에 침투하여 간첩 활동에 필요한 제반 교육과 남조선 친·인척 포섭공작 요령에 대한 철저한 실행교육을 이수했다.

김일동은 다음 달인 1974년 8월 중순경 북한 청진항에서 만경봉 호에 승선, 합법적으로 일본에 입국하여 재일 조총련 본부에 무사히 도착했다.

그는 그로부터 약 1개월 동안 재일 조총련 본부 별실에 수용되어 체재하면서 그 당시 사망한 재일 민단계 교포 정○○ 명의의 위조 여권을 발급 받음으로써 한국에 침투하기 위한 완벽한 신분 위장을 하였다. 더 나아가 그는 당시 조총련 본부에서 한국에 있는 고정간첩으로부터 입수한(김일동은 한국 내 고정간첩과는 연계가 없어 그가 누군지 모름) 한국 내 가족에 대한 근황을 연계 접수하였는데 놀랍게도 그의 고향인 경북 칠곡군 ○○면 고향 집에 본처가 아직도 홀로 살고 있었고 그녀에게 24세 된 아들이 있다는 것도 알게 되었다. 그녀의 아들은 경상북도 대구 시내 모 초등학교 교사로 재직하고 있었다.

24세의 남자라…. 김일동은 6·25 전쟁 당시 헤어진 전처가 당시에 혹시 임신했던 게 아닌가 하고 고개를 갸우뚱했다. 그리고 하나뿐인 남동생은 대구 시내에서 조그만 음식점을 경영하고 있다는 사실도 알 수 있었다.

1974년 9월 드디어 그는 민단 교포 정○○ 신분으로 위장하고 국내에 무사히 침투하여 경북 대구시 외곽에 있는 ○○여관에 여장을 풀었다. 그리고는 일본 조총련 본부에 '무사히 현지에 안착했음'을 암호로 보고했다.

조총련 본부로부터 '건투를 빈다'는 격려와 함께 그로부터 약 10여 일에 걸쳐 재일교포 한국 관광객으로 위장, 고향인 경북 칠곡군 ○○면을 방문하여 옛날에 자신이 살았던 고향집을 먼발치에서 쳐다보곤 눈물을 흘렸다. 더불어 아들이 근무할지도 모르는 대구 시내 ○○초등학교도 돌아보았다. 여관으로 되돌아온 그는 깊은 시름에 젖어 고통스러운 나날을 보내고 있었다. 친동생을 만나고 싶으나 만나게 되면 즉각 신분이 탄로 날 것이 뻔함으로 동생 집 근처(음식점)에도 가지 못한 채 여관방에서 며칠을 고민으로 지새웠다.

드디어 그는 목숨을 담보로 하는 결심을 하기에 이르렀다.

대남공작국이 시키는 사명을 수행하자니 바로 붙잡힐 것 같고 성과 없이 북조선에 복귀한다면 재북 가족과의 재회는 고사하고 곧바로 탄광으로 내몰릴 것이 뻔했다.

'자수하자. 그래서 한이 맺혀 있을 전처를 만나보고 혹여 자신의 아들이 있다면 더욱 좋고, 그들을 만나보고 죽자'라고 결심을 하고 나니 한결 마음이 가벼워졌다. 죽기 전에 남조선 정부에 간곡히 청하면 처와 동생은 한 번은 만나게 해주지 않겠는가?

그는 굳게 결심한 후 뜬눈으로 밤을 새우고 곧바로 여관을 나와 낮에 보았던 파출소로 직행하여 자수하였다. 헌데 정신병자 취급을 받아 쫓겨나는 촌극이 벌어졌던 것이다.

그리던 가족과의 상봉과 직급 불만

여기는 남산 지하실.

담당 수사관은 김일동에게 "당신은 자수했으니 생명은 아무런 염려를 하지 마라. 우리 정부는 당신에게 정착금도 주고 취직도 시켜준다."라고 말했으나 그는 도통 수사관의 말을 믿지 않고 오직 가족들을 만나게 해달라고만 애걸했다. 한 번만 가족들을 만나게 해주면 죽어도 남조선 정부를 원망하지 않겠다고 하면서.

남산에 연행된 지 10여 일. 그의 간곡한 요청으로 조사 중임에도 불구하고 가족 상봉 준비에 들어갔다. 물론 그 간에 김일동의 처에게 연락되었고 특히 초등학교 선생인 그의 친아들에게도 연락되었음은 물론이었다.

정보부 대구지부에 지시하여 김일동의 본처를 서울로 불러올렸다. 어느 날 오전 10시경 나는 한 계장과 함께 김일동을 데리고 시내로 나섰다.

서울 종로 3가에 소재한 삼화고속 터미널 옆 골목에 있던 삼화여관 2층으로 들어섰다. 여관방에는 초라한 시골 여인(김일동의 본처. 당시 56세)이 구석진 곳에 다소곳이 앉아 있었다.

머리를 숙인 채….

한 계장은 여인에게 "아주머니, 올라오시느라 수고했어요. 여기 남편 김일동 씨가 멀쩡히 살아서 아주머니를 찾아 돌아왔으니 이리 가까이 오세요." 하자 여인은 조용히 얼굴을 들었다. 그리고 김일동을 한참 쳐다보더니 이내 고개를 돌렸다.

김일동이 29세 때 헤어져 53세에 만났으니, 여인의 심정은 어떠했을까? 젊었을 때 남편의 흔적을 느꼈을까? 못 느꼈을까?

울고불고 야단날 것이라 예상했던 내 생각은 완전히 빗나갔다. 여인에게는 눈물도 흐느낌도 분노도 없었다. 무표정 그대로였다.

참으로 긴 세월 24년이 아니던가? 시집온 여자가 결혼 6개월 만에 남편이 말없이 집을 나간 후 영영 잃어버린 그 오랜 세월이 이 여인에게서 눈물도 흐느낌도 그 아무것도 남기지 않았단 말인가?

잠시 침묵이 흘렀다.

한 계장은 김일동의 오른손과 여인의 왼손을 맞잡게 하고선 "뭐, 할 말들 있을 텐데 해봐요. 지금 또 헤어지면 약 1개월 이후에나 서로 만나게 될 겁니다. 말들 좀 해봐요." 하자 김일동은 처의 손을 가볍게 흔들며 "여보, 미안하구려! 이야기 들으니 아들놈을 잘 키워놓았더군. 내가 죽일 놈이오. 혹여 이 나라 이 정부가 나의 목숨을 살려준다면 내 죽을 때까지 당신에게 속죄하며 살겠소." 하며 눈물을 흘렸다.

고개를 반대로 돌리고 있던 여인은 끝내 울지 않았다. 오늘날 선생이 된 유복자를 당시에 남편 없이 홀로 낳고 키우면서 보낸 세월이 그녀의 가슴을 너무나 피맺히게 했던 것일 게다.

그로부터 약 20여 일 후, 정부로부터 제법 많은(?) 정착금을 수령하여 김일동에게 전달하고 우선 본처와 그를 고향집에서 동거케 하였다.

며칠 후 대구로 출장한 나는 김일동을 대동하고 경북 대구시 ○○에 소재한 동○방직(주)을 방문하고 사장과 면담했다.

이미 정부로부터 공문을 접수한 사장은 김일동에게 "과장 자리를 원한다고 하여 생산부 과장직으로 인사 발령하였으니 내일부터 출근하도록 하시오." 하며 반겼다. 당시는 이렇듯 정부의 뜻을 받아들인 회사에 대하여는 음으로 양으로 여러 가지 혜택을 주었기에 거절하는 경우는 없었다.

그 후 김일동은 정부가 준 정착금으로 대구 시내에 제법 큰집을 마련하고 아들 김교사 부부와 함께 살면서 방직회사에 다녔다.

나는 매월 초 부산에 정기 출장 가는 길에 항상 대구에 들러 김일동과 만나면서 그의 동향 또한 예의 관찰하였다. 관찰은 어디까지나 그가 남한 사회에 적응할 때까지의 보호차원에서였다.

김일동이 회사에 다닌 지 3개월쯤 되었을까? 대구 출장 중에 만난 김일동의 심신 상태가 별로 좋아 보이지 않았다. 나는 "김 선생, 무엇이 있는 모양인데 불만 있는 부분이 있으면 나에게 솔직히 털어놔요. 우거지상 하지 말고. 문제점이 있으면 해결해 주려고 매월 내가 여기 오는 것 아니오." 하자 그는 "이 수사관님, 내가 처음 회사 과장 자리를 달라고 해서 과장이 된 것은 맞습니다. 헌데 그때 실은 남쪽 실정을 잘 몰라 북조선 체제만 생각하고 그랬는데 이곳에서의 회사 생산직 과장이라는 직급이 하급직 자리더군요. 그래서 그런지 요즘 일할 맛이 안 납니다."라고 하였다.

그렇다. 그의 이북에서의 과장 자리는 그곳에서 상당히 높은 위치의 직급이었다. 우리가 모르는 것이 아니었다. 하지만 처음부터 높은 직급을 주게 되면 곧이어 더 상위직급을 통상 요구하기 때문에 그렇게 처리하는 것이 관례였다.

나는 그에게 걱정하지 말라고 약속하고 다음 날 오전 일찍 사장실을 방문했다. 그리고 김일동은 곧바로 부서장(부장)으로 승진, 발령시켰다. 물론 남산 부장님의 지엄한 명령이 있었다고 전하면서.

그 후 김일동 부장은 그 직에 매우 만족해 하며 나에게 매달 술을 실컷 사겠다고 농담하는 등 즐거워 했다. 그가 선택한 이 남한 사회에서 가족들과 잘 살다가 가셨는지, 혹 살고 있는지….

왜냐하면 김일동 부장이 살아 있다면 90세가 넘었을 테니까 하는 말이다.

자수 간첩!

기록에 의하면 해방 이후 수없는 탈북자와 자수 간첩이 있었고 그 중 1960년 말 자수했다가 국가가 준 정착금으로 여자 여러 명 울렸던 이중간첩 이수근(사형에 처함)을 제외하고는 그들 모두가 이곳 대한민국에서 편안한 여생들을 보냈다.

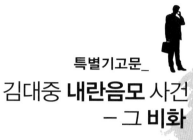

특별기고문_
김대중 **내란음모** 사건
- 그 **비화**

본 기고문은 1999년 7월호 「신동아」에
연재된 내용과 동일함.

남산 – 사건을 맡다

1980년 5월 17일 아침 서울 남산에 위치한 중앙정보부 대공수사국 수사1과 아침회의에서 진 과장은 "별도 명령이 하달될 때까지 전원 청사 내에 대기토록 하라."는 지시를 내렸다. 나와 동료 수사관들은 1층 식당에 삼삼오오 모여 앉아 잡담으로 시간을 보내고 있었으나 오늘 중으로 무언가 심상치 않은 사태가 일어나리라는 것쯤은 예감하고 있었다.

1979년의 10·26 궁정동 사태 이후 남산 대공수사국은 상당히 무기력한 분위기에 젖어 있었다. 김재규 중앙정보부장의 박정희 대통령 시해 이후 12·12 사태를 거치면서 정국의 주도권, 특히 정보 분야는 보안사가 장악했기 때문이다. 그러니만큼 남산의 대공수사국은 주어진 대공사건 처리보다는 정국의 향방에 촉각을 세우고 있었다.

이날 점심식사 후 기획관으로부터 오후 5시에 전원 대공수사국 강당에 집합하라는 지시가 떨어졌다. 오후 5시 5층 강당에 집합한 인원을 보고 나는 깜짝 놀랐다. 왜냐하면, 안전국 요원들이 전원 합류했기 때문이다.

'아, 김대중 쪽을 맡는구나!'

나는 속으로 '대공수사국 요원과 안전국 요원 등 수백 명이 모였다면 사건 규모가 제법 크겠구나.'라고 생각했다.

곧이어 행정과장이 강당 단상에 올라서서 "잠시 후 국장님께서 도착할 테니 기다려라."라고 말했다.

5시 15분경, 김근수 국장(전 상주시장)이 약간 긴장된 모습으로 나타나 "국가가 위기 상황에 처하여 오늘 여러분에게 주어질 임무는 실로 중차대하다. 행정과장이 지시하는 대로 각자 임무를 수행하되 불가피한 경우 무기 사용을 허가한다."라는 짤막한 지시를 하고 총총히 강당을 떠났다.

곧이어 등단한 행정과장이 임무를 하달했다.

"오늘 작전은 밤 11시에 개시되며 지금부터 각 팀이 연행할 대상자와 해당 수사요원을 호명하겠다."

행정과장의 호명이 계속됨에 따라 우리는 임무가 무엇인지 금방 알 수 있었다.

연행할 대상자는 김대중 씨와 민주화를 위해 노력했던 인사들,

그리고 김대중 씨의 가족을 포함한 '가신'들이었다.

나는 '아, 정보부가 김대중 선생 쪽을 맡는구나!'라고 생각하고 있었다. 임무를 부여받은 수사요원 대부분이 강당을 빠져나갔는데도 내 이름이 거명되지 않다가 마침내 귓전을 때리는 목소리가 들렸다.

"끝으로 특수반, 김대중 담당 총책임자 진○○ 과장, 수사관 김○○, 수사관 이기동, 그리고 1개 헌병 분대, 이상."

순간 얼핏 보니 진 과장의 안색이 변했다.

1980년 5월 당시 상황은 '서울의 봄'을 맞아 3 김 씨가 대통령직을 향한 행보를 계속하고 있던 즈음으로 그 중 대내외적으로 인기가 높았던 김대중 씨의 연행 책임을 맡았으니 커다란 부담이 아닐 수 없었으리라.

나를 쳐다보는 진 과장의 얼굴에서 '너만 믿는다'는 무언의 암시를 느낄 수 있었다. 나 또한 어차피 누군가는 해야 할 일이라면 차라리 내가 그 임무를 수행하는 게 낫겠다고 생각했다.

나는 착검한 상태로 강당에 도열해 있는 헌병 분대로 다가가 헌병 책임자 오 대위를 만나 인사를 나눴다. 그리고 도열해 있는 헌병들을 향해 주의사항을 지시했다.

"동교동 김대중 씨 집은 협소하여서 비서들과 충돌할 경우 착각할 수 있으니 사람 식별을 잘해야 한다. 단, 우리 수사요원의 명령 없이는 발포가 있어서도 안 될 뿐 아니라 착검을 함부로 사용하지 마라."

이날 밤 10시가 조금 지나 진 과장과 김 수사관, 그리고 나는 승용차 편으로 헌병 1개 분대를 실은 트럭을 인솔하여 동교동으로 향했다. 김대중 씨 집 근처에서 대기하던 중 밤 11시 30분을 기하여 평소 김대중 씨 집을 수시로 방문한 바 있는 김 수사관이 초인종을 눌렀다.

　김대중 씨의 비서는 김 수사관을 확인한 후 자연스럽게 대문을 열어주었다. 나는 헌병 분대(장교 1명, 사병 18명)를 이끌고 순식간에 대문을 박차고 뜰로 들어섰다. 그와 동시에 아래채(비서실 겸 숙소)에 있던 김대중 씨의 개인 비서 10여 명이 마당으로 몰려나와 김대중 씨를 보호하려 했으나 이미 착검한 헌병들이 본채와 아래채의 중앙을 일렬로 막아 차단했기 때문에 고함만 요란할 뿐 본채로 접근하지는 못했다.

이희호 씨 핸드백 속의 문건 압수

나는 오 대위에게 "나를 따르라."고 말한 후 거실로 올라섰다. 늦은 시간인데도 거실에서는 김대중 씨가 정장차림으로 동아일보 · 조선일보 · 한국일보 등 3명의 신문기자와 인터뷰 중이었다. 나는 김대중 씨에게 다가가 인사를 드린 후 배석한 기자들에게 "당신들은 조용히 뒷문으로 나가도록 하시오."라며 그들을 내보냈다. 그리고 정중하게 말문을 열었다.

"상부의 명에 따라 선생님을 남산 중앙정보부로 모시고자 합니다. 저는 군인이 아니고 정보부 대공수사국 요원입니다."

김대중 씨는 "가자면 가야겠지만 무슨 일인지 알고나 갑시다."라고 하기에 나는 "저도 무슨 일인지 모르는 상황이며 단지 명령을 수행할 뿐입니다. 가시게 되면 알게 될 것입니다."라고 대답했다.

그동안 밖에서는 부인 이희호 씨가 "야, 이놈들아! 국민이 북한 김일성이 하고 싸우라고 총칼을 쥐어줬더니 선량한 백성을 향해 총칼을 겨누다니 무슨 짓들이냐?" 하고 고함을 치고 있었다. 이를 보고 김대중 씨는 "여보, 그만하고 들어오구려."라며 이희호 씨를 만류했다.

잠시 후 김대중 씨는 "어쨌든 가봅시다."라며 소파에서 일어났다. 시계를 보니 이미 5월 18일 0시 15분이었다. 각 방송사는 밤 12시 톱뉴스로 이 사건을 발표했다.

막 신발을 신은 김대중 씨는 "여보시오, 내 담배 좀 가져가면 안 되겠소?" 하기에 나는 상의 와이셔츠 주머니에서 국산 담배를 꺼내 권했다. 그러자 김대중 씨는 "아니, 내가 피우는 담배 말이오."라고 말하며 건넌방에서 급히 나온 비서로부터 담배쌈지와 파이프를 건네받아 양복 주머니에 넣었다. 김대중 씨는 당시 파이프 담배를 매우 즐겼다.

나는 오 대위에게 밖에 대기하고 있는 승용차까지 김대중 씨를 안내하고 대기 중인 수사관에게 김대중 씨를 정중히 남산으로 모시라고 지시한 후 이희호 씨를 만나기 위해 거실로 올라섰다. 막 거실로 올라서는데 약간 열려 있는 안방 문틈으로 이 씨가 화장대 서랍 속에서 무언가 꺼내 황급히 핸드백 속에 넣는 게 보였다.

핸드백을 들고 태연히 방에서 나온 이 씨는 아직도 볼일이 남았느냐며 자신은 잠시 밖에 좀 나갔다가 오겠다고 했다. 나는 잠시 자리에 앉으라고 한 후 "이 여사님, 우선 안방에서 핸드백 속에 넣으신 서류를 저에게 건네주셨으면 합니다."라고 말했다. 이희호 씨는 "핸드백에 무엇을 넣었다고 그래요? 화장품 좀 챙겼는데….'라며 핸드백 열기를 완강히 거절했다.

나는 "이 여사님, 제가 직접 보았으니 그냥 지나칠 수는 없는 일 아닙니까? 여기 군인들을 시켜 강제로 회수하는 것은 모양새가 좋지 않으니 저에게 건네주시기 바랍니다."라고 하자 이 씨는 체념한 듯 A4용지 두 장을 나에게 건네주었다.

두 장 중 한 장에는 소위 '예비내각' 명단(당시 일간지에 발표)이 적혀 있었고 또 한 장에는 5월 22일 정오에 서울 장충단공원을 비롯한 각 지방 시청 앞에서 '민주화 촉진 국민대회'를 개최한다는 내용이 적혀 있었다. 나는 그 자리에서 서류를 압수하고 이희호 씨에게 말했다.

"조용히 집 안을 수색하고자 하니 협조하시고 현재 갖고 계시는 현금과 수표를 모두 제게 주시면 상부에 보고 후 되돌려 드리겠습니다. 물론 적법 절차에 따른 압수수색 영장을 가져왔습니다."

이 씨는 약 3,000만 원에 달하는 현금과 수표 등을 건네주었고 나는 영수증을 써줬다.

5월 18일 새벽 2시, 대공수사국 지하실 303호. 남산으로 '모셔온' 김대중 씨와 마주 앉았다. 담당수사관 책상 위에 놓인 노란 파일 속에는 김대중 씨에 대한 서울대병원의 진단서가 첨부되어 있었다. 김대중 씨가 과거 대통령 후보로 출마했을 당시 고속도로에서 트럭과의 충돌사고로 인해 생긴 다리의 상태에 대한 병상소견서였다. 이 소견서에는 '수술 시급 요망'이라는 진단 결과가 적혀 있었다.

이것 외에는 지시사항이 적힌 어떤 서류도 없었다. 지시사항이 없으니 무엇을 해야 할지 걱정이 앞섰다. 나는 김대중 씨에게 "밤도 늦었고 하니 주무시겠습니까?"라고 하자 그는 "괜찮소. 도대체 무슨 일이오?"라고 물었다.

DJ, 심야에 인생역정 토로

그러나 나 역시 실제로 무슨 일이 일어나고 있는지 알 수가 없었기에 더욱 답답했다. 나는 평의자를 또 하나 가져다가 다리가 불편한 김대중 씨가 두 다리를 편히 올려놓도록 했다. 아침 6시 수사관 전체회의까지는 약 4시간이 남아 있는데 무엇을 할 것인가? 이리저리 궁리 끝에 나는 김대중 씨에게 제안했다.

"아침회의가 6시에 있으니 그때 가면 모든 상황을 알게 될 겁니다. 그런데 지금부터 아침 6시까지는 약 3시간 30분이라는 공백이 있습니다. 그동안 선생님께서 목포상고를 졸업하신 시기부터 오늘에 이르기까지의 인생 역정을 이야기해 주시면 어떨까요? 선생님과 연관이 있는 '한민통사건'이라든가 하는 문제는 지난날 저희 수사과에서 오랫동안 수사를 해오다 종결했습니다만 의문 나는 점이 많았습니다. 선생님 말씀 도중에 제가 의문점을 제시하면 사실대로 말씀해주십시오."

김대중 씨는 내 제의에 흔쾌히 응한 후 책상 위에 자신의 시계를 풀어 세워놓고, 특유의 전라도 억양으로 이야기를 시작했다.

내 관심은 6·25 전쟁 당시 김대중 씨의 행적과 한민통(한국 민주회복 통일촉진 국민회의)과의 관계였다. 김대중 씨는 6·25전쟁 당시 해상방위대에서 실제 활동했던 상황을 이야기했다.

그리고 한민통과의 관계에 대해서도 자세하게 이야기했다. 김대중 씨는 자신이 국내 활동을 제약받고 있었기 때문에 효과적인 반정부운동을 전개하기 위해서는 해외 단체를 결성할 필요를 느꼈다고 한다. 김대중 씨는 미국·캐나다 및 일본 등지에 사는 동포들을 중심으로 한민통을 결성하기 위해 몇몇 동포와 협의하던 중 1973년 8월 8일 일본에서 납치되는 바람에 한민통을 직접 결성하지는 못했다고 한다.

더구나 1973년 8월 15일 일본에서 결성된 한민통 공동의장(공동의장 곽동의·배동호)에 선임된 것은 김대중 씨가 국내에서 연금된 상태였기 때문에 당시로써는 그 사실을 전혀 알지 못했다고 말했다.

김대중 씨의 이야기는 약속대로 오전 6시 5분 전에 끝이 났다. 나는 국장이 주재하는 확대 담당수사관 회의에 참석하기 위해 일어서려고 했다. 그때 김대중 씨가 다급하게 말했다.

"여보, 이 수사관. 국장에게 가서 나에게 무엇을 요구하는지 물어보시오. 단 나는 정치인이니 상관없지만 가족 중에는 정치하는 사람은 없으니, 절대 건드리지 말라고 하시오. 꼭 내 말을 전하시오."

그러나 이를 어쩌겠는가? 김대중 씨의 동생인 대현 씨를 비롯하여 아들 홍일 씨 등 가족 모두가 연행 명단에 들어 있었다. 나는 그때까지 연행 여부를 직접 확인하지는 않았지만, 그들이 모두 지하실로 연행되었으리라는 것쯤은 알고 있었다. 당시 보안이 유지되어 각 언론사에서는 몇 사람이 연행되었는지 정확한 수를 알지 못했으나 김대중 씨와 관련돼 남산 정보부에 연행된 사람들은 100여 명에 달했다. 당시 5월 19일 자 일간지는 '김종필 · 김대중 씨 등 26명 연행'이라고 보도했다.

경찰 수사자료 사전 배포

나는 김대중 씨에게 일단 "말씀을 전하겠다."고 한 뒤 국장실에서 열린 담당수사관 회의에 참석했다. 이곳에 모인 수사관들은 대공수사국에서 자타가 인정하는 베테랑 수사관들이었다. 여느 때처럼 대공수사(간첩) 사건으로 이렇게 모였다면 긴장과 '기대' 속에 눈빛이 빛나고들 있었을 것이다. 하지만 긴장색이 역력한 국장이나 과장을 제외하고는 어느 누구도 그런 표정이 아니었다.

평생을 대공에 몸담아온 국장이 이런 분위기를 어찌 모를 리 있겠는가? 국장은 엄명을 내렸다.

"여러분, 이 사건은 좀 더 철저한 수사와 진실 규명이 있어야 할 것입니다. 여러분이 맡은 각 피의자들의 범죄사실을 경찰이 사전 조사해 각 조사실에 배포해 두었으니 그 내용에 따라 진실을 규명하여 사법처리를 준비토록 하시오."

아침회의가 끝난 후, 과장을 통하여 김대중 씨의 부탁을 국장에게 전했다. 이 사건은 애당초 정보부의 의지가 담긴 사건이 아니었기 때문에 상관이 어떤 반응을 보일지는 신경을 쓰지 않았다.

나는 303호실로 돌아왔다.

그로부터 며칠간 경찰이 조사해서 보낸 피의자들의 범죄 사실들을 확인해 나갔다. 그 주요 사항은 첫째, 장남 김홍일 씨의 주도로 결성된 '민주연합청년동지회(이하 연청)'를 통하여 전국적인 청년 봉기조직을 결성케 했다는 내용이었다. 연청은 이미 오래전에 조직되어 김대중 씨의 대통령 당선을 위한 청년조직으로 활동 중이었기 때문에 그 조직체의 구성과 활동 상황을 상세히 파악할 수 있었다.

이와 더불어 김대중 씨와 지지 세력이 민주화 투쟁을 위해 5월 22일 정오를 기하여 서울은 장충공원, 지방은 시청 앞 광장에서 개최할 '민주화 촉진 국민대회' 개최 시 '연청'이 전국적으로 가세할 것이라는 정보도 쉽게 얻을 수 있었다. 그러나 집회 그 자체가 불온·불법 집회가 아닌 다음에야 범죄행위로 규정지을 수 없다는 결론에 이르렀다.

둘째, 김대중 씨가 서울대 학생회장 심재철 씨를 포함, 고려대·연세대 학생회장들에게 직접 자금을 지원하여 데모를 주동케 했다는 내용이었다. 나는 심재철 씨 등 각 대학 총학생회장이 치안본부에서 조사받고 있다는 사실만 확인한 후 별도의 조사계획을 수립했다. 더불어 이후 조사가 필요하고 확인을 거쳐야 할 내용 등을 정리했다.

—서울대 복학생 이해찬 씨가 중심이 되어 5월 13~15일까지 전국 각 대학에서 벌인 시위 사태의 배경 조사.

—김대중 씨의 전위조직인 김종완 씨의 '민주헌정동지회'의 불

법 활동에 대한 조사.

　—김대중 씨의 전위조직인 김상현 씨의 '한국정치문화연구소'
의 불법 활동에 대한 조사.

　—재야 출신 이문영 고려대 교수, 문익환 목사의 '국민연합'의
불법 활동에 대한 조사.

　이미 관련자들이 모두 정보부를 비롯한 수사기관에 연행되어
있었으므로 이들에 대한 조사 및 심문계획이 수립되었고 곧 확인
조사에 착수할 예정이었다.

수사 초기에 중간발표 해버려

5월 22일. 김대중 씨를 연행한 지 5일째였다. 계엄사는 '김대중 수사 중간발표'라는 제목으로 '김대중과 관련인들에 대한 수사과정에서 드러난 범죄사실'이라는 부제를 달아 각 언론을 통해 발표했다.

김대중 씨와 관련들인에 대한 수사를 맡은 중앙정보부로서는 어처구니없는 일이었다. 아직 단 한 줄의 수사관조서도 작성하지 않은 채 사건에 관련된 사실을 확인하는 초기 단계인데 '수사과정에서 드러난 범죄사실 발표'라니….

이렇듯 계엄사의 합동수사본부 측에서는 경찰에서 입수한 허위사실과 민주화를 요구하던 재야 시민단체의 활동을 한데 묶어 김대중 씨 계열 모두를 범죄 집단으로 규정하여 발표했으나, 당시 합수부에 장악된 정보부로서는 할 말이 있은들 누가 나섰겠는가?

조사 중 김대중 씨는 늘 진지한 태도로 수사관에게 예의를 갖추었고 조사가 없는 시간에는 어두운 얼굴로 깊은 상념에 젖곤 했다. 그것은 나라의 앞날을 걱정함인가, 아니면 자신의 불행한 앞날을 예측하고 있음인가? 어쩌면 과거 1978년 8월 일본에서 납치되었을 때 배 위에서 느낀 죽음의 공포가 되살아나고 있었는지도 모른다.

김대중 씨는 밤늦게 잠들어도 일찍 일어나서 자신의 군용 담요를 네모반듯하게 접어놓고 수사관이 청소할 때는 거들기도 했다. 특히 식사 때 경비들이 가져오는 플라스틱 식판을 항상 공손히 받았고, 감사하는 모습이었다. 휴식시간에는 광주민주화운동에 대해 깊은 관심을 나타냈고, 질문하기도 했다.

나는 그 당시 세상의 흐름을 알고 싶어 하는 김대중 씨에게 주요 일간지를 갖다 줘 급박하게 돌아가는 정치상황과 광주사태를 파악할 수 있도록 했다. 그 10여 일 동안 김대중 씨와 밤낮으로 많은 이야기를 나누며 고민을 한 결과 김대중 씨 조사를 다른 수사관에게 인계하고 싶다고 상관에게 강력히 건의했다. 그리고 김대중 씨에게도 괴로운 심경을 밝혔다.

"선생님, 저는 전라남도 광양 출신으로 제 부친에 이어 대공분야에 발을 들여놓은 것을 자랑스럽게 생각하며 일해 왔습니다. 좀 더 편한 부서로 갈 기회가 여러 번 있었으나 대공수사를 천직으로 알며 노력하고 있었습니다. 그러나 이렇듯 외부의 뜻에 의한 정치적 사건에 참여하게 되고 더구나 선생님의 담당관이 되다 보니 정말 부끄럽습니다. 저는 지난 며칠 동안 상부에 더 이상 선생님을 조사할 수 없음을 강력히 건의하고 있습니다. 그리고 지금은 여건이 되지 않지만 이번 사건이 완전히 종료되면 수사관

생활도 그만둘 생각입니다."

이에 대해 김대중 씨는 격려의 말을 해줬다.

"이 수사관, 무슨 소린가? 자네같이 정의로운 사람이 이곳에서 일 해줘야 세상이 밝아지는 게 아닌가. 여러 가지 고통이 따르겠지만 이곳에서 고생하고 있는 사람들을 생각해 보게. 옷을 벗겠다고 하지 말고 때를 기다리게. 언젠가는 좋은 시기가 올 것이고 그때가 되면 뜻을 펼 것이 아닌가? 그런 소리 하지 말고 참고 견디게."

어쨌든 나의 강력한 수사기피 요청으로 다음날 김대중 씨에 대한 조사를 다른 수사관에게 인계하게 되었다. 김대중 씨의 담당관으로서 보내는 마지막 밤, 나는 김대중 씨에게 사적인 부탁을 했다.

"어찌되었건 선생님과의 인연이 이러한데 헤어진다는 게 섭섭합니다. 선생님께서 저에게 가훈을 하나 써주셨으면 합니다. 가훈을 써주시면 가보로 간직하고 싶습니다."

김대중 씨는 특유의 미소를 지으며 "지금 당장 지필묵을 가져와요. 여기서 써주지."라고 했다. 그러나 중앙정보부 지하실에 무슨 지필묵이 있겠는가? 그래서 나는 "선생님! 선생님께서 흔쾌히 말씀하셨으니 하는 이야기인데요, 이후 선생님께서 편안한 위치와 입장이 되셨을 때 언제 어느 때라도 제가 부탁하면 가훈을 써주겠다고 약속해 주시겠습니까?"라고 하자 김대중 씨는 "좋아요. 앞으로 언제 어느 때라도 이 수사관이 부탁하면 꼭 써줄 것을 약속하겠네."라고 했다.

5월 말 김대중 씨 조사실을 벗어난 이후 맡은 임무는 김대중 씨를 방문했다는 단 하나의 '죄목'으로 경찰에서 조사를 받고 남산 정보부로 이송된 일반인들에 대한 심사였다. 하루에 10~15명 정도의 시민을 심사했는데 말이 심사지 주소와 성명을 묻고 김대중 씨를 방문한 이유를 한두 줄 조서에 적은 후 '범죄혐의 사실이 없으므로 훈방 조치요'라는 조치의견으로 훈방 처리했다. 김대중 씨를 방문한 사람들의 80%가 호남인이었다. 그러기를 10여 일쯤. 6월 초에 국장이 찾는다는 연락이 왔다. 무슨 일이 생겼는가? 걱정이 앞섰다. 국장은 심기가 몹시 불편해 있었다.

　"어이, 이 수사관. 홍일이 방에 문제가 있는데 사태가 심각해. 수사팀을 바꿔야겠는데 아무래도 자네가 맡아주게. 자해하려고 했던 모양인데 문제가 생기면 큰일이 벌어져. 지금 당장 팀을 짜서 들어가도록 해."

　나는 그 지시를 받아들일 수 없었다.

　"국장님, 김대중 씨 조사실에서도 보고를 드리고 나왔는데 또 김홍일을 맡으라고요?"

　그러나 국장은 "무슨 소리야! 심각하다니까. 명령이야, 명령." 하며 자리에서 일어났다. 나는 "알겠습니다. 여유를 조금만 주십시오. 저녁 식사 시간대에 들어가겠습니다."라고 하여 허락을 받은 후 지하실로 내려왔다. 그때가 오전 11시경. 지하실로 내려온 나는 곧바로 수사관 대기실로 들어섰다. 거기에 설치된 폐쇄회로 TV를 보기 위해서였다.

　수사관 대기실은 수사관의 휴식장소이기도 하지만 수사관들의 전략회의실이기도 했다. 그 방에서는 설치된 폐쇄회로 TV를 통해 보고 싶은 심문실을 명확히 볼 수 있어 피의자의 습관 등 일체의 행동을 체크할 수 있어서 심문에 엄청난 도움을 주었다. 나는 그곳에 비치된 군용 침대에 누워 김홍일 씨가 조사받고 있는 조사실의 버튼을 눌렀다.

화면에 통통한 얼굴의 김홍일 씨와 심문 조사관 4명이 나타났다. 얼굴뿐만 아니라 앵글조작에 따라 전체 조사실을 볼 수도 있었다. 김홍일 씨는 긴장된 표정이었으며 수사관의 질문에 전혀 응하지 않았다. 왜 그는 갑자기 말문을 닫고 수사관에게 반항했을까? 그 이유만 알 수 있다면 수사는 쉬울 텐데…. 나는 점심시간 후 김홍일 씨를 담당한 김 수사관을 만났다. 나는 김 수사관으로부터 김홍일 씨의 태도가 갑자기 돌변한 이유를 들었다.

애당초 김홍일 씨를 연행한 문 수사관 팀이 조사를 하고 있던 어느 날, 조사실에 느닷없이 12시 정오 뉴스가 들렸다. 그것은 김대중 씨를 연행한 지 5일째 되는 날 계엄사에서 발표한 '김대중 중간수사 발표'였다. 이 얼마나 기막힌 상황인가? 수사관들도 놀랐지만, 김홍일 씨는 더욱 놀랄 수밖에 없었다.

환기통을 통해 라디오뉴스 들려

경위야 어떻든 소리의 출처를 찾아 나선 수사관들은 20분이나 지나서야 그 출처를 찾았다. 참으로 어처구니없는 일이었다. 남산 대공수사국 지하실에는 지상으로 연결된 환기통이 설치되어 있었다. 당시 주요 인사 연행에 동원됐던 승용차 기사가 철망으로 덮여 있는 지상 환기통 입구 위에 차를 정차시킨 후 운전석 문을 열어놓은 채 밖에 나와 뉴스를 듣고 있었다. 그 뉴스가 그대로 김홍일 씨 심문실로 연결된 환기통을 통해 중계되고 말았다.

김홍일 씨가 이 뉴스를 듣고 자신의 부친은 물론 전 가족이 자신과 같이 연행된 사실을 알았으니 분노할 수밖에 없었다. 그로 인해 문 수사관 팀은 김 수사관 팀으로 교체됐고 이후 김홍일 씨의 강력한 저항으로 또다시 팀이 교체되기에 이르렀다. 김 수사관과 헤어진 나는 잠시 생각에 잠겼다.

'수사가 잘못됐구나.'

한 사건의 수사가 종결되려면 적어도 수사관과 피의자 사이에 어느 정도 합의가 이루어져야 한다. 수사관은 어디까지나 영웅심

보다는 진실규명에 그 본질을 두어야 하고 피의자는 피의 사실 은폐보다는 그 정당성에 진술의 초점을 맞추는 것, 그것이 합의다.

국장으로부터 원하는 요원으로 수사팀을 만들어도 된다는 허락을 이미 받았으므로 나는 운동을 잘하는 날렵한 후배 2명 등으로 팀을 구성했다. 나는 내가 계획한대로 면도칼 몇 개를 구하는 등 심문 준비를 마쳤다. 승부를 빨리 내야 한다. 그것만이 김홍일 씨나 수사팀 모두에게 편안한 일이었다.

오후 5시 30분경. 김 수사관 팀과 사전에 약속한 대로 김홍일 씨가 전혀 눈치 채지 못하게 전격적으로 팀을 바꾼 나는 김홍일 씨와 마주 앉은 후 천천히 입을 열었다.

"나는 이 사건이 종결될 때까지 자네를 맡은 담당수사관 이기동이다. 내 고향은 전라남도 광양. 지난 5월 17일 밤, 동교동에서 자네 아버님을 직접 남산으로 연행한 사람이 바로 나이고 연행 이후 지난 10여 일 동안 자네 아버님과 숙식을 함께 했다. 곧 알게 되겠지만 선생님은 건강하시니 걱정하지 말라. 내가 이 방 담당관으로 오기 전 많은 이야기를 들었다. 자네가 아버님과 가족들의 연행에 항의하여 자해를 시도하고 있다는 것도 알고 있다. 그건 어떤 면에서 자랑스러운 일일 수도 있다. 특히 호남인의 꿈이자 큰 어른이신 선생께서 중요한 시기에 억울하게 이곳에 억류되어 있다는 것을 알고 있는 자네가 자해로 수사기관에 항의하려 했다면 그건 자식으로서 당연한 일 아닌가? 나 또한 호남인으로서 자네의 용기에 박수를 보낸다."

나는 김홍일 씨의 책상 위에 면도칼 3개를 던지고는 계속 말을 이어갔다.

"자. 여기 면도칼이 있으니 동맥을 자르든 어떻게 하던 자해를 해보게. 그러나 죽지는 않을 거야. 우리가 여기 있으니, 자네가 동맥을 자르고 나면 즉시 병원으로 옮길 테니 걱정하지 말고 자르게. 자르라고!"

"김홍일, 동맥을 잘라!"

계속 말을 이어가는 나는 식은땀이 흘렀다. 내 의도가 성공하지 못하고 사고가 난다면 어떻게 할 것인가? 나는 김홍일 씨의 기를 꺾기 위해 더 다그쳤다.

"김홍일, 동맥을 잘라! 내일 아침 조간신문에 '악명 높은 남산 정보부에서 김대중 선생의 장남 홍일 씨가 동맥을 잘라 자살을 기도했다'라고 대서특필 된다면 자네는 선생의 아들로서 할 바를 다했다고 하겠지. 한 번 해보게."

긴장된 순간이었다. 1~2분이 흘렀는가 싶었는데 김홍일 씨는 의자에서 내려와 땅바닥에 털썩 주저앉았다.

"졌습니다."

단 한 마디였다.

나는 김홍일 씨를 일으켜 세웠다.

"자, 정말 잘 선택했어요. 이제 당신과 우리 수사관 사이에는 아무 문제도 없습니다. 앞으로 사안의 진실을 밝혀 나가는 것 이외에 다른 문제가 있을 수 없지요. 자해보다는 꿋꿋함을 보여야 합니다."

우리는 저녁식사를 함께 했다. 내가 지하실에 연행된 사람들에게 호남인임을 강조했던 것은 호남인이라는 것이 특별해서가 아니라 당시의 남산 지하실 분위기에서는 그나마 호남인 수사관이라고 해야 호남인 피의자와 대화가 되겠기 때문이었다. 어쨌든 나는 김홍일 씨와 40여 일을 함께 보내면서 수년간 사귄 친구처럼 가까워졌다.

그런 와중에 아주 고통스러운 사건이 일어났다. 6월 20일경 군합수부는 수사가 막바지에 접어들면서 '김대중 내란음모 사건'에 장남인 김홍일 씨를 공범으로 포함시킨다는 결론을 내리고 여러 통로를 통해 압력을 가해오고 있었다. 왜냐하면, 이 사건의 모양새를 그럴듯하게 갖추려면 김대중 씨와 각 대학의 연계를 김홍일 씨가 맡아줘야 했기 때문이다. 그렇지 않으면 '대학자금 지원-학생선동-대중규합-민중봉기-정부전복-과도정부수립'이라는 합수부의 정해진 각본에 차질이 생기기 때문이었다.

마침내 국장은 나에게 "김홍일과 각 주요 대학 학생회의 금품수수 과정 등 진실을 철저히 규명하라."는 엄명을 내렸다. 나는 속으로 쾌재를 불렀다. 지금까지 김홍일 씨를 조사해오는 동안 합수부의 중간 수사 발표 중 적어도 김홍일 씨 부분만은 경찰에서 조작하여 계엄사에 보고한 것이 확실하다는 판단이 섰기 때문이다.

고문으로 초점 잃은 심재철 씨

그런데 그에 대한 확증이 없어 고민 중이었는데 국장이 모든 방법을 동원해서라도 진실을 밝히라는 지시를 내렸다. 이 지시는 국장이 수사관에게 주는 신뢰의 표시였다. 나는 다음날 치안본부 특수대에 전화해 그곳에 수감된 서울대 학생회장 심재철 씨를 직접 심문할 테니 준비하라고 전달한 후 곧바로 특수대를 방문했다.

오전 10시경 시경 소속 특수대에 도착하여 김홍일 씨와 깊이 연계되어 있다는 심재철 씨를 심문실로 데려오게 했다. 당시 심문실에 나타난 심재철 씨는 아주 호리호리한 몸매에 해쓱한 얼굴을 한 앳된 청년이었다. 나는 동석한 시경 간부 5명에게 "지금부터 본 수사관이 심재철 군을 심문하는 동안 여기 참석한 어떤 간부도 나의 심문을 방해하는 언행을 삼갈 것이며 만약 그런 일이 일어난다면 용서하지 않을 것이다."라고 단호하게 말했다.

나는 곧바로 심문에 들어갔다.

—귀하의 소속 학교와 성명은?

"저는 서울대학교 총학생회장 심재철입니다."

—귀하는 김대중 씨를 아는가?

"네. 압니다."

—단도직입적으로 묻겠는데 귀하는 김대중 씨 집을 방문한 적이 있는가? 있다면 몇 번 방문했는가?

"네. 저는 3회에 걸쳐 김대중 선생님 댁을 방문했으며 2번에 걸쳐 선생님을 만나 뵈었습니다."

—그렇다면 이 종이에 김대중 씨 집을 대체적으로 그려보고 실제 대화한 장소를 표시하라.

심재철 씨에게 종이와 연필을 주었더니 그는 서슴없이 김대중 씨 집과 대화를 나눴다는 거실을 그렸다. 그러나 그것은 가짜였다. 심재철 씨가 그린 그림은 최근의 김대중 씨 집이 아니라 아래채를 사들이기 전 옛날 집 구조였고 거실도 전혀 달랐다.

나는 그에게 "심재철 군. 언젠가 밝혀질 일을 거짓진술을 하면 안 된다. 자넨 김대중 씨 집을 방문한 적도 없을 뿐 아니라 직접 대면한 적도 없다. 누군가가 옛 김대중 씨 집을 그려서 보여주었다고 본다."라고 하자 배석한 경찰 간부들이 깜짝 놀라 "수사관님. 김대중 씨 집 맞잖아요?"라며 항의했다.

나는 "기다리시오. 또 질문사항이 있으니." 하고 그들의 반발을 저지한 후 심재철 씨에게 "경찰보고서에 의하면 김대중 흉상이 그려진 메달 수백 개를 서울대 학생들에게 나누어 주면서 투쟁에 동참할 것을 요구했다고 했는데 그 메달을 그려 보라."고 했다.

그는 또 서슴없이 백지에 메달을 그렸다. 물론 그가 그린 메달은 김대중 씨의 흉상이 새겨진 실제 메달이 아니라 체육대회 등에서 나누어 주는 그런 메달이었다. 그는 실제로 김대중 씨의 흉상이 새겨진 메달을 본 적이 없다는 사실을 알 수 있었다.

심재철 씨는 김홍일 씨 관련 신문에서도 김홍일 씨를 서울 중구 소재 서린호텔 등에서 3회에 걸쳐 접촉하고 학생선동 자금을 받았다고 진술을 했다. 그러나 그의 진술은 잘 정리된 녹음기 소리 같았고 두 눈은 초점을 잃고 있었다. 그를 자리에서 일어서게 한 후 상의를 모두 벗으라고 명령했다.

그때 경찰 간부 2명이 "그럴 것까지 뭐 있느냐!"라며 항의했지만 강경한 나의 의지를 꺾지는 못했다. 그는 상의를 벗고 맨몸이 되었다. 그의 등은 가죽끈 같은 것으로 맞은 듯 길쭉한 상처가 10여 개나 나란히 줄을 잇고 있었다. 이럴 수가 있단 말인가?

김홍일을 몰라본 심재철

그 학생이 국가를 전복하려 했는가, 아니면 간첩으로 죽을 죄를 지었단 말인가? 그날 이후 나는 그때 일을 회상하며 수사관으로 활동했던 사실을 후회하곤 했다. 그에게 옷을 입게 한 후 나는 배석한 경찰 간부들을 질타했다.

"여러분이 공명심에 불타 권력에 아부하지만, 그 언젠가 역사는 진실을 밝혀낼 것입니다. 오늘날 이러한 조작으로 일부 출세하는 간부가 있을지 모르지만, 역사가 이를 용서하지 않을 것이오. 나는 이 사실을 상부에 낱낱이 보고할 것이며 관련자들을 밝혀내 처벌토록 할 것입니다."

남산으로 돌아온 나는 국장에게 사실대로 보고했지만 경찰 간부들의 반발로 합수부로부터 더욱 강한 압박을 받게 됐다. 국장은 난처한 표정으로 양손으로 머리를 감쌌다. 다음날 국장이 호출해서 갔더니 이런 제안을 했다.

"자네가 김홍일을 수사한 결과 정말 김홍일과 심재철이 만난 사실조차 없다고 한다면 우선 두 사람을 대면시켜보는 것이 어떠냐?"

참으로 어처구니없는 일이었다. 그 어려운 확신범인 간첩을 수사할 때도 정황 증거들을 수집 분석한 후 한 번 결론이 나면 그만인데, 김홍일 씨를 끝까지 대학생들과 연계시켜 구속하고야 말겠다는 것이 합수부 측의 전략이었다. 그러나 나는 여기서 물러서기보다는 끝까지 조사하여 결판을 내보자고 각오를 단단히 했다.

내가 국장에게 "자신 있습니다. 진실은 꼭 밝혀질 것입니다."라고 말하자 국장은 즉시 대면시키는 방법을 강구토록 하라고 지시했다. 나는 온종일 최선의 방법을 찾기 위해 직속상관과 숙의를 거듭했다.

당시 지하실 유치장 및 심문실에는 김홍일 씨와 비슷한 30대 중반이 10~15명 정도 조사를 받고 있었다. 이들을 활용하기로 했다. 초조와 긴장의 밤이 지나고 다음날 10시경 지하실에서 조사를 받고 있던 피의자 중 김홍일 씨와 비슷한 연령의 30대 후반 7명을 물색하여 각기 독방에 투입시켰다.

그러고 나서 나는 시경 특수대를 방문하여 심재철 씨와 특수대 경찰 간부 4명을 동행, 남산 대공수사국 지하실로 안내했다. 그리고 미리 준비된 사진 20여 매(30대 후반의 남자 사진)를 심재철 씨에게 보이며 그 중에서 김홍일 씨를 찾아보라고 했다. 물론 그 중에는 김홍일 씨의 최근 명함판 사진이 포함되어 있었다.

그러나 심재철 씨는 김홍일 씨의 사진을 끝내 찾지 못했다. 나는 심재철 씨에게 "그렇다면 최근 3번이나 만난 김홍일이니 직접 보면 알겠느냐?"라고 묻자 그는 "예, 직접 보면 금방 알 수 있습니다."라고 대답했다. 나는 긴장하고 있는 경찰 간부들에게 철저히 침묵할 것을 명한 후 심재철 씨를 안내하여 지하실 독방을 처음부터 하나하나 살피게 했다.

독방에 앉아 있는 7명 중 김홍일 씨는 네 번째 방에 유치되어 있었다. 심재철 씨는 김홍일 씨를 알아맞히기 위해 구치감 1호부터 천천히 살피기 시작했다. 수감자들을 구치감 문쪽을 보고 앉게 했기에 심재철 씨는 구치감 내의 사람들을 정확히 볼 수 있었다. 1호실 통과, 2·3호실 통과, 4호실에선 약간 멈춰서 있었다.

사실 김홍일 씨는 김대중 씨와 얼굴이 비슷하여서 자세히 살핀다면 쉽게 찾을 수도 있었다. '이곳 4호실이 김홍일 씨입니다.' 이 한 마디면 진실이야 어떻든 모든 것이 끝나는 것이었다. 그러나 심재철 씨는 4호실도 그냥 지나쳤다. 5·6·7호실 등 모든 방을 돌아본 심재철 씨는 김홍일 씨가 없다고 했다.

이제 진실 일부가 밝혀졌지만 그것은 어디까지나 정보부 내의 진실일 뿐 합수부에서의 진실이 될 수는 없었다. 더구나 정보부 수사요원들은 당시 정권 탈취에 눈이 먼 일부 정치장교들의 들러리에 불과했다.

그러나 김홍일 씨는 심재철 씨와 연계되었다는 증거가 없었기 때문에 내란음모죄로 기소되지 않고 단지 계엄포고령 위반으로 송치됐을 뿐이다. 반면 현재 한나라당 국회의원인 심재철 씨는 교육부 장관을 지낸 서울대 복학생 이해찬 씨의 계열로 분류되어 내란음모죄라는 어마어마한 죄명으로 송치되었다.

면벽 침묵한 박성철 씨

이외에도 1980년 5~7월까지 수사과정에 나는 김대중 씨와 관련됐다는 여러 사람을 만났다.

2개월여에 걸쳐 가장 친숙하게 지냈던 박성철 씨. 장군 출신인 박 씨는 당시 경호팀 함윤식 씨와 함께 김대중 씨 경호를 맡은 이른바 '경호실장'이었다. 김대중 내란음모 사건의 연루자로 연행된 그는 지하실에서 관련 혐의를 조사받고 있었다.

그러나 수사관이 부족해 수사경험이 적은 요원이 박성철 씨 조사를 맡았다. 어느 날인가 박성철 씨의 방에 갔더니 그는 수사관의 조사에 전혀 응하지 않고 의자를 돌려놓고 앉은 채 벽을 응시하고 있었다.

무엇이 그를 분노케 했는가? 나는 동료 수사관을 대신해 자리에 앉은 후 쳐다보지도 않는 박성철 씨에게 이야기를 걸었다.

"박 장군, 장군께서 이곳으로 오신 지 1개월이 지났습니다. 장군을 맡은 수사관이 경험이 부족해서 장군의 심기를 거스른 모양인데 그 부분에 대해 사과드립니다. 저는 이곳 대공수사관으로 지난 5월 17일 밤, 김대중 선생을 자택에서 남산으로 연행하여 조사한 이 수사관입니다. 지금 김대중 선생께서는 바로 이 앞방 303호실에 계시며 건강히 잘 계십니다. 지금은 김홍일 씨 수사를 맡아 함께 지내고 있습니다. 원하시면 곧 일간신문을 보여드리겠지만 5·17 사태는 박 장군과 같은 군 장교들이 일으킨 또 하나의 혁명으로 보시면 되겠으나 이러한 일련의 일들로 인해 광주시민 유혈사태로 이어졌습니다. 정국이 참으로 어수선합니다만 저희 정보 수사관은 단지 상부의 명에 따라 움직일 뿐 정치 상황과는 관계가 없는 것으로 알고 있습니다. 그러므로 장군과 이곳 수사요원은 아무런 원한 관계도 없지요. 물론 장군께서는 어떠한 범죄행위가 있어 이곳에 오신 것은 아니라고 봅니다. 어디까지나 정치적 이해관계에서 시작된 것이니 장군께서는 수사관의 신문에 대해 그저 사실대로 대답만 해주시면 됩니다."

마침내 그는 돌아앉았다. 그리고 정색을 하면서 "이 수사관이라고요. 고맙소. 그렇다면 최근 일간신문을 좀 보여주시오. 그렇게 해줄 수 있어요?"라고 나에게 신문을 요청했다. 나는 "걱정하지 마십시오. 오늘 저녁 좀 늦게 제가 신문을 가지고 오겠습니다. 편히 쉬고 계십시오."라고 말했다. 피의자를 수사할 때는 신문을 못 보게 하는 것이 불문율이었지만 나는 피의자들의 마음을 열기 위해 그 관행을 깨뜨렸다.

그 이후 나는 신문을 들고 자주 박성철 씨 방을 방문하여 시국을 논하기도 하고 일상생활 이야기도 나누는 등 편히 지내도록 배려를 아끼지 않았다.

박성철 씨는 계엄포고령 위반으로 송치되어 1년간 옥고를 치른 후 특별사면 되었지만 1985년 1월경 과로로 쓰러져 돌아가셨다고 한다. 나는 그 사실을 뒤늦게 신문을 통해 알고 감회에 젖기도 했다.

사소한 거짓말도 거부한 한화갑

어느 날 복도를 지나는데 심문실에서 싸우는 듯한 고성이 들렸다. 한화갑(전 국민회의 국회의원, 총재특보단장) 씨의 방에서 나는 소리였다. 방문을 열고 들어섰더니 한화갑 씨와 담당 윤 수사관이 다투고 있었다. 내가 "한 선생, 무슨 일이십니까?" 하자 그는 윤 수사관을 가리키며 "이 사람이 인격을 무시할 뿐 아니라 발로 차고 별짓을 다 해요." 하기에 윤 수사관에게 "너, 한 선생을 고문했느냐?"라고 물으니 그는 "고문하긴 누굴 고문해. 자꾸 거짓말을 해서 발로 좀 찼을 뿐….."이라고 했다.

"무슨 거짓말해서 그러는데?"라고 되물으니 윤 수사관은 "글쎄, 보다시피 경찰보고서는 김대중 씨의 불법 연설 녹음테이프를 재야인사들에게 200여 개 배포했다고 되어 있는데도 20여 개라고 자꾸 거짓말하니 성질이 날 수밖에."라고 했다. 그러자 한화갑 씨는 "실제로 나누어준 게 20여 개도 안 되는데 그럼 거짓말 하란 말이야?" 하면서 또 싸울 기세였다. 참으로 어이가 없었다. 이런 사소한 문제로 서로 다투다니.

나는 한화갑 씨에게 "한 선생, 선생은 명문 서울대 외교학과 출신으로 김대중 선생 밑에서 정치를 해오셨지요? 그런 정치적 감각과 학문적 식견을 가지신 분이니 한 가지 물어봅시다. 김대중 선생의 녹음테이프가 불법인지 아닌지는 법이 판가름하겠지만, 만약 그것이 배포가 금지된 테이프였다고 가정했을 때, 20여 개 배포한 것과 200개 배포한 것이 현행법상 형량에 차이가 얼마나 날까요?"라고 물었다. 그는 아무 말도 하지 않았다. 나는 계속해서 한화갑 씨를 설득했다.

　"한 선생, 이곳에서 경험 부족한 수사관과 싸우지 마시고 편안하게 계시다 가시면 됩니다. 한 선생은 정치인 아닙니까? 수사관이 200개 아니냐고 진술을 강요하면 그렇다고 해버리세요. 그게 뭐 대단합니까? 어차피 이 사건은 정치적으로 해결될 사건이니까요."

　그리고 윤 수사관에게는 "이 사람아! 강원도에 있으면서 그것밖에 못 배웠나? 우리가 경찰 보고서대로 움직이는 경찰 하급 부서야? 한 선생이 20개라고 하면 20개로 진술을 받으면 되지 왜 피곤하게 서로 다퉈?"라고 하면서 윤 수사관이 작성해 놓은 조서를 그 자리에서 찢어 버리고 다시 조서를 작성했다. 물론 한화갑 씨가 진술한 그대로 작성했음은 물론이다.

　당시 한화갑 씨의 방을 몇 번 드나들면서 '이 분은 능력과 실력을 겸비한 지식인인데 평생을 김대중 선생 휘하에서 고생하고 있구나!'라고 생각했고 어느 때는 개인적인 이야기도 나누었다. 어느 날 나는 한화갑 씨에게 "한 선생께선 평생을 김대중 선생님을 받들고 계시는데 다른 직장도 생각해 볼 수 있잖아요? 직장을 갖고도 선생을 모실 수 있을 텐데요"라고 했다.

그는 "물론 생각해보지 않은 건 아니지요. 여러 가지 경제적 어려움이 안팎으로 많았어요. 그래서 지난번 미 대사관에서 사람을 뽑는다고 해서 응시해 합격했는데 이곳(중앙정보부를 칭함)에서 탈락시켜 버렸지요." 하며 미소를 지었다.

머리 맞아 피 흐른 김옥두

　지하실에도 여름이 다가오는 6월 하순, 오후 4시나 되었을까?
합수부의 정해진 각본대로 어느 정도 수사가 마무리되고 있을 즈
음, 박성철 씨의 조사실에서 한가히 시국담을 논하고 있을 때였
다. "앗!" 하는 비명소리가 들렸다. 나는 황급히 박 장군 방에서
나와 비명소리가 난 조사실로 들어섰다. 김옥두 씨(전 국민회의
국회의원)가 조사를 받고 있었다.

　그동안 지하실에서 수사관과 조사를 받는 피의자 간에 원만하
지 않은 일이 몇 차례 있었으나 사고는 처음이었다. 서 있는 김옥
두 씨 머리에서는 피가 흐르고 있었고 담당인 조 수사관의 손에
는 1m짜리 군용침대 막대가 쥐어져 있었다. 나는 순간 '이놈이 사
고를 쳤구나!' 하는 생각과 동시에 침대 막대를 뺏은 다음, 조 수
사관의 뺨을 두어 대 때리고 나서 "빨리 의사부터 데려와!"라고
소리쳤다.

　즉시 남산 의무실에 대기하고 있던 의사와 간호사가 달려왔다.
지금 기억으로는 8바늘인가 정수리를 꿰매고 그 위에 탈지면과

반창고를 붙였다. 나는 담당과장에게 즉각 보고 후 수사팀을 교체했다. 그러고 난 후 수사관 대기실로 조 수사관을 불렀다.

나는 후배인 그가 정보부에 들어올 때부터 정성을 다해 그를 지도했었다. 그는 수사에 열성이었고 앞날이 창창한 후배였다. "왜 그런 사고를 저질렀느냐?"라고 물으니 "성질이 아주 고약하고 건방지게 막 대들어요, 형!"이라고 말했다.

나는 잠시 생각했다. 평생을 김대중 씨를 위해 살아온 김옥두 씨로서는 정보부 지하실에 대한 피해의식이 상당할 것이다. 그것도 경상도 발음을 강하게 하는 조 수사관을 만났으니 원수처럼 느껴졌겠지.

한편, 조수사관 입장에서 보면 애당초 대공수사(간첩사건)만 해왔기 때문에 김옥두 씨가 고분고분하지 않고 지하실에서조차 전의를 불태우며 저항하는 것이 괘씸하게 여겨졌으리라. 그 당시 조 수사관은 정치적 사건을 처음 맡았기 때문에 유연한 감각이 있을 리 없었다. 조 수사관의 변명에 따르면 머리를 때리려 한 게 아니고 어깨를 치려는 듯 겁만 주려고 했는데 머리에 잘못 맞았다는 것이었다. 그 경위야 어떻든 결과를 놓고 그를 심하게 꾸짖었다.

김옥두 씨 방으로 돌아온 나는 그를 진정시켰다.

"김 선생. 김 선생은 이곳이 처음이겠지만 대공수사국은 고문하는 곳이 아닙니다. 조 수사관이 경험이 부족하고 어려 사고를 저지른 것 같습니다. 정치사건을 다루어본 수사관이 몇 사람 없다보니 이런 일이 일어난 겁니다. 제발 앞으로는 수사관과 싸우지 마시고 있는 사실대로만 말하시면 됩니다."

　재야인사나 정치인 중 남산 대공수사국 지하실을 다녀간 사람
들이 더러 있다. 그 사람들은 노련하기 때문에 수사관과 적당히
타협(앞으로는 대공사건에 관여하지 않겠다는 각서 작성)하고 지
하실에서 나간 후에 정보부 지하실에서 많은 고통을 당했다고 과
장했던 사람들도 있었다. 그러나 김옥두 씨는 지하실에서 정말
고생을 많이 했다.

김홍일 씨와의 이별

　1980년 7월 4일 계엄사령부는 '김대중 일당의 내란음모 사건'이라는 수사결과를 발표했다. 합수부가 이미 기획한 안대로 '유혈혁명 정부 전복 기도 혐의'라는 조작극을 탄생시켰던 것이다.

　그해 7월 중순 어느 날. 김홍일 씨와 보내는 마지막 밤이었다. 나는 김홍일 씨에게 작별인사를 했다.

　"김 형, 오늘 밤이 김 형과 보내는 마지막 밤이오. 그간 고생 많이 했습니다. 나름대로 편히 지냈으면 하고 최선을 다했으나 수사관의 한계를 벗어나지 못해 미안합니다. 내일은 내 길지 않은 수사관 생활에 종지부가 찍히는 날일 겁니다. 재판이 종결되고 곧 자유의 몸이 되길 바랄 뿐입니다."

　김홍일 씨는 "감옥살이를 하고 나온 뒤에 이 수사관을 꼭 만났으면 하는데 어떻게 하면 찾을 수 있을까요?"라고 정색을 하고 말했다. 나는 무심코 "광화문 사거리 현대빌딩 뒤에 '조양'이라는 중국음식점이 있는데 그 음식점을 운영하는 분이 내 형수님이니까 그곳에 가서 문의하면 내가 어디에 있으며 무엇을 하고 있는지 알게 될 것입니다."라고 했더니 그는 그 근처에 '연청' 사무실이 있는 관계로 가끔 조양에 들렀다고 했다.

자는 둥 마는 둥 거의 뜬눈으로 밤을 지새운 나는 오전 10시경 상부의 명에 따라 승용차를 이용, 김홍일 씨를 태우고 함께 서울구치소로 향했다. 내가 직접 김홍일 씨를 구치소로 안내할 필요는 없었지만, 담당수사관으로서 내 생애 마지막 '피의자'가 된 김홍일 씨를 구치소에 입소시키는 '악역'을 맡고 싶었기 때문이다.

김홍일 씨는 승용차를 타고 구치소로 향하던 중 독립문 근처에서 느닷없이 "포고령 위반이면 얼마나 살고 나올까요?"라고 물었다. 나는 "포고령 위반도 여러 가지가 있겠지만, 정치적 사건이니 아마 이번에 포고령 위반으로 송치되는 사람들은 누구나 1년형을 받게 될 것이므로 내년 이때쯤이면 사회에 다시 나올 수 있을 거라 생각합니다."라고 말해줬다. 구치소에서 김홍일 씨가 수의로 갈아입는 모습을 보고 한두 번 손을 흔들며 그와 헤어졌다.

개인적으로 보면 광주사태로 피에 물든 지역 출신으로서 그 경위와 사건의 전말이 어떻든 '김대중 내란 음모 피의 사건'에 수사관으로 일했고 급기야 '김대중 선생님'의 장남을 구치소에 수감시켰으니 그 당시 자괴감은 이루 말할 수 없었다. 그날 저녁 이 사건에 관여했던 수사관들은 소주잔을 수없이 들이켰다.

'김대중 사건'으로 표창 받아

김대중 씨는 1980년 7월 31일에 군법회의에서 사형이 선고됐고 전두환 씨는 8월 27일 통일주체 국민회의에 의해 11대 대통령으로 당선됐다.

그해 10월 초순. 나는 그동안 수없이 내 자신에게 약속했던 대로 미련 없이 사표를 냈다. 남산에서의 짧다면 짧고 길다면 긴 대공 수사관 생활에 아쉬움도 많았지만, 평생의 고통보다는 잠시의 고통으로 나의 앞날을 재설계하기로 마음먹었다. 사표는 과장 손에 머문 채 여러 경로를 통해 철회하라는 이야기가 있었다. 나는 출근하지 않은 채 사표가 수리되기를 기다렸다.

10월 중순 국장이 나를 불렀다. 몸이 좋지 않으면 1년간 휴가를 줄 테니 쉬라는 고마운 배려였지만 마음을 돌리기엔 이미 생각이 굳어 있었다. 그런데 난처한 일이 생겼다. 이번 '김대중 사건'(약칭)으로 공로자 세 명을 표창키로 했는데 그 중 한 명이 나라는 것이었다. 국장은 나에게 "다가오는 10월 30일에 자네도 수상을 해야 하는데 이미 부장님(당시 유학성)으로부터 결재가 났으니 번복할 수가 없다. 수상만 하게 되면 곧바로 사표를 수리해 주겠다."라고 약속했다.

그동안 5·17 사건이 공정한 수사가 되게 하기 위하여 수사관들에게 나름대로 많은 권한을 부여했던 국장의 부탁을 거절할 수가 없었다. 국장과 약속한 대로 나는 국가유공표창을 받았고 그해 11월 5일 별정직 공무원의 옷을 벗었다.

사회에 나왔으나 대공수사관 출신이 할 일이 뭐가 있었겠는가? 몇 개월 무위도식하다가 후배가 운영하는 을지로 삼풍호텔 옆 신성상가 2층 조그만 사무실에서 시간을 보내고 있었다.

1981년 8월 중순이었던가? 오전 10시경이었을 것이다. 나는 사무실에서 후배가 넘겨주는 전화를 무심코 받았다. 수화기에서 느닷없이 "김홍일입니다." 하지 않는가? 깜짝 놀라 "누구시라고요?" 반문하자 "남산에서 뵈었던 김홍일이에요. 그저께 출소했습니다. 찾아뵙고 싶은데 거기가 어디입니까?"라고 하지 않는가.

나는 김홍일 씨와 그날 11시경 삼풍호텔 커피숍에 마주 앉았다. 벌써 1년인가? 1년 전의 약속을 잊어버리진 않았지만 '설마 찾을까'라고 생각했는데 그는 정확히 약속을 지켰다. 서로 "잘 있었느냐?" "얼마나 고생이 많았느냐?" 등 안부 외에 무슨 할 말이 있었겠는가? 오랜 침묵 속에 가족들에 대한 안부 등을 묻고는 20여 분만에 싱겁게 헤어졌다.

반성과 사죄

1985년에 호주에 이민 갔다가 1994년 영구 귀국한 나는 지난해 7월 어느 날 김홍일 의원을 만나고 싶어 무작정 상경했다. 여의도 국회의사당 쪽으로 향하는 택시 속에서 기사에게 "여의도 국회의사당에서 제일 가까운 여관에 좀 내려주시오."라고 요청했더니 그는 나를 여의도 맨해턴호텔 앞에 내려주었다.

일단 호텔에 투숙한 후 김 의원 사무실에 전화했더니 비서관은 "김 의원께서 최근 몸이 불편하여 의원회관에 잘 나오지 않으니 연락처를 주면 김 의원에게 전하겠다."라고 하여 핸드폰 전화번호를 알려주었다. 3일째 되던 날, 비서를 통해 그날 오후 김 의원이 맨해턴호텔 모임에 참석한다는 소식을 전해 듣고 호텔에서 기다렸다.

오후 4시경 엘리베이터에서 혼자 내리는 김홍일 의원에게 다가가 "김 의원, 접니다." 했더니 그는 "어, 이 형. 그래 서울 오셨다는 이야기를 들었는데 워낙 바빠서…. 이리 와요. 같이 갑시다." 하며 나의 손을 붙들고 정문에 대기하고 있던 자신의 승용차로 나를 안내했다. 국회의원회관으로 가는 차 안에서 그는 동행한 자신의 경호원들을 소개하고 고향에서 무얼 하느냐고 묻기도 했다.

의원회관 사무실에서 나는 김 의원과 단둘이 마주앉아 40여 분간에 걸쳐 그동안 살아왔던 이야기, 가족이야기 그리고 건강 이야기 등 여러 가지 이야기를 나누었다. 그는 비서관에게 자신의 저서 「세계를 향한 지방자치」를 가져오게 하여 나에게 서명해준 후 비서관에게 나를 소개하면서 "이기동 씨는 옛날 5·18 때 안기부에서 어르신과 나를 조사했던 수사관인데 우린 악연이 아니고 호연관계예요."라고 하며 웃었다. 나를 정답게 맞이해 주는 것도 고마웠지만 오랜 세월 고통의 터널에서 빠져나온 그가 이제 환하게 웃고 있는 것을 보면서 나는 참으로 기뻤다.

그러나 그 어려웠던 시절 내가 알게 모르게 고통을 준 사람들도 있다. 당시의 시대적 상황이 험악했던 것이라고 아무리 강변해도 그것은 변명이 되지 않을 것이다. 때론 경직된 사고로 나라를 위한다는 미명하에 인권을 침해함으로써 정신적·육체적 고통을 받았던 사람들에게 깊은 반성과 함께 사죄를 드린다.

「내란음모 사건」
집필 후
못다 한 이야기

동교동 가신들과 나

1984년 가을쯤인가?

옛 자유당 시절 국회의원이었던 서민호 선생의 비서관을 지낸 바 있었던 고등학교 선배 조석환 형이 전화하여 오랜만에 만났더니 "어이, 동생. 오늘 나하고 함께 갈 데가 있는데 같이 가세." 하기에 "형, 어디 가는데요?" 했더니 그는 "오늘 저녁 서울 북창동에 있는 소줏집에 동교동 가신들이 다 모인다네. 1980년 김대중 선생 사건(내란음모 사건을 의미)으로 옥고를 치르고 나온 이후 처음 모두 만나는 자리라네. 자넬 보고 싶다고 하는 형들도 있다네. 뭐 자기들 때문에 자네가 고생 많이 했다고 하면서."라고 하였다.

같은 날 초저녁 7시경 조석환 형을 따라 시내 북창동에 있는 소줏집으로 갔다. 그곳에는 동교동 가신들이었던 한화갑 씨를 비롯하여 박훈 씨 그리고 함윤식 씨 등 10여 명이 함께 있으면서 나를 반겨 주었다.

나는 "고향 형님들, 그동안 고생들 많이 하셨습니다. 건강은 다 좋으시죠?"하고 기본 안부 인사를 마친 후 그래도 친근감이 있는 한화갑 씨 옆자리에 앉았다.

함께 술잔을 기울이던 당시의 분위기는 침통, 그 자체였다. 정국의 향방이 동교동 김대중 가신들에게는 희망된 미래가 전혀 보이지 않았기 때문이었다.

그때 한화갑 형이 "이 수사관, 그때 지하에서 말이지, 나를 맡은 그놈한테 고문당한 것 생각하면 치가 떨리네."라고 갑자기 고문에 대한 운을 떼지 않는가?

아니 고문? 고문이라니. 누가 누구를 고문했단 말인가!

그 당시 한화갑의 담당 수사관이 경험이 없어 조서 작성도 제대로 하지 못하고 다투고만 하여 내가 직접 그 방을 드나들면서 직접 내 손으로 조서를 작성했는데 고문이라니.

나는 한화갑 씨에게 "형, 또 왜 그래요? 제발 좀 고문이니 뭐니 그러지 마세요. 정치한다는 사람들이 남산 한 번 갔다 와서는 고문이니 뭐니 해대니 국민이 그 말만 믿고 남산 지하실이 사람 잡아다 고문시키는 장소로만 각인되는 거 아닙니까? 그때도 형이 담당 윤 수사관하고 김대중 선생 육성 녹음테이프 숫자 때문에 옥신각신하다가 형이 먼저 아니라고 고함치고 대드니까 그 착한 윤 수사관이 발길질 한 번 했다고 했고 형도 그 당시 내 앞에서 인정하지 않았습니까?"라고 하자 그는 "이 형, 원래 정치하는 사람들은 그렇게 말해요. 그게 그거지요. 그만둡시다."하며 얼버무렸다.

나는 계속 소주잔을 기울이며 모인 분들에게 "여기 계신 분들 모두가 잘 알고 있는 일이지만 김옥두 형 머리통 한 번 터진 것 외에 고문을 당했거나 폭행당한 사람 있어요? 또 그 사건 이후 지금까지 진정 폭행당했다고 말한 사람 더 있던가요? 여러분이 지하실에 약 두 달간 모두 있었으니 잘 알 거 아닙니까? 지하실에서 여러분과 마주한 수사관들 모두 여러분과 같이 정규대학 나와 공채로 정보부에 입사한 사람들에게 너무 그러지들 마세요. 정치한다는 사람들이 한결같이 '남산 고문실, 고문실' 하며 허무맹랑한 언동을 해도 남산은 침묵하고 있는데 이젠 제발 그만들 합시다. 내 언젠가 글을 써서 고문의 실상이 무엇인지 한번 보이고 싶습니다."라고 하자 갑자기 그 자리가 숙연한 분위기가 되고 말았다.

아무도 나의 언동에 반해 제동을 거는 사람이 없었다. 당시 나는 수사관도 아니고 아무런 힘도 빽도 없었는데 말이다.

이때 함께 간 조석환 형이 "자, 형들. 이제 그만하고 술이나 먹읍시다." 하고는 술잔을 높이 들었다.

그 당시 동교동 가신들이야말로 초라한 신세로 당장 내일 끼니 걱정을 해야 하는, 주군(?)도 없는 불쌍한 신세들이었다면 과장된 표현일까? 그 후 잡담으로 시간을 보냈고 모두가 기약 없는 악수를 나눈 채 뿔뿔이 제 갈 길로 사라졌다.

그때 그들은 15년 후 주군의 정치적 재기와 성공으로 그 자신들에게 닥쳐올 정치적 행운(출세)을 생각이나 했겠는가?

참으로 인생살이 - 새옹지마 아니던가!

나는 오늘날 출세하여 성공한 그들에게 말하고 싶다.

모두들 그들 인생이 정치적 성공을 거두었고 이젠 한도 없을 테니 제발 거짓을 털고 하루를 살아도 진정하게 사람답게 살라고 말이다.

끝으로 나는 DJ 생전에 그를 추종하였던 그들에게 DJ의 저서 「옥중서신」에서 남긴 말을 전하면서 짧은 이글을 마치고자 한다.

"역사는 우리에게 진실만을 말하지 않는다. 그러나 역사는 시간 앞에 무릎을 꿇는다. 시간이 지나면 역사의 진실을 알게 될 것이다."

내가 좋아했던 함윤식 형

1980년 '김대중 내란음모 사건' 이후 언제부터인가 나는 함윤식 씨를 형님이라 불렀다. 누가 보면 그는 호방한 성격으로 걱정 없는 위인으로 보였겠지만 실은 내면 깊숙이에는 많은 한이 서려 있었다.

그가 김대중 선생을 모시던 초기에 그의 주군에 대한 충성과 신뢰는 그 누구도 감히 흉내 낼 수 없을 정도였다.

김대중 선생 집회에는 항상 전위부대를 이끌고 선생을 보호코자 정부 세력과 우익 동원 세력에 대항해 싸웠고 그로 인해 각목과 때론 돌팔매에 맞아 머리가 터지고 얼굴에 상처를 입기가 다반사였다. 그러나 동교동 가신들 사이에서 그는 무식한 경호 일꾼에 지나지 않았고 주군이란 사람 또한 그를 그렇게 대했다고 했다.

그는 남들이 모르는 사이에 자신의 약점을 보완하기 위해 수많은 독서를 통해 지식을 넓힘으로써 자신의 실력을 쌓아 나갔다.

그와 대화를 나누다보면 참으로 모든 분야에 해박한 지식을 갖추었다는 생각이 들지만 그에게는 '유도대학' 출신이 꼬리표처럼 따라다녔다.

동교동에서도 아무도 그를 인정하여 그에 상응하는 자리를 만들어 주지 않았다. 그는 항상 외톨이였고 어쩌면 가식적 미소로 상전들을 모셨다고나 할까?

1985년 9월 어느 날 내가 호주로 이민가기 이틀 전에 홍익대 입구에 있는 조그만 꽃가게(윤식이 형 부인이 운영한 가게)에서 그와 만났다. 그 가게에서 함윤식 형이 받아온 소주를 앞에 놓고 마주 앉았다.

나는 "형, 이제 나이도 있고 하니 알아주지도 않는 홍위병 노릇 그만하고 집안일이나 살필 궁리를 하세요. 형수님한테 계속 죄(가난의 죄)만 짓고 살 거요?" 하자 그는 "동생, 내 맘 알아주는 거 동생밖에 없네. 내 20여 년 동안 목숨 걸고 선생님을 지켰으나 돌아온 게 뭔가? 핫바지 장군(아마 박성철 장군을 지칭)을 경호실장에 앉히면서 20년 경호만 해온 나에게는 일언반구도 없었다네. 이게 사람들이 하는 짓인가? 내가 나를 왜 모르겠나? 난 지금까지 무슨 자리를 탐해 본 적이 없어. 오직 선생님과 그 가족들을 위해 일했지. 정말 그랬을 뿐이야."라고 하며 깊은 한숨과 함께 소주잔을 비웠다.

나는 "형, 다 잊어버리고 새 출발해요. 아직 나이가 있으니. 형이 건강한데 무슨 일인들 못 하겠어요?" 하자 그는 "어, 동생. 요즘 안전국 정치팀에 있는 박○인을 자주 만나. 자네 동기지? 내 생활이 딱하다 보니 도와주겠다고 하네만. 내 원래 성격이 남한테 이유 없이 도움 받는 거 싫어하잖아. 그건 그렇고 모레 호주에 이민 간다고 했지? 잘했네. 빌어먹을 이 세상, 나도 확 떠나버리고 싶네만 세상만사 뜻대로 되는 게 있어야지. 가면 다시 한국에 오지 말게. 이 개똥같은 나라에 무얼 보고 다시 와서 살아."라고 하였다. 그리고는 기약 없이 헤어졌다.

그리고 훗날 나는 호주에서 함윤식 형 소식을 접할 수 있었다.

그가 「동교동 24시」를 집필하였다고. 그리고 또 그것이 남산 정치 공작의 산물이었다고.

나는 지금도 형에게 말하고 싶다.

"형, 그래도 형은 행복한 사람이야. 책에 할 말 다하여 맺힌 한 풀고 주군 곁을 떠났으니. 아무도 이젠 형에게 돌팔매질 할 수 없을 거야. 주군을 끝까지 모시지 못한 것이 천명이었으니까. 형이 없어도 주군은 뜻을 이루었으니 형도 편안한 마음이 되었겠지요. 형 연락주세요. 만나 편하게 소주 한 잔 합시다."

부 록

국가보안법
국가정보원법
국가정보원직원법

국가보안법

법률 제5454호(정부부처 명칭 등의 변경에 따른 건축법 등의
정비에 관한 법률) [일부개정 1997.12.13]

제1장 총칙

제1조(목적등 〈개정 1991.5.31〉) ① 이 법은 국가의 안전을 위태롭게 하는 반국
가활동을 규제함으로써 국가의 안전과 국민의 생존 및 자유를 확보함을 목적
으로 한다.
② 이 법을 해석적용함에 있어서는 제1항의 목적달성을 위하여 필요한 최소한
도에 그쳐야 하며, 이를 확대해석하거나 헌법상 보장된 국민의 기본적 인권을
부당하게 제한하는 일이 있어서는 아니된다.〈신설 1991.5.31〉

제2조(정의 〈개정 1991.5.31〉) ① 이 법에서 "반국가단체"라 함은 정부를 참칭
하거나 국가를 변란할 것을 목적으로 하는 국내외의 결사 또는 집단으로서 지
휘통솔체제를 갖춘 단체를 말한다.〈개정 1991.5.31〉
② 삭제〈본조제목개정 1991.5.31〉

제2장 죄와 형

제3조(반국가단체의 구성등) ① 반국가단체를 구성하거나 이에 가입한 자는 다
음의 구별에 따라 처벌한다.
  1. 수괴의 임무에 종사한 자는 사형 또는 무기징역에 처한다.
  2. 간부 기타 지도적 임무에 종사한 자는 사형 · 무기 또는 5년 이상의 징역
     에 처한다.
  3. 그 이외의 자는 2년 이상의 유기징역에 처한다.
② 타인에게 반국가단체에 가입할 것을 권유한 자는 2년 이상의 유기징역에
처한다.
③ 제1항 및 제2항의 미수범은 처벌한다.
④ 제1항제1호 및 제2호의 죄를 범할 목적으로 예비 또는 음모한 자는 2년 이
상의 유기징역에 처한다.
⑤ 제1항제3호의 죄를 범할 목적으로 예비 또는 음모한 자는 10년 이하의 징
역에 처한다.〈개정 1991.5.31〉

제4조(목적수행) ① 반국가단체의 구성원 또는 그 지령을 받은 자가 그 목적수행을 위한 행위를 한 때에는 다음의 구별에 따라 처벌한다.〈개정 1991.5.31〉

1. 형법 제92조 내지 제97조 · 제99조 · 제250조제2항 · 제338조 또는 제340조제3항에 규정된 행위를 한 때에는 그 각조에 정한 형에 처한다.
2. 형법 제98조에 규정된 행위를 하거나 국가기밀을 탐지 · 수집 · 누설 · 전달하거나 중개한 때에는 다음의 구별에 따라 처벌한다.
   가. 군사상 기밀 또는 국가기밀이 국가안전에 대한 중대한 불이익을 회피하기 위하여 한정된 사람에게만 지득이 허용되고 적국 또는 반국가단체에 비밀로 하여야 할 사실, 물건 또는 지식인 경우에는 사형 또는 무기징역에 처한다.
   나. 가목외의 군사상 기밀 또는 국가기밀의 경우에는 사형 · 무기 또는 7년 이상의 징역에 처한다.
3. 형법 제115조 · 제119조제1항 · 제147조 · 제148조 · 제164조 내지 제169조 · 제177조 내지 제180 조 · 제192조 내지 제195조 · 제207조 · 제208조 · 제210조 · 제250조제1항 · 제252조 · 제253조 · 제333조 내지 제337조 · 제339조 또는 제340조제1항 및 제2항에 규정된 행위를 한 때에는 사형 · 무기 또는 10년 이상의 징역에 처한다.
4. 교통 · 통신, 국가 또는 공공단체가 사용하는 건조물 기타 중요시설을 파괴하거나 사람을 약취 · 유인하거나 함선 · 항공기 · 자동차 · 무기 기타 물건을 이동 · 취거한 때에는 사형 · 무기 또는 5년 이상의 징역에 처한다.
5. 형법 제214조 내지 제217조 · 제257조 내지 제259조 또는 제262조에 규정된 행위를 하거나 국가기밀에 속하는 서류 또는 물품을 손괴 · 은닉 · 위조 · 변조한 때에는 3년 이상의 유기징역에 처한다.
6. 제1호 내지 제5호의 행위를 선동 · 선전하거나 사회질서의 혼란을 조성할 우려가 있는 사항에 관하여 허위사실을 날조하거나 유포한 때에는 2년 이상의 유기징역에 처한다.

② 제1항의 미수범은 처벌한다.

③ 제1항제1호 내지 제4호의 죄를 범할 목적으로 예비 또는 음모한 자는 2년 이상의 유기징역에 처한다.

④ 제1항제5호 및 제6호의 죄를 범할 목적으로 예비 또는 음모한 자는 10년 이하의 징역에 처한다.

제5조(자진지원 · 금품수수) ① 반국가단체나 그 구성원 또는 그 지령을 받은 자를 지원할 목적으로 자진하여 제4조제1항 각호에 규정된 행위를 한 자는 제4조제1항의 예에 의하여 처벌한다.

② 국가의 존립 · 안전이나 자유민주적 기본질서를 위태롭게 한다는 정을 알면서 반국가단체의 구성원 또는 그 지령을 받은 자로부터 금품을 수수한 자는 7

년 이하의 징역에 처한다.〈개정 1991.5.31〉
③ 제1항 및 제2항의 미수범은 처벌한다.
④ 제1항의 죄를 범할 목적으로 예비 또는 음모한 자는 10년 이하의 징역에 처한다.
⑤ 삭제〈1991.5.31〉

제6조(잠입, 탈출) ① 국가의 존립 · 안전이나 자유민주적 기본질서를 위태롭게 한다는 정을 알면서 반국가단체의 지배하에 있는 지역으로부터 잠입하거나 그 지역으로 탈출한 자는 10년 이하의 징역에 처한다.〈개정 1991.5.31〉
② 반국가단체나 그 구성원의 지령을 받거나 받기 위하여 또는 그 목적수행을 협의하거나 협의하기 위하여 잠입하거나 탈출한 자는 사형 · 무기 또는 5년 이상의 징역에 처한다.
③ 삭제〈1991.5.31〉
④ 제1항 및 제2항의 미수범은 처벌한다.〈개정 1991.5.31〉
⑤ 제1항의 죄를 범할 목적으로 예비 또는 음모한 자는 7년 이하의 징역에 처한다.
⑥ 제2항의 죄를 범할 목적으로 예비 또는 음모한 자는 2년 이상의 유기징역에 처한다.〈개정 1991.5.31〉

제7조(찬양 · 고무등) ① 국가의 존립 · 안전이나 자유민주적 기본질서를 위태롭게 한다는 정을 알면서 반국가단체나 그 구성원 또는 그 지령을 받은 자의 활동을 찬양 · 고무 · 선전 또는 이에 동조하거나 국가변란을 선전 · 선동한 자는 7년 이하의 징역에 처한다.〈개정 1991.5.31〉
② 삭제〈1991.5.31〉
③ 제1항의 행위를 목적으로 하는 단체를 구성하거나 이에 가입한 자는 1년 이상의 유기징역에 처한다.〈개정 1991.5.31〉
④ 제3항에 규정된 단체의 구성원으로서 사회질서의 혼란을 조성할 우려가 있는 사항에 관하여 허위사실을 날조하거나 유포한 자는 2년 이상의 유기징역에 처한다.〈개정 1991.5.31〉
⑤ 제1항 · 제3항 또는 제4항의 행위를 할 목적으로 문서 · 도화 기타의 표현물을 제작 · 수입 · 복사 · 소지 · 운반 · 반포 · 판매 또는 취득한 자는 그 각항에 정한 형에 처한다.〈개정 1991.5.31〉
⑥ 제1항 또는 제3항 내지 제5항의 미수범은 처벌한다.〈개정 1991.5.31〉
⑦ 제3항의 죄를 범할 목적으로 예비 또는 음모한 자는 5년 이하의 징역에 처한다.〈개정 1991.5.31〉

제8조(회합 · 통신등) ① 국가의 존립 · 안전이나 자유민주적 기본질서를 위태롭

게 한다는 정을 알면서 반국가단체의 구성원 또는 그 지령을 받은 자와 회합·통신 기타의 방법으로 연락을 한 자는 10년 이하의 징역에 처한다.〈개정 1991.5.31〉
② 삭제〈1991.5.31〉
③ 제1항의 미수범은 처벌한다.〈개정 1991.5.31〉
④ 삭제〈1991.5.31〉

제9조(편의제공) ① 이 법 제3조 내지 제8조의 죄를 범하거나 범하려는 자라는 정을 알면서 총포·탄약·화약 기타 무기를 제공한 자는 5년 이상의 유기징역에 처한다.〈개정 1991.5.31〉
② 이 법 제3조 내지 제8조의 죄를 범하거나 범하려는 자라는 정을 알면서 금품 기타 재산상의 이익을 제공하거나 잠복·회합·통신·연락을 위한 장소를 제공하거나 기타의 방법으로 편의를 제공한 자는 10년 이하의 징역에 처한다. 다만, 본범과 친족관계가 있는 때에는 그 형을 감경 또는 면제할 수 있다.〈개정 1991.5.31〉
③ 제1항 및 제2항의 미수범은 처벌한다.
④ 제1항의 죄를 범할 목적으로 예비 또는 음모한 자는 1년 이상의 유기징역에 처한다.
⑤ 삭제〈1991.5.31〉

제10조(불고지) 제3조, 제4조, 제5조제1항·제3항(제1항의 미수범에 한한다)·제4항의 죄를 범한 자라는 정을 알면서 수사기관 또는 정보기관에 고지하지 아니한 자는 5년 이하의 징역 또는 200만원 이하의 벌금에 처한다. 다만, 본범과 친족관계가 있는 때에는 그 형을 감경 또는 면제한다.
[전문개정 1991.5.31]

제11조(특수직무유기) 범죄수사 또는 정보의 직무에 종사하는 공무원이 이 법의 죄를 범한 자라는 정을 알면서 그 직무를 유기한 때에는 10년 이하의 징역에 처한다. 다만, 본범과 친족관계가 있는 때에는 그 형을 감경 또는 면제할 수 있다.

제12조(무고, 날조) ① 타인으로 하여금 형사처분을 받게 할 목적으로 이 법의 죄에 대하여 무고 또는 위증을 하거나 증거를 날조·인멸·은닉한 자는 그 각 조에 정한 형에 처한다.
② 범죄수사 또는 정보의 직무에 종사하는 공무원이나 이를 보조하는 자 또는 이를 지휘하는 자가 직권을 남용하여 제1항의 행위를 한 때에도 제1항의 형과 같다. 다만, 그 법정형의 최저가 2년 미만일 때에는 이를 2년으로 한다.

제13조(특수가중) 이 법, 군형법 제13조·제15조 또는 형법 제2편제1장 내란의 죄·제2장 외환의 죄를 범하여 금고 이상의 형의 선고를 받고 그 형의 집행을 종료하지 아니한 자 또는 그 집행을 종료하거나 집행을 받지 아니하기로 확정된 후 5년이 경과하지 아니한 자가 제3조제1항제3호 및 제2항 내지 제5항, 제4조제1항제1호중 형법 제94조제2항·제97조 및 제99조, 동항제5호 및 제6호, 제2항 내지 제4항, 제5조, 제6조제1항 및 제4항 내지 제6항, 제7조 내지 제9조의 죄를 범한 때에는 그 죄에 대한 법정형의 최고를 사형으로 한다.

제14조(자격정지의 병과) 이 법의 죄에 관하여 유기징역형을 선고할 때에는 그 형의 장기 이하의 자격정지를 병과할 수 있다.〈개정 1991.5.31〉

제15조(몰수·추징) ① 이 법의 죄를 범하고 그 보수를 받은 때에는 이를 몰수한다. 다만, 이를 몰수할 수 없을 때에는 그 가액을 추징한다.
② 검사는 이 법의 죄를 범한 자에 대하여 소추를 하지 아니할 때에는 압수물의 폐기 또는 국고귀속을 명할 수 있다.

제16조(형의 감면) 다음 각호의 1에 해당한 때에는 그 형을 감경 또는 면제한다.
  1. 이 법의 죄를 범한 후 자수한 때
  2. 이 법의 죄를 범한 자가 이 법의 죄를 범한 타인을 고발하거나 타인이 이 법의 죄를 범하는 것을 방해한 때
  3. 삭제〈1991.5.31〉

제17조(타법적용의 배제) 이 법의 죄를 범한 자에 대하여는 노동조합및노동관계조정법 제39조의 규정을 적용하지 아니한다.〈개정 1997.12.13〉

제3장 특별형사소송규정

제18조(참고인의 구인·유치) ① 검사 또는 사법경찰관으로부터 이 법에 정한 죄의 참고인으로 출석을 요구받은 자가 정당한 이유없이 2회 이상 출석요구에 불응한 때에는 관할법원판사의 구속영장을 발부받아 구인할 수 있다.
② 구속영장에 의하여 참고인을 구인하는 경우에 필요한 때에는 근접한 경찰서 기타 적당한 장소에 임시로 유치할 수 있다.

제19조(구속기간의 연장) ① 지방법원판사는 제3조 내지 제10조의 죄로서 사법경찰관이 검사에게 신청하여 검사의 청구가 있는 경우에 수사를 계속함에 상

당한 이유가 있다고 인정한 때에는 형사소송법 제202조의 구속기간의 연장을 1차에 한하여 허가할 수 있다.

② 지방법원판사는 제1항의 죄로서 검사의 청구에 의하여 수사를 계속함에 상당한 이유가 있다고 인정한 때에는 형사소송법 제203조의 구속기간의 연장을 2차에 한하여 허가할 수 있다.

③ 제1항 및 제2항의 기간의 연장은 각 10일 이내로 한다.

제20조(공소보류) ① 검사는 이 법의 죄를 범한 자에 대하여 형법 제51조의 사항을 참작하여 공소제기를 보류할 수 있다.

② 제1항에 의하여 공소보류를 받은 자가 공소의 제기없이 2년을 경과한 때에는 소추할 수 없다.

③ 공소보류를 받은 자가 법무부장관이 정한 감시·보도에 관한 규칙에 위반한 때에는 공소보류를 취소할 수 있다.

④ 제3항에 의하여 공소보류가 취소된 경우에는 형사소송법 제208조의 규정에 불구하고 동일한 범죄사실로 재구속할 수 있다.

제4장 보상과 원호

제21조(상금) ① 이 법의 죄를 범한 자를 수사기관 또는 정보기관에 통보하거나 체포한 자에게는 대통령령이 정하는 바에 따라 상금을 지급한다.

② 이 법의 죄를 범한 자를 인지하여 체포한 수사기관 또는 정보기관에 종사하는 자에 대하여도 제1항과 같다.

③ 이 법의 죄를 범한 자를 체포할 때 반항 또는 교전상태하에서 부득이한 사유로 살해하거나 자살하게 한 경우에는 제1항에 준하여 상금을 지급할 수 있다.

제22조(보로금) ① 제21조의 경우에 압수물이 있는 때에는 상금을 지급하는 경우에 한하여 그 압수물 가액의 2분의 1에 상당하는 범위안에서 보로금을 지급할 수 있다.

② 반국가단체나 그 구성원 또는 그 지령을 받은 자로부터 금품을 취득하여 수사기관 또는 정보기관에 제공한 자에게는 그 가액의 2분의 1에 상당하는 범위안에서 보로금을 지급할 수 있다. 반국가단체의 구성원 또는 그 지령을 받은 자가 제공한 때에도 또한 같다.

③ 보로금의 청구 및 지급에 관하여 필요한 사항은 대통령령으로 정한다.

제23조(보상) 이 법의 죄를 범한 자를 신고 또는 체포하거나 이에 관련하여 상

이를 입은 자와 사망한 자의 유족은 대통령령이 정하는 바에 따라 국가유공자
등예우및지원에관한법률에 의한 공상군경 또는 순직군경의 유족으로 보아 보
상할 수 있다.〈개정 1997.1.13〉
[전문개정 1991.5.31]

제24조(국가보안유공자 심사위원회) ① 이 법에 의한 상금과 보로금의 지급 및
제23조에 의한 보상대상자를 심의·결정하기 위하여 법무부장관소속하에 국가
보안유공자 심사위원회(이하 "위원회"라 한다)를 둔다.〈개정 1991.5.31〉
② 위원회는 심의상 필요한 때에는 관계자의 출석을 요구하거나 조사할 수 있
으며, 국가기관 기타 공·사단체에 조회하여 필요한 사항의 보고를 요구할 수
있다.
③ 위원회의 조직과 운영에 관하여 필요한 사항은 대통령령으로 정한다.

제25조(군법 피적용자에 대한 준용규정) 이 법의 죄를 범한 자가 군사법원법
제2조제1항 각호의 1에 해당하는 자인 때에는 이 법의 규정중 판사는 군사법원
군판사로, 검사는 군검찰부검찰관으로, 사법경찰관은 군사법경찰관으로 본다.
〈개정 1987.12.4, 1994.1.5〉

※부칙 생략

국가정보원법

[(타)일부개정 2006.10.4 법률 제8050호]

제1조(목적) 이 법은 국가정보원(이하 "국정원"이라 한다)의 조직 및 직무범위와 국가안전보장업무의 효율적인 수행을 위하여 필요한 사항을 규정함을 목적으로 한다.〈개정 1999.1.21〉

제2조(지위) 국정원은 대통령소속하에 두며, 대통령의 지시·감독을 받는다.〈개정 1999.1.21〉
[본조신설 1994.1.5]

제3조(직무) ① 국정원은 다음 각호의 직무를 수행한다.〈개정 1996.12.31, 1999.1.21〉
  1. 국외정보 및 국내보안정보(대공·대정부전복·방첩·대테러 및 국제범죄조직)의 수집·작성 및 배포
  2. 국가기밀에 속하는 문서·자재·시설 및 지역에 대한 보안업무. 다만, 각급기관에 대한 보안감사는 제외한다.
  3. 형법중 내란의 죄, 외환의 죄, 군형법중 반란의 죄, 암호부정사용죄, 군사기밀보호법에 규정된 죄, 국가보안법에 규정된 죄에 대한 수사
  4. 국정원직원의 직무와 관련된 범죄에 대한 수사
  5. 정보 및 보안업무의 기획·조정
② 제1항제1호 및 제2호의 직무수행을 위하여 필요한 사항과 제5호에 정하는 기획·조정의 범위와 대상기관 및 절차 등에 관한 사항은 대통령령으로 정한다.

제4조(조직) ① 국정원의 조직은 국가정보원장(이하 "원장"이라 한다)이 대통령의 승인을 얻어 정한다.〈개정 1999.1.21〉
② 국정원은 직무수행상 특히 필요한 경우에는 대통령의 승인을 얻어 특별시·광역시·도에 지부를 둘 수 있다.〈개정 1997.12.13, 1999.1.21〉
[전문개정 1994.1.5]

제5조(직원) ① 국정원에 원장·차장 및 기획조정실장과 기타 필요한 직원을 둔다. 다만, 특히 필요한 경우에는 차장 2인 이상을 둘 수 있다.〈개정 1994.1.5, 1999.1.21〉
② 직원의 정원은 예산의 범위 안에서 대통령의 승인을 얻어 원장이 정한다.〈개정 1999.1.21〉
제6조(조직 등의 비공개) 국정원의 조직·소재지 및 정원은 국가안전보장을 위

하여 필요한 경우에는 이를 공개하지 아니할 수 있다.〈개정 1994.1.5, 1999.1.21〉

제7조(원장 · 차장 · 기획조정실장 〈개정 1999.1.21〉) ① 원장은 국회의 인사청문을 거쳐 대통령이 임명하며, 차장 및 기획조정실장은 원장의 제청에 의하여 대통령이 임명한다.〈개정 1999.1.21, 2003.2.4〉
② 원장은 정무직으로 하며, 국정원의 업무를 통할하고 소속직원을 지휘 · 감독한다.〈개정 1999.1.21, 2002.1.19〉
③ 차장은 정무직으로 하고 원장을 보좌하며, 원장이 사고가 있을 때에는 그 직무를 대행한다.〈개정 1999.1.21, 2002.1.19〉
④ 기획조정실장은 별정직으로 하고 원장과 차장을 보좌하며, 위임된 사무를 처리한다.〈개정 1999.1.21, 2002.1.19〉
⑤ 원장 · 차장 및 기획조정실장 이외의 직원의 인사에 관하여는 따로 법률로 정한다.〈개정 1994.1.5, 1999.1.21〉

제8조(겸직금지) 원장 · 차장 및 기획조정실장은 다른 직을 겸할 수 없다.〈개정 1994.1.5, 1999.1.21〉

제9조(정치관여의 금지) ① 원장 · 차장 및 기타 직원은 정당 기타 정치단체에 가입하거나 정치활동에 관여하는 행위를 하여서는 아니된다.〈개정 1999.1.21〉
② 제1항에서 정치활동에 관여하는 행위라 함은 다음 각호의 1에 해당하는 행위를 말한다.
　1. 정당이나 정치단체의 결성 또는 가입을 지원하거나 방해하는 행위
　2. 그 직위를 이용하여 특정정당 또는 특정정치인에 대하여 지지 또는 반대하는 의견을 유포하거나 이러한 여론을 조성할 목적으로 특정정당 또는 특정정치인에 대하여 찬양 또는 비방하는 내용의 의견 또는 사실을 유포하는 행위
　3. 특정정당 또는 특정정치인을 위하여 기부금모집을 지원하거나 방해하는 행위 또는 국가 · 지방자치단체 및 정부투자기관의 자금을 이용하거나 이용하게 하는 행위
　4. 특정정당 또는 특정인의 선거운동을 하거나 선거관련대책회의에 관여하는 행위
　5. 소속직원이나 다른 공무원에 대하여 제1호 내지 제4호의 행위를 하도록 요구하거나 위 각호의 행위와 관련하여 보상 또는 보복으로써 이익 또는 불이익을 주거나 이를 약속 또는 고지하는 행위
[전문개정 1994.1.5]
제10조(겸직직원) ① 원장은 현역군인 또는 필요한 공무원의 파견근무를 관계기관의 장에게 요청할 수 있다.〈개정 1999.1.21〉

② 겸직직원의 원소속기관의 장은 겸직직원의 모든 신분상의 권익과 보수를 보장하여야 하며, 겸직직원을 전보발령하고자 할 때에는 미리 원장의 동의를 얻어야 한다.〈개정 1994.1.5, 1999.1.21〉

③ 겸직직원은 겸직기간중 원소속기관의 장의 지시 또는 감독을 받지 아니한다.

④ 겸직직원의 정원은 관계기관의 장과 협의하여 대통령의 승인을 얻어 원장이 정한다.〈개정 1999.1.21〉

제11조(직권남용의 금지) ① 원장·차장 및 기타 직원은 그 직권을 남용하여 법률에 의한 절차에 의하지 아니하고 사람을 체포 또는 감금하거나 다른 기관·단체 또는 사람으로 하여금 의무없는 일을 하게 하거나 사람의 권리행사를 방해하여서는 아니된다.〈개정 1999.1.21〉

② 국정원직원으로서 제16조의 규정에 의하여 사법경찰관리(군사법경찰관리를 포함한다)의 직무를 행하는 자는 그 직무를 수행함에 있어서 형사소송법 제34조(피고인·피의자와의 접견, 교통, 수진) 및 제209조에 의하여 수사에 준용되는 제87조(구속의 통지), 제89조(구속된 피고인과의 접견, 수진), 제90조(변호인의 의뢰)와 군사법원법의 관계규정(제63조·제127조·제129조 및 제130조)등 범죄수사에 관한 적법절차를 준수하여야 한다.〈개정 1999.1.21〉

[본조신설 1994.1.5]

제12조(예산회계) ① 국정원은 「국가재정법」 제40조의 규정에 의한 독립기관으로 한다.〈개정 1994.1.5, 1999.1.21, 2006.10.4〉

② 국정원의 세출예산의 요구는 그 관·항을 국가정보원비와 정보비로 하여 총액으로 하며, 그 산출내역과 「국가재정법」 제34조에 규정한 예산안의 첨부서류는 이를 제출하지 아니할 수 있다.〈개정 1994.1.5, 1999.1.21, 2006.10.4〉

③ 국정원의 예산중 미리 기획하거나 예견할 수 없는 비밀활동비는 총액으로 다른 기관의 예산에 계상할 수 있다.〈개정 1994.1.5, 1999.1.21〉

④ 국정원은 제2항 및 제3항의 규정에 불구하고 국회정보위원회에 국정원의 모든 예산에 관하여 실질심사에 필요한 세부자료를 제출하여야 한다.〈개정 1994.1.5, 1999.1.21〉

⑤ 국회정보위원회는 국정원의 예산심의를 비공개로 하며, 국회정보위원회의 위원은 국정원의 예산내역을 공개하거나 누설하여서는 아니 된다.〈신설 1994.1.5, 1999.1.21〉

제13조(국회에서의 증언 등) ① 원장은 국회예산결산심사 및 안건심사와 감사원의 감사에 있어서 국가의 안전보장에 중대한 영향을 미치는 국가기밀사항에 한하여 그 사유를 소명하고 자료의 제출 또는 답변을 거부할 수 있다.〈개정

1999.1.21〉

② 원장은, 제1항의 규정에도 불구하고 국회정보위원회에서 자료의 제출, 증언 또는 답변을 요구받은 경우와 국회에서의증언·감정등에관한법률에 의하여 자료의 제출 또는 증언을 요구받은 경우에는 군사·외교·대북관계의 국가기밀에 관한 사항으로서 그 발표로 말미암아 국가안위에 중대한 영향을 미치는 사항에 한하여 그 사유를 소명하고 자료의 제출, 증언 또는 답변을 거부할 수 있다. 이 경우, 국회정보위원회 등은 그 의결로써 국무총리의 소명을 요구할 수 있으며, 소명을 요구받은 날부터 7일 이내에 국무총리의 소명이 없는 경우에는 자료의 제출, 증언 또는 답변을 거부할 수 없다.〈개정 1999.1.21〉

③ 원장은 국가기밀에 속하는 사항에 관한 자료와 증언 또는 답변에 대하여 이를 공개하지 아니할 것을 요청할 수 있다.〈개정 1999.1.21〉

④ 이 법에서 '국가기밀'이라 함은 국가의 안전에 대한 중대한 불이익을 회피하기 위하여 한정된 인원에게만 지득이 허용되고 다른 국가 또는 집단에 대하여 비밀로 할 사실, 물건 또는 지식으로서 국가기밀로 분류된 사항에 한한다.
[전문개정 1994.1.5]

제14조(회계검사 및 직무감찰의 보고) 원장은 그 책임하에 소관예산에 대한 회계검사와 직원의 직무수행에 대한 감찰을 행하고, 그 결과를 대통령과 국회정보위원회에 보고하여야 한다.〈개정 1999.1.21〉
[전문개정 1994.1.5]

제15조(국가기관 등에 대한 협조요청) 원장은 이 법이 정하는 직무를 수행함에 있어서 필요한 협조와 지원을 관계국가기관 및 공공단체의 장에게 요청할 수 있다.〈개정 1994.1.5, 1999.1.21〉

제16조(사법경찰권) 국정원직원으로서 원장이 지명하는 자는 이 법 제3조제1항제3호 및 제4호에 규정된 죄에 관하여 사법경찰관리의직무를행할자와그직무범위에관한법률 및 군사법원법이 정하는 바에 의하여 사법경찰관리와 군사법경찰관리의 직무를 행한다.〈개정 1987.12.4, 1994.1.5, 1999.1.21〉
[전문개정 1981.12.31]

제17조(무기사용) ① 원장은 직무를 수행하기 위하여 필요하다고 인정할 때에는 소속직원에게 무기를 휴대시킬 수 있다.〈개정 1999.1.21〉

② 제1항의 무기사용에 있어서는 경찰관직무집행법 제11조의 규정을 준용한다.〈개정 1994.1.5〉

제18조(정치관여죄) ① 제9조의 규정에 위반하여 정당 기타 정치단체에 가입하거나 정치활동에 관여하는 행위를 한 자는 5년 이하의 징역과 5년 이하의 자

격정지에 처한다.
② 제1항에 규정된 죄의 미수범은 처벌한다.
[본조신설 1994.1.5]

제19조(직권남용죄) ① 제11조제1항의 규정에 위반하여 사람을 체포 또는 감금하거나 다른 기관·단체 또는 사람으로 하여금 의무없는 일을 하게 하거나 사람의 권리행사를 방해한 자는 7년 이하의 징역과 7년 이하의 자격정지에 처한다.
② 제11조제2항의 규정에 위반하여 국정원직원으로서 사법경찰관리(군사법경찰관리를 포함한다)의 직무를 수행하는 자가 변호인의 피의자와의 접견·교통·수진, 구속의 통지, 변호인 아닌 자의 피의자와의 접견·수진, 변호인의 의뢰에 관한 형사소송법 규정을 준수하지 아니하여 피의자, 변호인 또는 관계인의 권리를 침해한 자는 1년 이하의 징역 또는 500만원 이하의 벌금에 처한다.〈개정 1999.1.21〉
③ 제1항에 규정된 죄의 미수범은 처벌한다.
[본조신설 1994.1.5]

※부칙 생략

국가정보원직원법

[일부개정 2009.1.30 법률 제9400호]

제1장 총칙

제1조(목적) 이 법은 국가정보원직원(이하 "직원"이라 한다) 의 책임 및 직무의 중요성과 신분 및 근무조건의 특수성에 비추어 그 자격·임용·교육훈련·복무·보수등에 관하여 「국가공무원법」에 대한 특례를 규정함을 목적으로 한다.〈개정 1999.1.21, 2005.5.26〉

제2조(계급구분) ① 직원은 이를 1급 내지 9급과 기능직으로 구분한다.
② 특별한 전문지식과 경험이 요구되는 분야에 근무하는 직원(이하 "전문관"이라 한다)에 대하여는 제1항에 따른 계급구분을 적용하지 아니할 수 있다.〈신설 2009.1.30〉
③ 제1항의 각 계급의 직무의 종류별 명칭과 제2항의 전문관의 직무분야, 대우 등에 관하여는 대통령령으로 정한다.〈개정 2009.1.30〉

제3조(계약직직원) ① 국가정보원의 직무의 내용·특수성등을 고려하여 필요한 경우에는 계약직직원을 둘 수 있다.
② 계약직직원은 「국가공무원법」상의 특수경력직공무원중 계약직공무원으로 보되, 그 채용조건·절차 기타 필요한 사항은 대통령령으로 정한다.〈개정 2005.5.26〉
[본조신설 1999.1.21]

제4조(적용범위) ① 국가정보원의 원장(이하 "원장"이라 한다)·차장 및 기획조정실장에 대하여는 이 법에 특별한 규정이 없는 한 제5장 복무의 규정을 제외하고는 이 법을 적용하지 아니한다.
② 국가정보원외의 기관이나 단체에 소속된 자로서 국가정보원에 파견되어 근무하는 직원에 대하여는 이 법에 특별한 규정이 없는 한 제13조·제14조·제5장 복무·제23조 및 제9장 벌칙의 규정을 제외하고는 이 법을 적용하지 아니한다.
③ 계약직직원에 대하여는 이 법에 특별한 규정이 없는 한 제8조·제13조·제14조·제5장 복무·제20조·제23조·제7장 징계 및 제9장 벌칙의 규정을 제외하고는 이 법을 적용하지 아니한다.〈개정 2003.12.30〉
[본조신설 1999.1.21]
제5조(정의) 이 법에서 사용되는 용어의 정의는 다음과 같다.〈개정 1998.4.10,

2005.5.26〉
  1. "임용"이라 함은 신규채용 · 승진임용 · 승급 · 전직 · 전보 · 파견 · 강임 · 휴직 · 정직 · 복직 · 면직 · 해임 및 파면을 말한다.
  2. "강임"이라 함은 동일한 직렬내에서의 하위계급에 임명하거나 하위계급이 없어 다른 직렬의 하위계급으로 임명하는 것을 말한다.
  3. "전직"이라 함은 직렬을 달리하는 임명을 말한다.
  4. "전보"라 함은 동일한 계급내에서의 보직변경을 말한다.
  5. "복직"이라 함은 휴직 · 정직 중에 있는 직원을 직위에 복귀시키는 것을 말한다.

제2장 임용과 시험

제6조(임용의 원칙) ① 직원의 임용은 학력 · 자격 · 경력 · 연령을 기초로 하며, 시험성적 · 근무성적 기타 능력의 실증에 의하여 행한다.〈개정 2009.1.30〉
② 제1항의 구체적인 범위 · 방법 · 절차 등은 대통령령으로 정한다.〈신설 2009. 1.30〉

제7조(임용권자) ① 5급 이상 직원 및 전문관은 원장의 제청에 의하여 대통령이 임용한다. 다만, 대통령은 원장에게 다음 각 호의 임용권을 제외한 5급 이상 직원 및 전문관의 임용권을 위임한다.〈개정 2005.5.26, 2009.1.30〉
  1. 1급 직원의 전보 · 휴직 · 정직 및 복직
  2. 1급 내지 3급 직원의 신규채용 · 승진임용 · 강임 · 면직 · 해임 및 파면
② 6급이하 직원 및 기능직직원의 임용은 원장이 행한다.〈개정 1999.1.21〉

제8조(임용자격 및 결격사유) ① 직원은 사상이 건전하고, 품행이 단정하며, 신체가 건강한 자중에서 임용한다.
② 다음 각 호의 어느 하나에 해당하는 자는 직원으로 임용될 수 없다.〈개정 2005.3.31, 2009.1.30〉
  1. 대한민국의 국적을 가지지 아니한 자
  2. 금치산자 또는 한정치산자
  3. 파산선고를 받은 자로서 복권되지 아니한 자
  4. 자격정지이상의 형의 선고를 받은 자
  5. 금고이상의 형의 선고유예를 받은 경우에 그 선고유예기간중에 있는 자
  6. 징계에 의하여 면직의 처분을 받은 자

제8조의2(신원조사) ① 원장은 임용대상자에 대하여 제8조제1항과 관련된 사항

및 애국심 · 성실성 · 신뢰성 · 보안성 등을 확인하기 위하여 신원조사를 실시한다.
② 제1항에 따른 신원조사의 구체적인 범위 · 방법 · 절차 등은 대통령령으로 정한다.
[본조신설 2009.1.30]

제9조(신규채용) 직원의 신규채용은 경쟁시험에 의한다. 다만, 직무에 관하여 특별한 학식 · 경험이나 기술 또는 연구실적이 있는 자를 임용할 때에는 그러하지 아니하다.

제10조(승진) ① 직원의 승진은 바로 하위계급에 있는 직원중에서 근무성적 및 경력평정 기타 능력의 실증에 의하여 행한다. 다만, 6급직원을 5급직원으로 승진임용하는 경우에는 승진시험을 병행한다.
② 제1항 단서의 규정에 의하여 승진시험을 병행하는 경우에 특별한 임무수행으로 인하여 시험에 응할 수 없거나 직무수행에 현저한 공로가 있는 직원에 대하여는 시험을 면제할 수 있다.

제11조(시험의 실시) 직원의 임용시험은 원장이 실시 · 관리한다.〈개정 1999.1.21〉

제3장 보수

제12조(보수) 직원의 보수는 대통령령이 정하는 바에 의한다.

제13조(보상) 직원으로서 간첩체포 및 이에 준하는 국가안전보장업무의 수행 또는 그와 관련하여 상이를 입은 자와 그 가족 및 사망(상이로 인하여 사망한 경우를 포함한다)한 자의 유족은 대통령령이 정하는 바에 의하여 「국가유공자 등 예우 및 지원에 관한 법률」에 의한 보상대상자로 한다.〈개정 1986.12.31, 1997.1.13, 2005.5.26〉

제4장 교육

제14조(교육훈련) ① 원장은 직원에 대하여 직무의 능률증진을 위한 교육훈련을 실시한다.〈개정 1999.1.21〉
② 원장은 필요하다고 인정할 때에는 직원을 국내외의 교육기관 또는 연구기관에 위탁하여 교육훈련을 받게 할 수 있다.〈개정 1999.1.21〉

③ 교육훈련성적은 인사관리에 반영한다.

제5장 복무

제15조(선서) 직원은 취임할 때에 원장앞에서 다음의 선서를 하여야 한다.
"본인은 국가안전보장업무를 수행하는 공무원으로서 투철한 애국심과 사명감을 발휘하여 국가에 봉사할 것을 맹서하고, 법령 및 직무상의 명령을 준수·복종하며, 창의와 성실로써 맡은 바 책무를 다할 것을 엄숙히 선서합니다."〈개정 1999.1.21〉

제16조(직무이탈금지) 모든 직원은 소속상관의 허가 또는 정당한 이유없이 직무를 이탈하여서는 아니된다.

제17조(비밀의 엄수) ① 모든 직원은 재직중은 물론 퇴직한 후에도 직무상 지득한 비밀을 누설하여서는 아니된다.
② 직원(퇴직한 자를 포함한다. 이하 이 조에서 같다)이 법령에 의한 증인·참고인·감정인 또는 사건당사자로서 직무상의 비밀에 관한 사항을 증언 또는 진술하고자 할 때에는 미리 원장의 허가를 받아야 한다.
③ 직원을 증인·참고인·감정인으로 신청한 법률상 이해관계가 있는 사건관계인은 당해 직원이 제2항의 규정에 의한 허가를 신청하지 아니함으로써 불이익을 받을 우려가 있는 때에는 법원의 허가를 받아 원장에게 증언 또는 진술의 허가를 신청할 수 있다.
④ 원장은 제2항 또는 제3항의 규정에 의하여 허가여부를 결정함에 있어서 국가의 중대한 이익을 해하는 경우 또는 군사·외교·대북관계 등 국가안위에 중대한 영향을 미치는 경우를 제외하고는 허가를 거부하지 못한다.
⑤ 직원이 국가정보원의 직무와 관련된 사항을 발간 그 밖의 방법으로 공표하고자 할 때에는 미리 원장의 허가를 받아야 한다. 이 경우 제4항의 규정을 준용한다.
⑥ 원장이 제2항 또는 제3항의 규정에 의한 증언 또는 진술의 허가를 한 경우에 법원은 공무상 비밀보호 등을 위한 비공개증언 등 적절한 조치를 할 수 있다.
[전문개정 2003.12.30]

제18조(영리업무 및 겸직금지) ① 직원은 직무 이외의 영리를 목적으로 하는 업무에 종사하지 못하며, 원장의 허가없이 다른 업무를 겸할 수 없다.〈개정 1999.1.21〉

② 제1항의 규정에 의한 영리를 목적으로 하는 업무의 한계는 원장이 정한다. 〈개정 1999.1.21〉

제6장 신분보장

제19조(의사에 반한 신분조치) 직원은 형의 선고·징계처분 또는 법률이 정하는 사유에 의하지 아니하고는 그 의사에 반하여 휴직·강임 또는 면직되지 아니한다. 다만, 1급 직원은 그러하지 아니하다.〈개정 2003.12.30〉

제20조(당연퇴직) 직원이 제8조제2항 각호(제5호를 제외한다)의 어느 하나에 해당할 때에는 당연히 퇴직한다.
[전문개정 2003.12.30]

제21조(직권면직) ① 직원이 다음 각 호의 어느 하나에 해당할 때에는 임명권자는 직권에 의하여 면직시킬 수 있다.〈개정 2009.1.30〉
  1. 신체·정신상의 이상으로 직무를 감당하지 못할 만한 지장이 있을 때
  2. 직무수행능력이 현저하게 부족하거나 근무태도가 극히 불량하여 직원으로 부적합하다고 인정될 때
  3. 직제 또는 정원의 개폐나 예산의 감소등에 의하여 폐직 또는 과원이 될 때
  4. 휴직기간의 만료 또는 휴직사유가 소멸된 후에도 정당한 이유없이 직무에 복귀하지 아니하거나 직무를 감당할 수 없을 때
  5. 제21조의2에 따른 적격심사 결과 부적격 판정을 받았을 때
② 제1항제2호의 규정에 의하여 직원을 면직시킬 때에는 징계위원회의 동의를 얻어야 한다.
③ 제1항제3호의 규정에 의하여 직원을 면직시킬 때에는 임용형태·업무실적·직무수행능력·징계처분사실등을 고려하여 면직기준을 정하여야 한다.〈신설 1998.4.10〉
④ 제3항의 면직기준을 정하거나 제1항제3호의 규정에 의하여 면직 대상자를 결정함에 있어서는 심사위원회를 구성하여 그 심사위원회의 심의·의결을 거쳐야 한다.〈신설 1998.4.10〉
⑤ 제4항의 심사위원회의 위원장은 차장 또는 기획조정실장중에서 원장이 지명하며, 위원은 면직대상자보다 상위직급자중에서 원장이 지명하는 5인 내지 7인으로 구성하되 상위직급자가 부족한 경우에는 4인 이내로 구성할 수 있다. 〈신설 1998.4.10, 1999.1.21〉
⑥ 제1항제3호의 규정에 의하여 면직된 직원은 결원이 생긴 때에는 우선하여

재임용할 수 있다.

제21조의2(적격심사) ① 직원이 근무성적평정 결과 2회 연속 또는 10년 이내 3회 이상 최하위 등급을 받은 때에는 적격심사를 받아야 한다.
② 적격심사를 위하여 국가정보원에 적격심사위원회를 둔다.
③ 적격심사위원회는 국가정보원의 2급 이상 직원 중 원장이 지명하는 5명 이상 7명 이하의 위원으로 구성하며, 위원장은 차장 또는 기획조정실장 중 원장이 지명하는 자로 한다.
④ 적격심사는 근무성적평정에 따르되, 직원의 직무를 계속 수행하는 것이 곤란하다고 판단되는 자를 부적격자로 판정한다.
⑤ 적격심사위원회의 구성과 운영 및 심사·처리 기준에 관하여 필요한 사항은 대통령령으로 정한다.
[본조신설 2009.1.30]

제22조(정년) ① 직원의 정년은 다음과 같다.〈개정 1986.12.31, 1990.4.7, 1993.12.27, 1998.4.10, 1999.1.21, 2003.12.30, 2009.1.30〉
  1. 연령정년
     1급부터 9급까지 직원 및 전문관 60세
     기능직직원 40세부터 57세까지
  2. 계급정년
     2급 직원 5년
     3급 직원 7년
     4급 직원 12년
     5급 직원 18년
② 제1항제1호에 규정된 기능직직원의 직무의 종류별 정년은 대통령령으로 정한다.
③ 직원은 그 정년에 달하는 날이 1월부터 6월사이에 있는 경우에는 6월 30일에, 7월부터 12월사이에 있는 경우에는 12월 31일에 각각 당연히 퇴직된다.

제23조(직원에 대한 수사등) ① 수사기관이 직원을 구속하고자 할 때에는 미리 원장에게 통보하여야 한다. 다만, 현행범인인 경우에는 그러하지 아니하다.〈개정 1999.1.21〉
② 수사기관이 현행범인인 직원을 구속한 때에는 지체없이 원장에게 그 사실을 통보하여야 한다.〈개정 1999.1.21〉
③ 수사기관이 직원에 대하여 수사를 개시한 때와 이를 종료한 때에는 지체없이 원장에게 그 사실과 결과를 통보하여야 한다.〈개정 1999.1.21〉

제7장 징계

제24조(징계사유) 직원이 다음 각호의 1에 해당하는 때에는 징계의결을 거쳐 징계처분을 할 수 있다.〈개정 2005.5.26〉

1. 이 법 및 「국가공무원법」과 이 법 및 「국가공무원법」에 의한 명령에 위반한 때
2. 직무상의 의무에 위반하거나 직무를 태만한 때
3. 직무의 내외를 불문하고 직원으로서의 품위나 위신을 손상하는 행위를 한 때

제25조(징계위원회의 설치) ① 직원의 징계사건을 심사·의결하게 하기 위하여 국가정보원에 징계위원회를 둔다.〈개정 1999.1.21〉
② 징계위원회의 구성·종류·권한·심사절차 기타 필요한 사항은 대통령령으로 정한다.

제26조(징계절차) 직원의 징계는 징계위원회의 의결을 거쳐 원장이 행한다. 다만, 3급 이상 직원에 대한 해임·파면은 징계위원회의 의결을 거쳐 원장의 제청으로 대통령이 행한다.〈개정 1999.1.21, 2005.5.26〉

제27조(징계대상자의 진술권) ① 징계위원회에 계속중인 직원은 구술심사를 요청하여 구술변론을 할 수 있다.
② 제1항의 경우 그 직원은 다른 직원중에서 보좌인을 선정하여 변론하게 할 수 있다.
③ 징계대상자에게 제1항 및 제2항의 규정에 의한 진술의 기회를 부여하지 아니한 징계의결은 그 징계대상자가 외국에 있는 경우를 제외하고는 이를 무효로 한다.

제28조(징계절차의 정지) 징계에 회부하여야 할 사건이 형사사건으로 수사중인 때에는 그 사건에 대하여 제23조제3항의 규정에 의한 수사개시의 통보를 받은 날로부터 징계의결요구 기타 징계절차를 진행하지 아니할 수 있다.

제29조(징계사유의 시효) ① 징계의결의 요구는 징계사유가 발생한 날로부터 2년(금품 및 향응수수, 공금의 횡령·유용, 비밀누설, 정치관여, 직권남용의 경우에는 5년)을 경과한 때에는 이를 행하지 못한다.〈개정 2009.1.30〉
② 제28조의 규정에 의하여 징계절차를 행하지 못하여 제1항의 기간이 경과하거나 그 잔여기간이 1월미만인 경우에는 제1항의 기간은 제23조제3항의 규정에 의한 수사종료의 통보를 받은 날로부터 1월이 경과한 날에 만료되는 것으로

본다.

③ 징계위원회의 구성·징계의결 기타 절차상의 하자나 징계양정의 과다를 이유로 소청심사위원회 또는 법원에서 징계처분의 무효 또는 취소의 결정이나 판결을 한 때에는 제1항의 규정에 불구하고 그 결정 또는 판결이 확정된 날로부터 3월이내에는 다시 징계의결을 요구할 수 있다.

제8장 보칙

제30조(「국가공무원법」의 준용) 직원에 대하여는 이 법에 특별한 규정이 있는 경우를 제외하고는 「국가공무원법」 중 일반직공무원에 관한 규정을 준용한다. 다만, 동법 제17조·제18조 및 제73조의3의 규정은 그러하지 아니하다.〈개정 2005.5.26〉

제31조 삭제〈2005.5.26〉

제9장 벌칙

제32조(벌칙) 제17조의 규정에 위반한 자는 10년이하의 징역 또는 1,000만원이하의 벌금에 처한다.

※부칙 생략

에필로그

이 시대를 살며

세상이 많이도 바뀌어 버린 어느 날 가슴 저린 안타까운 마음으로 펜을 들었다.

이 글을 쓰기 시작한 것은 2009년 6월 초순.

무릇 사건들로부터 30~40년이 훌쩍 지난 때다.

이렇게 펜을 들기까지는 많은 고민을 하지 않을 수 없었다.

세월의 흐름은 사람의 뇌를 정지시키기도 하여 어느 사건은 기억이 가물가물하기도 했고 특히 '아직도 많은 관련인이 생존해 있는 현실에서 잊혀진 세월과 그에 따른 고통을 지금에 와서 꼭 재현해야 하는가' 하고 말이다.

현자의 말대로 곡필은 하늘에 베이고 직필은 사람에 의해 베이는 운명이라고 했던가?

아마 누군가는 '뭐 그런 시대의 헛물 켤 이야기로 무슨 소득을 얻으려고 그러나?' 하겠지만, 수천 년 역사를 되짚어 보면 꼭 그런 것만은 아니다. 역사와 시대는 돌고돌아 다시 그 자리로 돌아오는 회귀성을 가졌다고 사학자들이 지적하고 있지 않은가?

지금 우리는 이 시대 어디쯤에 서 있을까?

지구상의 유일한 분단국가로 민주체제를 유지해야 하는 남한

과 조금도 변하지 않은 북한과의 냉전 하에서는 30년 아니 40년 전의 이야기에도 귀 기울여 보아야 하고 들어야 하는 게 현실이 아니던가.

우리는 지금도 변하려고 노력한다지만 하나도 변하지 않은 세계 유일사상의 한 체제가 저 휴전선 건너에 있고 또 그들에 동조하는 세력이 이 땅의 지하에서 때를 기다리고 있거늘 그냥 그저 그러려니 할 것인가.

언제 북한의 핵이 서울을 향해 방향을 잡을지 모를 현실에서 눈만 뜨면 '국가보안법' 철폐를 앵무새처럼 종알거리는 식자라는 그자들은 진정 애국자인지 매국노인지?

민주주의란 이름 뒤에 숨어있는 좌파 이데올로기로 무장된 이익집단 그리고 일부 정치집단, 그대들이 국가보안법을 법리로만 본다면 그건 무지의 소치고 착각에 허우적거리는 꼴일 뿐이다.

헌정 이후 이 국가를 이끈 정치 지도자들 모두가 '국보법' 유지를 고수하고 있는 이유는 단 하나, 분단의 비극을 안고 있는 대한민국이 세계 유일의 반공국가임을 인정했기 때문이다.

'국보법'은 대한민국이 반공국가임을 만천하에 공포하는 상징성과 더불어 국보법 폐지를 외쳐대는 그대들 좌파 이념가들에 대한 경고의 의미를 가진 특별법이다.

이것이 세계 각국이 갖고 있고 또 우리가 갖고 있는 '형법'과 다름은 좌파 그대들은 진정 모르는가?

물론 시대의 변천에 따른 엄격한 법리 해석과 그 적용이 요구되는 법이기도 하지만 말이다.

좌파 그대들은 왜 국내에선 인권 또 인권 하면서, 굶고 헐벗어 중국 땅으로 향하는 북한 주민들의 인권은 모른 체 하며 그토록 침묵으로 일관하고 있는가?

때론 이 나라를 치안 부재로 만들고 있는 좌파 그대들의 추구 이념과 사상이 진정 북쪽 위정자와 같다면 그곳에 가 살면서 그들이 부르짖는 사회를 구현하면 될 것을 선량한 이 땅의 백성들을 왜 볼모로 잡고 '민주, 민주!'를 외쳐대고 있는가.

최근 이 대통령은 일부 난폭한 데모 현상을 개탄하며 "죽봉으로 치안 부재 사태를⋯."이라고 하였다.

"대통령, 아닙니다. 죽봉이 아니란 말입니다. 공권력의 최첨단에 서 있는 전경을 향해, 공권력의 심장부를 향해 찔러대는 대나무 창이 어찌 죽봉이란 말입니까? 죽창이지요."

우리 민족에게 '죽창'은 무엇을 뜻하는가?

과거 암울했던 남·북 비극의 시절, 사상과 이념이 서로 다르다는 이유 때문에 부모 형제간 서로 죽창으로 상해를 가하고 더 나아가 죽임으로까지 몰고 갔던 이념의 살인무기가 아니었던가.

그렇다면 '공권력'은 죽창을 들고 우리의 자식들인 전경을 공격하는 그들의 주모자를 끝까지 추적, 체포하여 이 사회로부터 영원히 격리시켜야 하는 것이 마땅할 것이다.

국가 정체성을 짓밟고 체제에 저항하는 저들에게 과거에 또 지금 이 나라 이 국민을 위해 너희들은 무엇을 얼마나 했는가를 진정 묻고 싶다.

각설하고 멀리 30여 년 전인 1987년 필자가 호주 시드니에서 겪었던 '공권력' 행사에서 일어난 조그만 그러나 위대한 이야기를 해보고자 한다.

필자가 당시 호주 시드니 소재 뉴사우스웨일스 국회에서 기능직 공무원으로 근무할 당시였다.

당시 호주에서 가장 강력한 노조를 자랑하던 뉴사우스웨일스 해운노조가 2,000여명의 노조원을 동원, 대정부(국회) 질의를 위해 국회로 진출했을 때 일이다.

공권력(경찰)은 국회 정문을 중심으로 약 30m 길이의 Police line(경찰 저지선)을 설치하고 그 '라인'으로부터 약 2m 후방에는 약 20여 명의 경찰이 송아지 크기만 한 경찰견을 각자 앞세우고 몰려드는 데모군중과 대치하고 있었다.

당시 기능직으로 국회에 재직하던 필자는 국회 본관 2층 로비에서 동료직원들과 함께 호주에서 처음 대하는 데모군중의 양상을 직접 볼 수 있었다.

급하게 메모지를 들고 나타난 뉴사우스웨일스 의원이 데모군중 앞에 놓인 연단에 서서 노조에서 요구하는 질의에 답변을 해나가는데 원체 많은 노조원이 집결했고 또한 국회 앞 도로가 협소한 탓에 데모군중이 조금씩 조금씩 국회를 향해 조여들었다.

의원은 황급히 정문안으로 사라졌고 데모군중 맨 앞에 선 노조원 수십 명이 그만 본의 아니게 Police line을 넘어서고 말았다.

그와 동시에 경찰견 줄을 당기고 있던 20여명의 경찰이 경찰견의 목줄을 풀었다.

송아지만한 경찰견이 '라인'을 넘은 노조원들을 향해 돌진했고 경찰견들은 노동자들의 상의를 물고 하늘(허공)을 향해 치솟았다.

경찰견에 물려 허공을 한 바퀴 돈 후 바닥에 떨어지면 대기 중인 경찰이 달려가 소지한 경찰봉으로 머리·가슴팍 등 무차별 폭행을 하여 앰뷸런스에 실었다.

경찰견이 계속 날뛰면서 데모군중을 공격하자 그들은 뒤로 밀리기 시작했고 강제 해산되었다.

데모 사태는 일단락되었으나 필자가 놀란 것은 그 다음 부터였다. 사태 이후 각종 TV에서 데모군중에 대한 경찰견의 무차별 공격과 경찰들이 그들을 곤봉으로 가격하여 피를 흘리는 데모군중을 차에 싣는 모습을 방영했다.

　　그것은 마치 '공권력에 도전하는 자 – 이렇게 된다'고 하듯이.

　　내가 더욱 놀란 것은 데모 당일 저녁. 호주의 모든 방송 채널에서 당시 데모군중과 경찰이 충돌하였을 때 데모군중으로부터 상해를 당했던 경찰관 2명이 입원하고 있는 병실의 모습을 전했다.

　　몇몇 기자가 환자가 된 경찰들과 인터뷰하는 광경을 오랫동안 방영했다.

　　헌데 그날 경찰견에 물리고 경찰봉에 맞아 병원으로 이송된 수많은 데모군중은 단 한차례도 TV에 방영되지 않았다.

　　호주 이민 생활에서 처음 보는 광경이었고 한국에서 태어나고 자란 필자로서는 참으로 놀랍고 신비하기까지 한 사회 환경과 상황이었다.

　　필자는 국제시설관리국에서 함께 근무하고 있던 순수 호주인 랏쇼에게 "왜 데모 때 다친 시민들은 그 상태가 방송되지 않고 경찰만 보여 주냐?"고 하자 그는 엄지손가락을 나에게 불쑥 내밀며 "그 입원한 경찰은 나라를 위해 일하다 다친 국가유공자이다."

라고 하였다.

'국가유공자'라? 좋은 나라다.

당시로서는 '이 나라는 나와 내 가족이 평생 편안히 살 수 있는 나라로구나'라고도 생각했다.

그 직후 호주 시드니 국회 여·야의 상·하의원은 강력한 항만 산업 입법을 제정, 항만노조의 집단 이기주의 데모 병폐를 완전 차단했다.

왜? 한국에서 공무원 생활을 하면서 공권력 행사를 보아온 필자로서는 과거 기관원 시절 민주주의를 위해 목숨을 바쳤다는 시민 '열사'는 수없이 보아왔지만 어떤 형태든 폭력 데모 때 시민에게 공격당해 병실에 누워있거나 목숨까지 잃은 경찰에게 국가가 '국가유공자'라는 영예를 준 것을 본 적이 없다.

어쨌거나 데모로 인해 산화한 민주열사도 없고 데모를 막다 다친 국가유공자(경찰)도 없는 법이 우선인 국가 − 정당한 공권력을 침해하거나 침해받지 않은 사회 − 가 진정한 민주사회가 아니겠는가!

나는 길지 않은 젊은 시절을 남산 대공수사국에서 수사관으로 근무했고, 다행히도 윗분들의 총애 속에 실로 많은 사건을 접했고 처리했다.

앞에 기술한 사건들은 책의 제목 그대로 거의가 숨은 이야기들이다.

이건 하급직원만이 쓸 수 있는 하찮은 글인지도 모른다.

그러나 써야겠다는 시대적 사명감과 주변인들의 독려로 이 책이 만들어졌다.

그동안 어려운 집필작업을 할 수 있도록 도와주고 격려해 준 전남 소재 뜨레비앙 학원의 원장이자 친구인 이한교 박사에게 진심으로 감사드린다.

끝으로 오랜 세월 정년이 될 때까지 남산에서 근무하다 퇴직하여 적응하기 힘든 이 사회에 나와 마음고생하고 있는 동료·선배들에게 힘내서 살자고 용기를 주고 싶다.

특히 지금은 힘없는 종이호랑이(?)가 되었다고 모두가 이야기하는 서울 내곡동 청사(본청), 그리고 전국 지부에서 고생하고 있는 후배 여러분에게 다음과 같은 말을 꼭 전해주고 싶다.

예전 그 시절 남산의 힘은 사라졌으나, 그 정의로운 정기가 본부 대공수사국으로 또 전국지부로 전해지고 있을 테니 이 시대가 요구하는 자부심으로 이 나라 이 국민을 끝까지 지키고 보호하는 전사가 되길 빈다.

국내외에서 불철주야 국가를 위해 고생하고 있는 국정원 모든 동지 여러분, 건투를 빕니다.

2011년 6월
이 기 동